PARIS
SOUS LA COMMUNE

PARIS. — IMPRIMERIE DE E. DONNAUD, RUE CASSETTE, 9.

ÉDOUARD MORIAC

PARIS
SOUS LA COMMUNE

— 18 Mars au 28 Mai —

PRÉCÉDÉ DES

COMMENTAIRES D'UN BLESSÉ

PAR

HENRY DE PÈNE

DEUXIÈME ÉDITION

PARIS

E. DENTU, LIBRAIRE-ÉDITEUR

PALAIS-ROYAL, 17 ET 19, GALERIE D'ORLÉANS

1871

Tous droits réservés.

LES COMMENTAIRES D'UN BLESSÉ

« Ah ! les épouvantables scélérats ! » Voilà l'oraison funèbre que Paris délivré, la France qui respire et l'Europe qui se rassure, — car elle sent bien que nous venons de combattre pour elle en même temps que pour nous, — prononcent sur la tombe de cette coquine de Commune. Épouvantables scélérats ! Oui, il faudrait être muet, insensé ou gangréné de socialisme jusqu'à la moelle pour ne pas mêler sa voix au concert de malédictions qui salue la chute de ceux qui n'ont pu monter qu'en abattant nos monuments et nos têtes. Il est clair que jamais, à aucune époque, si vile poignée de misérables ne se souilla de tant de forfaits. On dirait qu'ils se sont appliqués à être monstrueux. Ils se sont flattés sans doute de faire peur aux générations à venir. Ne fait pas horreur le premier venu. C'est une immortalité. Ils ont aspiré à une longue renommée d'infamie à travers les siècles.

Eh bien! ce serait leur faire trop d'honneur que de laisser jouir ces malheureux du pilori où ils ont rêvé d'afficher leurs noms. Il faut le dire dès aujourd'hui, et le répéter bien haut et sans relâche : ces coquins étaient avant tout des polissons. Malgré le bûcher immense dans lequel ils ont voulu périr avec Paris tout entier, — ou plutôt s'évader, Paris périssant sans eux, — ils ne doivent même pas être appelés les Sardanapales de la fange et de l'égout. Même en succombant par leurs mains, on se moquait d'eux. Malgré le sang et malgré la flamme, ils n'ont jamais réussi à se faire prendre au sérieux. Leur terreur a toujours ressemblé à un chahut. Même en massacrant, ils restaient des Brididis. Polichinelle peut tuer le commissaire; il n'en garde pas moins sa double bosse et sa trogne. Il peut fusiller et être fusillé; sanguinaire ou sanglant, étendu ou debout, il n'en demeure pas moins toujours Polichinelle! Polichinelle!

Nous les avions aperçus naguère dans les bas fonds du journalisme, ceux qui ont été la fleur et le dessus du panier de la Commune. Nous les connaissions assez pour les mépriser parfaitement. Si ceux-ci étaient les forts de la bande, que dire des autres? Hélas! ce n'est pas d'hier que la racaille littéraire se montre féroce à l'occasion. Châteaubriand, dans ses *Mémoires*, constatait naguère que les fruits secs de l'*Almanach des Muses* avaient été les plus ardents pourvoyeurs de l'échafaud. Dans ces élans de cruauté, il y a presque toujours de l'amour-propre littéraire extravasé.

Vous allez les reconnaître à un trait digne d'eux, ces *foutriquets* de la République furieuse. Donnons-leur ce nom qui sied bien mieux à eux qu'à celui contre lequel ils l'ont ressuscité. C'était dans le courant du mois de mai, quinze jours avant leur chute, quinze jours avant le massacre abominable des otages et la destructions des monuments, le lendemain ou la veille du crime accompli sur la maison de M. Thiers, voici où en étaient les tyrans de notre pauvre Paris : ils faisaient sur mon nom des calembours d'écolier dans leur *Journal officiel*. Oui, entre deux bulletins de mensonges militaires signés Dombrowski et La Cécilia, voici ce que nous lûmes un beau jour avec stupéfaction dans leur *Moniteur :* ils faisaient une revue des journaux imprimés à Saint-Germain ou à Versailles, et, citant le nôtre, ils n'avaient pas reculé devant ce prodigieux enfantillage à mon adresse : « Ah! Monsieur le marquis de Pe[i]ne, vous en aurez beaucoup à nous faire croire que vous êtes républicain. »

Je sais bien que Néron tuait des mouches à ses moments perdus, ce qui ne l'empêchait pas d'être un César redoutable aux Romains. Mais nous n'avons pas frayé avec Néron comme avec Jules Vallès et Vermorel, et c'est peut-être pour cela que Néron nous paraît de loin un scélérat majestueux. On se laisse aller trop facilement à une sorte de craintive admiration sur le passage des méchants. Dans les temps heureux où la littérature n'avait pas été étranglée par la politique, et quand toute une branche de l'art dramatique logeait au boulevart du crime, il y avait un répertoire, toujours le même et sans cesse nouveau, qui vivait et florissait de ces frissons des bonnes âmes en face des exploits des mauvaises. Les bonnes gens ne se sont jamais doutés, sans quoi ils cesseraient immédiatement d'être les bonnes gens, que le spectacle d'un brave homme, honnête et pas trop niais, doux, et cependant courageux, était quelque chose d'infiniment plus rare que le sang-froid d'un enfant comme Tropmann ou la lâcheté d'un vieillard comme Félix Pyat.

Aussi je me console de n'avoir pas de mes yeux vu ces deux mois honteux durant lesquels régna la Commune de Paris. Ils n'étaient pas encore entrés officiellement en scène, ces baladins, que déjà leur claque armée m'avait chassé de ma place au parterre. Toujours comme Néron, dans ses fantaisies d'histrionisme, ils ne voulaient qu'être applaudis et prenaient leurs mesures en conséquence.

C'est ainsi que le 22 mars nous fûmes, à l'entrée de la place Vendôme, à tes pieds, ô colonne qui ne devait pas être épargnée plus que les mortels, frappé, en compagnie de quelques autres pacifiques manifestants, d'une balle... intelligente comme les baïonnettes de toute garde nationale avinée. Nous le méritions bien. N'avions-nous pas, en effet, l'impudence scélérate de ne pas nous incliner devant les décrets du Comité central qui avait créé la révolution du 18 mars et qui allait enfanter la Commune, pour l'étouffer ensuite ? N'était-on pas dans le droit de la plus légitime défense contre nous tous, citoyens désarmés, offrant nos poitrines à la mort pour le plaisir d'affirmer la justice en face de la force, et de crier : « Vive l'Assemblée nationale ! vive le suffrage universel ! vive la France ! » et même :

« Vive la République ! » C'est nous qui étions dans notre tort, évidemment. Un des valeureux combattants massés contre nous à l'entrée de la place, et devant l'état-major où Bergeret (était-ce Bergeret, ou Eudes, ou Henry ? on s'y perd !) venait de remplacer d'Aurelle de Paladines, nous le dit très-bien : « Nous ne laissons faire de manifestations qu'à nous-mêmes. » A la bonne heure ! Un autre me croisa la baïonnette sur la poitrine, parce que j'avais un lorgnon. Signe évident de réaction. *Displicuit nasus tuus.*

Nous avions eu cependant la gentillesse de laisser nos fusils à la maison. Nous pensions que désarmés, nous serions peut-être sacrés pour quelques-uns. On a de la peine comme cela, tout de suite, et jusqu'à ce que les preuves du contraire vous aient été administrées, à croire des concitoyens auxquels on n'a jamais rien fait capables de vous assassiner en plein jour, parce que vous avez l'air d'exprimer une opinion qui n'est peut-être pas tout à fait la leur. Nous étions dans l'erreur jusqu'au cou. Nous croyions connaître les classiques de la révolution ; nous savions bien que les partis triomphants prennent toujours pour devise :

Nul n'aura... *des fusils,* hors nous et nos amis.

Et voilà pourquoi nous laissâmes cartouches et chassepots, tabatières et pistons derrière nous. Grande fut notre erreur ! Les gouvernements réguliers ont quelquefois des ménagements pour les émeutes ; mais les émeutes victorieuses sont sans pitié pour la moindre liberté qu'on essaie de prendre avec elles, fût-ce en parole. Les gouvernements réguliers sont comme les honnêtes femmes, dont Duclos disait qu'elles ont les oreilles d'autant plus braves aux paroles aventurées, que leur âme est plus chaste ; tandis que les drôlesses qui trafiquent d'elles-mêmes sur la place publique, comme les émeutes qui s'y fabriquent, s'effarouchent à la moindre liberté de propos.

On m'a dit bien des fois depuis ce jour-là :

— Qu'alliez-vous faire dans cette galère ? Il était si facile de laisser les autres manifester sans vous et de raconter après, bien tranquillement, la manifestation dans votre journal !

— Chers amis, j'allais là faire cette chose si simple et si douce : mon devoir. On n'est pas journaliste impunément. Il est convenu que le journalisme constitue par excellence la littérature militante. Donc, nous sommes soldats. Il ne suffit pas de dire à ceux qui nous font l'honneur de nous lire et de suivre quelquefois nos conseils : « Marchez ! » Il faut marcher soi-même, sous peine d'être un déserteur. J'ai toujours envisagé la profession de journaliste comme imposant des obligations particulières à ceux qui ont l'honneur de l'exercer. En temps ordinaire, n'est-il pas vrai que nous nous arrogeons d'exorbitants priviléges ? Le moindre gazetier le prend de haut avec les rois et avec les peuples ; rien n'est sacré pour le folliculaire : art, sciences, politique, finances, littérature, religion, il traite tout cela du haut de son improvisation quotidienne. Les choses et les personnes comparaissent à sa barre. Il fait et défait. Votre œuvre de plusieurs années, ô poète! il la démolit, un beau matin, d'un trait de plume. Un journaliste imberbe dit leur fait aux hommes d'État blanchis dans les chancelleries, et il s'érige, au besoin, en un conseil de guerre devant lequel, bon gré malgré, passent les maréchaux de France. Dès lors, pour oser être journaliste, il faudrait, logiquement, être une encyclopédie vivante de tous les talents et de toutes les vertus. Les meilleurs et les plus solides d'entre nous en sont-ils là? Pas précisément. Donc, à moins d'être soit des drôles, comme les Vallès et compagnie, soit les mouches du coche de la politique, les hannetons de la littérature et les frelons de la morale, comme quelques-uns de nos confrères que je me garderai de nommer, il faut se faire pardonner l'outrecuidance du métier qu'on exerce en pratiquant sans marchander les devoirs rigoureux qu'il prescrit. Le soldat serait ridicule, à la parade, avec ses panaches et ses broderies, le jour où la guerre supprimée écarterait de son casque ou de son képi la possibilité d'un danger prochain. De même, si le journaliste fuit à l'heure du péril et au jour de la bataille, si lui, qui frappe sur tous, met sa petite personne à l'abri des coups, je vous le dénonce comme un être bon à promener par la ville la face barbouillée de son encre, sa plume au cou et l'habit retourné, en signe d'infamie.

Cette révolution-ci est peut-être la seule qui n'ait pas eu au moins quelques heures d'âge d'or. En général, elles sont comme les sirènes : elles commencent bien et finissent par une queue horrible. Le bas donne un démenti au haut du corps; mais elles attirent d'abord les crédules par les chansons séduisantes qu'elles ont aux lèvres, par les attraits qu'elles étalent aux yeux de la jeunesse qui veut apprendre et de la vieillesse qui veut se souvenir. La révolution du 18 mars ne put, dès le premier jour, faire illusion à personne. Elle répudia les chansons de liberté et de fraternité. A l'horrible par l'horrible, telle fut la devise de sa marche. Dès le 18 mars, elle avait assassiné deux généraux. Un pareil début est nouveau dans l'histoire et montre cette fois à qui nous avions affaire : ce n'étaient plus même les disciples de Robespierre, mais les élèves et les émules de Chaumette et de Marat. Selon une expression favorite de l'*Ami du peuple,* les belles paroles sont « un vain batelage, » et la révolution du 18 mars s'en affranchit. Elle n'emmiella pas les bords de la coupe. Le seul reproche du moins qu'elle ne mérita pas, ce fut celui qui s'attache aux hypocrites : elle ne sema pas de trompeuses douceurs. Elle a menti plus tard en célébrant ses victoires, menti en invoquant comme sa raison d'être les franchises municipales dont elle se souciait comme d'un tabernacle d'autel ; elle a menti comme elle a tué, comme elle a volé, comme elle a brûlé, comme elle a blasphémé ; mais elle n'avait pas promis d'être miséricordieuse. Les autres ont commencé par l'amour ; celle-ci afficha tout de suite la haine. Ce fut un 93 sans 89 ; une Convention sans Constituante. Avant le 10 août, les 2 et 3 septembre, le 21 janvier, le régime des suspects, des guillotinés et des noyés, nos pères avaient eu la nuit du 10 août, la fête de la fédération, et ce fut, en quelque sorte, sous des berceaux de fleurs trompeuses, non sans échanger en chemin force baisers Lamourette, qu'ils allèrent à l'abîme. Cette fois, rien de pareil. L'abîme tout de suite, et sans phrases, sans stations sur la route. Ordinairement l'ivresse de l'anarchie, comme l'ivresse du vin, ne fait pas rouler tout de suite les convives sous la table. La gaîté d'abord jaillit des verres, puis l'ébriété, enfin la soûlerie. Vous rappelez-vous l'anecdote suivante? C'était à un de ces fameux soupers de la Régence; un des roués, Nocé, je crois, se mit dès le potage à conter des gravelures qui auraient été tout au plus de mise au dessert. Quelqu'un qui, du moins, assaisonnait d'un peu de bon goût sa crapule, l'arrêta tout court : « Ta conversation, lui dit-il, est trop en avance sur les bouteilles; qu'est-ce qu'on dira quand elles seront vides, si tu vas jusque-là alors qu'elles sont pleines? » Cette révolution du 18 mars, qui eut d'un bout à l'autre de son existence le caractère d'une orgie, fut extrême, elle aussi, dès son premier pas.

En cela, elle a bien mérité de nous. C'est seulement en étant horrible qu'elle pouvait nous servir. A force d'être châtiés, peut-être serons-nous corrigés. Ce sont les révolutions et les révolutionnaires à l'eau de rose, comme disait Champfort, qui nous ont perdus. Rien n'est dangereux comme de ne pas être étrillé quand on s'asseoit à une table de roulette, et le feu qui ne vous brûle pas d'abord jusqu'aux os vous induit dans la tentation fatale de jouer avec lui. On s'imaginait que les crimes révolutionnaires étaient désormais impossibles ; on vantait la douceur de nos mœurs ; on se flattait d'avoir canalisé le torrent. Que de fois n'avons-nous pas entendu déraisonner sur ce thème : la meilleure garantie de l'ordre, c'est la démocratisation de la rente ! Qui voudrait le désordre, quand tout le monde est intéressé à l'ordre ? On a armé, il est vrai, quelques mauvaises gens dans la masse ; mais comme les honnêtes gens ont des armes aussi, nous défions bien les coquins de bouger. « Ajoutez, disait M. Prudhomme, officier de la garde nationale, que les coquins sont toujours lâches. »

La journée du 31 octobre mit le comble à cette sécurité de la bourgeoisie gardée par elle-même. « Avez-vous vu comme nous avons mis les Flourens en déroute? Les sergents de ville et les gendarmes ne servent qu'à gâter les affaires. » Allez, allez, ô bonnes gens! complices naïfs et préparateurs inconscients du drame qui frappe à votre porte aujourd'hui et qui l'enfoncera demain.

Le premier livre que j'ai ouvert dans le lit où je suis encore par la grâce des balles du 22 mars était une *Histoire de la Révolution française* par un écrivain éminent dont la place serait à l'Académie française bien plutôt que dans nos assemblées politiques. Louis Blanc a écrit ceci dans le préambule de son *Histoire de la Révolution française;* je cite textuellement, avec le volume sous les yeux :

« ... Quelle formidable, quelle sanglante histoire !... Mais loin de nous consterner, que ces souvenirs de deuil nous rassurent ! Si la partie intellectuelle de l'œuvre à accomplir nous est désormais réservée, c'est parce que les hommes de la Révolution en ont pris pour eux la partie funeste. Cette mansuétude de mœurs au nom de laquelle nous avons souffert qu'on voilât leurs statues, cœurs pusillanimes et ingrats que nous sommes, ce sont eux qui nous l'ont rendue facile par les obstacles qu'ils ont affrontés à notre place et surmontés pour notre compte, par les combats dont ils nous ont dispensés, en y périssant. LEURS VIOLENCES NOUS ONT LÉGUÉ AINSI DES DESTINÉES TRANQUILLES. Ils ont épuisé l'épouvante, épuisé la peine de mort; ET LA TERREUR, PAR SON EXCÈS MÊME, EST DEVENUE IMPOSSIBLE A JAMAIS. »

Qu'en dites-vous ?

Pour moi, je fermai le livre et me mis à rêver.

On n'était encore qu'au mois de mars, peut-être aux premiers jours d'avril, et la soi-disant Commune élue venait de naître, sous les auspices de MM. Tirard et compagnie, dont les écharpes municipales avaient voulu proclamer l'union monstrueuse du droit réfugié à Versailles et de l'émeute triomphante à Paris. Ils appelaient cet accouplement conciliation et concorde. Un prêtre bénissant l'union de Pasiphaé et du Taureau ne m'aurait pas paru plus monstrueux que ne le furent députés et maires dans ces allées et venues de leur proxénétisme effronté ou aveugle entre Paris et Versailles.

Je veux les croire de bonne foi, puisque rien ne prouve le contraire. Louis Blanc était de la bande. Il en devait être, lui qui nous croyait voués à *des destinées tranquilles*, et qui avait prophétisé *le retour de la Terreur impossible*. C'est ainsi que ne servirent pas même à ouvrir les yeux décidés à ne point voir l'assassinat des généraux Lecomte et Clément Thomas, et les cadavres et les blessures du 22 mars.

Ce jour-là, je l'avoue, en me sentant frappé, une consolation m'était venue à l'esprit : « Si je meurs, pensais-je, mon cadavre, promené par la ville, pourra du moins servir à lui faire prendre les armes contre cette poignée de bandits qui l'ont suprise. » Mais il paraît qu'il n'y a pas que les émeutiers qui sachent exploiter leurs morts. Ils ont fait le 24 février avec un corps sanglant, une charrette, une torche et ce cri : « On égorge nos frères ! » Ils ont ébranlé l'Empire avec le spectre de Baudin ; car Sedan n'a fait qu'achever une démolition déjà commencée par des échauffourées de cimetière, un plaidoyer de Gambetta et les coups de crochets de l'écrivain de la *Lanterne*.

Vainement, ainsi que me l'a raconté lui-même ce courageux citoyen, un ancien maire, M. Frédéric Lévy, sorti sain et sauf de la manifestation sur laquelle les prétoriens du 18 mars venaient de se montrer si vaillants sans danger, fit ramasser un corps plus désespéré que le mien et le mit sur le siége d'une voiture, avec un drapeau tricolore, en criant : « Aux armes, les gens de bien ! » Les gens de bien restèrent chez eux pour la plupart, ou y rentrèrent et y firent leurs paquets. Il ne manquait plus, pour achever la cause de l'ordre, que l'expédition ridicule de l'amiral Saisset, qui vint, ne vit rien, et laissa ses lorgnettes et ses gants au Grand-Hôtel, avec une paire de canons et de mitrailleuses qu'on avait rattrapées et qu'on rendit sans coup férir. On m'a conté qu'en cette réunion du Grand-Hôtel, qui servit un moment de quartier-général à la résistance, plusieurs milliers de gardes nationaux s'étaient réunis, ne demandant qu'à faire de leur mieux contre l'émeute. Mais un avocat se leva, M. Floquet, assure-t-on (si c'est lui, je plains sa conscience), qui affirma que le duc d'Aumale venait d'être proclamé lieutenant-général du royaume; — oui, Messieurs, du royaume! Il ne restait donc plus aux républicains qu'à marcher avec la Commune. D'autres préférèrent ne pas marcher du tout; l'amiral Saisset les y invita d'ailleurs en se repliant en désordre sur Versailles.

Telle fut la fin, n'est-ce pas? de nos velléités de rébellion contre les polissons du 18 mars, faquins du Comité central et coquins de la commune. Les niais du 22 en furent pour leurs frais. M. Thiers les injuria de Versailles, par-dessus le marché, s'étonnant, dans la série de proclamations qui ont émaillé la guerre civile, que Paris n'eût rien fait pour se délivrer lui-même. Permettez; qui avait donné le signal du départ, après avoir fourni, par le rapt manqué des canons de Montmartre, le signal à l'émeute? Qui nous abandonna à nous-mêmes? Qui, enfin, pour comble de désastres, nous avait envoyé comme chef un amiral, brave, je n'en doute pas, mais affolé d'un deuil récent et sans doute de peu de cervelle en tout temps?

Que de fois, pendant les longs jours d'oisivité et les interminables nuits d'insomnie auxquels m'avaient voué les coups de feu de la place Vendôme, j'ai retourné dans mon esprit les crimes des uns et les fautes des autres, tout ce triste bagage dont était déjà chargée la révolution dont je n'ai vu que le prologue! Il était dans ma destinée de ne plus paraître aux actes suivants. On me les a racontés, et je les ai lus; je vais les relire dans ce livre que ma curiosité attend avec impatience, parce que je sais qu'il fut écrit jour par jour, par un témoin attentif, hardi et impartial des événements. Ceux qui se sont dévoués à la tâche souvent périlleuse d'assister aux péripéties terribles ou grotesques de ce drame de deux mois, pour s'en faire ensuite les historiens, auront bien mérité de leurs concitoyens. Plus la vérité sera connue, plus il y a de chance pour qu'elle nous profite. L'écrire et la propager, c'est servir la cause nationale, apporter sa pierre à l'édifice de la restauration du peuple par le peuple. L'ignorance est un des vices cardinaux de la France moderne. Dans tous les états, on ne sait pas son état. On a inventé un mot parisien : le chic, et la France s'est mise à tout faire de *chic*. On a fait de chic la guerre contre la Prusse; les résultats ne se sont pas fait attendre. C'est de chic aussi que l'on s'est flatté de maintenir l'ordre depuis le 4 septembre, et le 18 mars avec son cortége exécrable fait foi qu'à l'intérieur comme à l'extérieur, le chic est peut-être le pire ennemi de notre pays endormi dans sa frivolité, tandis que de vieux souvenirs de gloire berçaient son amour-propre.

Le travail est la grande loi moderne. Sans lui, on ne peut faire que le mal. Voyez plutôt ce ramassis de fruits secs de toutes les écoles et de déclassés de toutes les professions, qui furent, ô honte éternelle! les maîtres de Paris pendant tout un printemps; ne rien savoir ne les empêcha pas d'être tout-puissants pour nuire. Le crime se meut même plus à l'aise dans l'ignorance, comme dans la nuit. La lumière l'effarouche et le trouble; mais, pour être digne de servir la cause du bien, il faut ou une naïveté qui n'est plus guère de notre temps, ou une éducation suffisante pour triompher des poisons du demi-savoir. De l'histoire nos émeutiers ne savent que les déclamations popularisées par le roman et le drame; de la stratégie ils ont appris l'art de faire des barricades, et de la chimie juste ce qu'il en faut pour noyer Paris dans le pétrole enflammé. Feraient-ils pas mieux de rien savoir du tout? Mais il ne dépend ni d'eux, ni de nous, de retourner à l'ignorance, tandis qu'il est en notre pouvoir à tous, et de notre devoir, de franchir ces méchants défilés pleins d'embûches, et de redevenir sages par l'étude, la réflexion, l'apprentissage des notions saines, comme on le fut autrefois par l'ignorance et la foi.

S'il fallait encore absolument abattre quelque chose dans Paris, où les ruines sont ce qui manque le moins, je sais bien quelle est la colonne dont nous pourrions faire le plus volontiers le sacrifice. Je ne demande pas sa mort ; mais je me complais dans l'hypothèse où l'on nous imposerait un sacrifice de plus, et je dis : « S'il faut perdre encore un monument, eh bien ! désignons la colonne de Juillet aux coups des destructeurs, et peut-être en la perdant aurons-nous joué à qui perd gagne. Cela nous changera. M. Thiers, qui en fut le père, pourra prendre le deuil, au moins par convenance ; mais, en lui-même, à moins qu'il n'ait rien appris et rien oublié, je le défie de ne pas convenir que notre choix est bon, et que le monument érigé par lui et désigné par nous pour le supplice, n'a jamais valu rien qui vaille pour l'éducation d'un peuple. »

C'est juillet 1830 qui a commencé la série des journées décevantes où l'on promet au peuple plus de beurre que de pain, tout en promettant de respecter le beurre de la bourgeoisie. Avant juillet 1830, révolution voulait dire : secousse terrible, crise mortelle, tremblement de terre, explosion de volcan, pluie de sang ; et il n'y avait que des hommes d'un naturel vraiment féroce, montrés au doigt et fuis par leurs contemporains, qui pussent appeler de leurs vœux une révolution nouvelle. Alors vinrent les *trois glorieuses* que l'on vit aboutir, après une médiocre effusion de violence, à un régime à peu près semblable à celui qu'elles avaient renversé, avec plus de changements dans les personnes que dans les choses, si ce n'est que le fruit avait désormais cette tache noire, imperceptible à l'œil du vulgaire, mais qui, selon le moraliste sagace, classe une pêche dans le panier à quinze sous; la révolution ne fit plus peur, et l'on vit des gens qui n'étaient point du tout des scélérats ni des brutes, qui avaient des enfants, et dont quelques-uns cultivaient un art d'agrément, commencer à propager cette doctrine que la révolution n'était pas du tout une hydre malfaisante; qu'à tort on en faisait peur aux hommes comme de Croquemitaine aux enfants; que c'était dans la vie des nations un enfantement douloureux parfois, mais fécond et nécessaire, et l'on vit quantité d'esprits renommés embrasser la profession lucrative d'accoucheurs de révolutions.

Voilà la leçon que donne la colonne de Juillet.

Il est curieux de suivre la liste des historiens célèbres de notre révolution mère et modèle des autres. C'est d'abord MM. Thiers et Mignet, dont l'admiration ne va pas au-delà de Mirabeau et de la Constituante; M. de Lamartine pousse jusqu'aux Girondins; M. Michelet a pris pour dieu Danton; M. Louis Blanc préfère Robespierre;

un autre n'a pas reculé devant l'apothéose de Marat. Après ce dernier, il faut tirer l'échelle.

Ce changement successif de héros chez les historiens divers de la Révolution est intéressant à noter au passage, parce qu'il coïncide exactement avec la marche de l'esprit public et les progrès de son ascension jusqu'au sommet de la montagne. Peu à peu les crimes sont devenus vertus, et les vertus fadeurs. Les tribuns du peuple ont inventé à l'usage de leurs passions un évangile révolutionnaire aussi étranger à la vérité historique que les sermons monarchiques du Père Loriquet. Et voilà comment, l'ignorance des uns secondant la perversité des autres, et le prolétariat ayant mis de la partie les rugissements de son ventre, nous eûmes 1848 succédant presque sans secousse à 1830, et la République tout court à la meilleure des républiques.

Je ne referai ici l'histoire ni des journées de Juin ni de l'Empire qui en sortit tout armé pour la répression, ni du 4 septembre, où nous vîmes triompher la révolution idéale selon les bourgeois, la révolution sans un coup de fusil, en deux promenades, l'une à la Chambre des députés, l'autre à l'Hôtel-de-Ville. On s'embrassait partout. C'était délirant. Les Prussiens en furent oubliés. Les fusils ne furent plus, quinze jours durant, que des porte-bouquets. Nous expions à présent ces rêves d'Arcadie et ces enfantillages. La vraie révolution nous a montré sept mois plus tard son visage de Méduse, enluminé des pourpres carnavalesques dont, nouveaux Marat, moins la sobriété, les cascadeurs du 18 mars l'avaient panaché. Ce qui suit est féroce à dire, et j'invoque avant de le dire mon titre de victime et mon franc parler de blessé : il ne faut rien regretter, ni le sang précieux prodigué, ni les édifices rares brûlés, ni les églises profanées, ni les martyrs eux-mêmes, si nous avons appris enfin à ne plus confondre le bien avec le mal, la cause avec l'effet, et à ne pas nous imaginer qu'un pays qui a perdu pied en rejetant tout principe peut rester suspendu en l'air au-dessus des abîmes, invoquant l'ordre comme un enfant perdu appelle sa bonne, et ne sachant pas revenir à la maison.

La maison pour un peuple égaré, ce sont les principes.

Saint-Germain, le 3 juin 1871.

H. DE PÈNE.

PARIS
SOUS LA COMMUNE.

CHAPITRE PREMIER.

La journée des éperons. — Les proclamations du gouvernement. — Les canons de Montmartre. — Mort des généraux Lecomte et Clément Thomas. — Arrestation de Chanzy. — Le Comité central, ses proclamations. — L'insurrection maîtresse de Paris. — La terreur commence. — L'amiral Saisset. — On traque le FIGARO; départ du GAULOIS. — Le général Crémer veut jouer les Bonaparte. — La FRATERNISATION. — Appel pour les élections communales. — L'OFFICIEL du Comité central. — La résistance s'organise. — La proclamation des députés, maires et adjoints de Paris. — Protestation de la presse. — Les premières décisions du Comité central. — La télégraphie supprimée. — Les rapports du général Ganier. — On veut manifester. — Journée du 22 mars. — La garde nationale tire sur la foule. — Les victimes.

La journée du 18 mars sera diversement expliquée. Quel que soit le nom qu'elle porte dans l'histoire, nous l'appellerons la journée des éperons, car tout le monde en joua ce jour-là : les gardes nationaux quand on les attaqua, et le gouvernement quand il fut attaqué à son tour.

Dans cette journée à jamais mémorable, ce fut à qui déserterait son poste : gardes nationaux dissidents, armée régulière, ministres, employés, etc., etc.

En attendant que nous jugions les événements, nous allons les raconter.

Dès l'aube, deux proclamations étaient placardées dans tout le centre de Paris.

La première était spécialement destinée à la garde nationale, et ce fut aux lieux de rendez-vous des différents bataillons qu'on l'afficha :

Une proclamation du chef du pouvoir exécutif va paraître et sera affichée sur les murs de Paris, pour expliquer le but des mouvements qui s'opèrent. Ce but est l'affermissement de la République, la répression de toute tentative de désordre et la reprise des canons qui effraient la population. Les buttes Montmartre sont prises et occupées par nos troupes, ainsi que les buttes Chaumont et Belleville. Les canons de Montmartre, des buttes Chaumont et de Belleville sont au pouvoir du gouvernement de la République.
D'AURELLE DE PALADINES.

La seconde était pour toute la population ; elle disait :

RÉPUBLIQUE FRANÇAISE.

Habitants de Paris,

Nous nous adressons encore à vous, à votre raison et à votre patriotisme, et nous espérons que nous serons écoutés.

Votre grande cité, qui ne peut vivre que par l'ordre, est profondément troublée dans quelques quartiers, et le trouble de ces quartiers, sans se propager dans les autres, suffit cependant pour y empêcher le retour du travail et de l'aisance.

Depuis quelque temps des hommes mal intentionnés,

sous prétexte de résister aux Prussiens, qui ne sont plus dans vos murs, se sont constitués les maîtres d'une partie de la ville, y ont élevé des retranchements, y montent la garde, vous forcent à la monter avec eux, par ordre d'un comité occulte qui prétend commander seul à une partie de la garde nationale, méconnaît ainsi l'autorité du général d'Aurelle, si digne d'être à votre tête, et veut former un gouvernement en opposition au gouvernement légal institué par le suffrage universel.

Ces hommes, qui vous ont causé déjà tant de mal, que vous avez dispersés vous-mêmes au 31 octobre, affichent la prétention de vous défendre contre les Prussiens, qui n'ont fait que paraître dans vos murs, et dont ces désordres retardent le départ définitif, braquent des canons qui, s'ils faisaient feu, ne foudroieraient que vos maisons, vos enfants et vous-mêmes ; enfin, compromettent la République au lieu de la défendre ; car s'il s'établissait dans l'opinion de la France que la République est la compagne nécessaire du désordre, la République serait perdue. Ne les croyez pas, et écoutez la vérité que nous vous disons en toute sincérité.

Le gouvernement, institué par la nation tout entière, aurait déjà pu reprendre ces canons dérobés à l'État, et qui, en ce moment, ne menacent que vous, enlever ces retranchements ridicules qui n'arrêtent que le commerce, et mettre sous la main de la justice les criminels qui ne craindraient pas de faire succéder la guerre civile à la guerre étrangère ; mais il a voulu donner aux hommes trompés le temps de se séparer de ceux qui les trompent.

Cependant le temps qu'on a accordé aux hommes de bonne foi pour se séparer des hommes de mauvaise foi est pris sur votre repos, sur votre bien-être, sur le bien-être de la France tout entière. Il faut donc ne pas le prolonger indéfiniment.

Tant que dure cet état de choses, le commerce est arrêté, vos boutiques sont désertes, les commandes qui viendraient de toutes parts sont suspendues, vos bras sont oisifs, le crédit ne renaît pas, les capitaux dont le gouvernement a besoin pour délivrer le territoire de la présence de l'ennemi hésitent à se présenter. Dans votre intérêt même, dans celui de votre cité, comme dans celui de la France, le gouvernement est résolu à agir. Les coupables qui ont prétendu instituer un gouvernement à eux vont être livrés à la justice régulière. Les canons dérobés à l'État vont être rétablis dans les arsenaux, et, pour exécuter cet acte urgent de justice et de raison, le gouvernement compte sur votre concours.

Pendant que l'on lisait cette affiche, il s'était déjà passé bien des choses.

Vers quatre heures du matin, un certain nombre de troupes, qu'on avait eu la précaution de faire coucher dans les baraquements qui se trouvent établis, depuis le siége, sur les boulevards extérieurs, étaient montées sur les buttes Montmartre et s'étaient emparées des canons que la garde nationale ne gardait plus que d'une façon très-insignifiante. Aucune résistance ne se produisit : on était maître de ces fameux canons; seulement, par un de ces oublis comme il n'en est arrivé que trop depuis quelque temps, la cavalerie chargée de transporter l'artillerie prise arriva deux heures en retard.

Pendant ce temps, on battit le rappel, les curieux devinrent nombreux. Tandis que la résistance s'organisait dans Montmartre, on offrit aux soldats à manger et à boire. Le 88ᵉ, plus particulièrement en butte aux cajoleries de la foule, finit par lever la crosse en l'air. Ce fut le signal de la défaite des troupes de Vinoy, car Vinoy commandait ce coup de main. C'est alors que le général Lecomte, abandonné par ses soldats, fut fait prisonnier et conduit à la salle de danse connue sous le nom de Château-Rouge.

La ligne, ayant fraternisé, se mêle avec la garde nationale et devient plus enragée qu'elle. Le 88ᵉ de ligne, aidé des 152ᵉ et 228ᵉ bataillons de la garde nationale, s'empare de deux mitrailleuses et racole des soldats des 87ᵉ et 137ᵉ de ligne. La débandade est complète. Il est neuf heures du matin, et la bataille est perdue. C'est alors que l'on colle sur les murs de Paris l'affiche suivante, composée au ministère de l'intérieur :

Que les bons citoyens se séparent des mauvais ; qu'ils aident à la force publique au lieu de lui résister. Ils hâteront ainsi le retour de l'aisance dans la cité, et rendront service à la République elle-même, que le désordre ruinerait dans l'opinion de la France.

Parisiens, nous vous tenons ce langage parce que nous estimons votre bon sens, votre sagesse, votre patriotisme ; mais, cet avertissement donné, vous nous approuverez de recourir à la force, car il faut à tout prix, et sans un jour de retard, que l'ordre, condition de votre bien-être, renaisse entier, immédiat, inaltérable..

> THIERS, président du conseil, chef du pouvoir exécutif de la République; DUFAURE, ministre de la justice; E. PICARD, ministre de l'intérieur; POUYER-QUERTIER, ministre des finances; Jules FAVRE, ministre des affaires étrangères; général LE FLÔ, ministre de la guerre; amiral POTHUAU, ministre de la marine; Jules SIMON, ministre de l'instruction publique; DE LARCY, ministre des travaux publics; LAMBRECHT, ministre du commerce.

Paris, le 17 mars 1871.

Mais c'est peine perdue. La tourbe des vainqueurs arrive sur la place Pigale, défendue par une cinquantaine de chasseurs à cheval et par une compagnie de gendarmes à pied.

On s'arrête, on parlemente. Pour réponse, le lieutenant de gendarmes met l'épée à la main, et le capitaine des chasseurs donne l'ordre à ses hommes de dégaîner. La foule épouvantée se disperse; seuls les combattants restent en présence.

Un homme s'avance et saisit au mors le cheval du capitaine. Celui-ci lève son sabre; mais un coup de fusil part, et le capitaine, frappé en pleine poitrine, tombe et meurt.

La fusillade s'engage entre les soldats du 88e et les gendarmes. Le cheval du capitaine s'abat, et tout à l'heure, quand l'escarmouche sera terminée, c'est à qui se partagera la viande du cheval dont les boyaux sont restés pendant deux jours, sanglants et déchirés par des chiens du quartier, sous les fenêtres de l'atelier de M. Pelouze, peintre.

Parmi les victimes, on cite M. de Saint-James, capitaine adjudant-major du 9e chasseurs, frappé mortellement de plusieurs balles, à côté du général Susbielle.

Les gardiens de la paix quittent successivement tous les postes qu'ils occupent dans les environs du quartier Montmartre, et sont remplacés par la garde nationale.

Il est midi; nouvelle affiche :

Gardes nationaux de Paris,

On répand le bruit absurde que le gouvernement prépare un coup d'État.

Le gouvernement de la République n'a et ne peut avoir d'autre but que le salut de la République.

Les mesures qu'il a prises étaient indispensables au maintien de l'ordre; il a voulu et il veut en finir avec un Comité insurrectionnel dont les membres, presque tous inconnus à la population, ne représentent que les doctrines communistes et mettraient Paris au pillage et la France au tombeau, si la garde nationale et l'armée ne se levaient pour défendre, d'un commun accord, la patrie et la République.

Paris, le 18 mars 1871.

A. THIERS, DUFAURE, E. PICARD, Jules FAVRE, Jules SIMON, POUYER-QUERTIER, général LE FLÔ, amiral POTHUAU, LAMBRECHT, DE LARCY.

Vers deux heures de l'après-midi, et pendant que l'on battait le rappel dans toutes les rues de Paris, l'affiche suivante était encore placardée :

A la garde nationale de la Seine.

Le gouvernement vous appelle à défendre votre cité, vos foyers, vos familles, vos propriétés.

Quelques hommes égarés, se mettant au-dessus des lois, n'obéissant qu'à des chefs occultes, dirigent contre Paris les canons qui avaient été soustraits aux Prussiens.

Ils résistent par la force à la garde nationale et à l'armée.

Voulez-vous le souffrir ?

Voulez-vous, sous les yeux de l'étranger, prêt à profiter de nos discordes, abandonner Paris à la sédition?

Si vous ne l'étouffez pas dans son germe, c'en est fait de la République et peut-être de la France !

Vous avez leur sort entre vos mains.

Le gouvernement a voulu que vos armes vous fussent laissées.

Saisissez-les avec résolution pour rétablir le régime des lois, sauver la République de l'anarchie, qui serait sa perte ; groupez-vous autour de vos chefs : c'est le seul moyen d'échapper à la ruine et à la domination de l'étranger.

Le général commandant des gardes nationales,
D'AURELLE DE PALADINES.

Le ministre de l'intérieur,
E. PICARD.

Paris, le 18 mars 1871.

Mais le rappel est malheureusement inutile dans les quartiers bien pensants.

Les garibaldiens se mêlent à la garde nationale. On élève des barricades. A trois heures et demie, un citoyen qu'on nous dit être le citoyen Brunel, depuis général de la Commune, entraîne la foule pour marcher sur l'Hôtel-de-Vlle, que personne n'a l'idée de défendre.

A ce moment le général Clément Thomas, en habit bourgeois, est reconnu; on l'appréhende, on l'entraîne vers la rue des Rosiers, où il devait trouver une fin si fatale.

Voici comment le général a été conduit à Montmartre. Trompé par une similitude de nom, il crut que l'on venait de s'emparer d'un de ses officiers d'ordonnance; il ne voulut pas laisser entre les mains du Comité central un homme qu'il estimait, un de ses amis; il sortit de chez lui et venait le réclamer quand il fut reconnu.

— C'est-y pas vous Clément Thomas? lui fut-il demandé.

— Si vraiment, répondit-il.

— Et ben, vot' affaire est claire; venez! venez!

Et il fut entraîné près d'une sorte de tribunal qui venait de juger Lecomte; on l'accusait d'avoir voulu lever le plan des buttes.

— C'est encore un général? Bon! fut-il dit, le même jugement servira pour les deux.

Les gardes nationaux se chargèrent de Lecomte, et le 88e *fit l'affaire* de Clément Thomas.

Pauvres martyrs !

Le Comité central a voulu immédiatement se laver de cette tache. Il avait des prisonniers, entre autres M. Lannes de Montebello et M. Douville de Maillefin, auxquels il a fait signer un procès-verbal dont nous avons tout lieu de suspecter la véracité.

C'est dans un petit jardinet de la rue des Rosiers que le crime a reçu son exécution, vers quatre heures. M. Clémenceau, maire du 18e arrondissement, n'a pu que reconnaître les corps des victimes; son intervention pour les sauver fut inutile.

Et le lendemain, dans la journée, des trafiquants peu scrupuleux offraient au public les boutons de la tunique du général Lecomte, au prix de cinquante centimes l'un.

Et l'on achetait.

C'est ignoble !

Les deux généraux furent clandestinement inhumés le 20, dans l'après-midi, dans un petit cimetière depuis longtemps abandonné.

Et quand on pense que peu s'en est fallu que le général Chanzy ne subît le même sort ! Il revenait de Tours le 18 mars, et il est pris à la gare d'Orléans comme dans une souricière, ainsi que M. Edmond Turquet, député de l'Aisne.

L'état-major de la garde nationale est aux mains de l'émeute, ainsi que l'Hôtel-de-Ville, où siége le Comité central.

Sur le boulevard on se demande si tout cela est vrai.

Le fait est que c'est à en douter. La révolution du 4 septembre n'a pas été plus vite faite. Seulement il y a du sang à la journée du 18 mars.

Cependant, le 19 au matin, l'*Officiel* parut comme si rien ne s'était passé.

Il paraît qu'un instant le gouvernement en fuite avait eu l'intention d'essayer d'un moyen de conciliation en nommant le colonel Langlois commandant en chef de la garde nationale de Paris, M. Edmond Adam à la préfecture de police, M. Dorian à la préfecture de la Seine.

Mais le gouvernement a bien compris que ce n'étaient pas d'aussi minces réformes que voulaient les exécuteurs des généraux, et il s'est abstenu. D'ailleurs, il n'a pas dû croire, au premier moment, à l'importance du mouvement insurrectionnel. Et pourtant tout était combiné depuis l'échec du 31 octobre, et le Comité central existait sous la présidence d'Assi depuis le mois de décembre 1870.

L'affaire des canons n'est, selon moi, que le prétexte ; pour tout autre motif, le conflit eût éclaté, et je ne serais point éloigné de croire que le peu de surveillance que l'on exerçait à Montmartre sur l'artillerie qui y était parquée ne fût un piége auquel se sont laissés prendre les généraux Valentin, préfet de police, et le général Vinoy, commandant la place de Paris.

Hier c'était le gouvernement régulier qui affichait, aujourd'hui c'est le Comité central qui fait imprimer ses proclamations sur papier blanc et avec les presses de l'imprimerie nationale.

RÉPUBLIQUE FRANÇAISE.

Au peuple.

Citoyens,

Le peuple a secoué le joug qu'on essayait de lui imposer.

Calme, impassible dans sa force, il a attendu sans crainte, comme sans provocation, les fous éhontés qui voulaient toucher à la République.

Cette fois, nos frères de l'armée n'ont pas voulu porter la main sur l'arche sainte de nos libertés. Merci à tous, et que Paris et la France jettent ensemble les bases d'une République acclamée avec toutes ses conséquences, le seul gouvernement qui fermera pour toujours l'ère des invasions et des guerres civiles.

L'état de siége est levé. Le peuple de Paris est convoqué pour faire ses élections communales.

La sûreté de tous les citoyens est assurée par le concours de la garde nationale.

Hôtel-de-Ville, 19 mars 1871.

Le Comité de la garde nationale,

Assy, Billioray, Ferrat, Babick, Ed. Moreau, C. Dupont, Varlin, Boursier, Mortier, Gouhier, Lavalette, Jourde, Rousseau, Ch. Lullier, Blanchet, J. Grollard, Barroud, H. Géresme, Fabre, Pougeret.

L'Hôtel-de-Ville se hérisse de barricades. Dès cinq heures du matin on y travaille. La préfecture de police est au pouvoir du Comité central, qui y installe le citoyen Raoul Rigault, ex-commissaire aux délégations, du temps de M. de Kératry. Nulle part on ne rencontre de résistance : ni au ministère de l'intérieur, ni au ministère des affaires étrangères. Le ministère de la justice avait été occupé la veille en même temps que l'hôtel d'état-major, place Vendôme.

Le tocsin sonne, ce n'est rien : une panique, comme il y en aura quelques-unes encore.

Rue Soufflot se trouve une batterie d'artillerie. Des gardes nationaux veulent la prendre; elle tire : une femme et une enfant sont tuées, et quelques minutes après, gardes et artilleurs fraternisent; les officiers ont pu se sauver.

Il est dix heures, et l'on apprend la retraite définitive de Vinoy avec toutes les troupes qui ont voulu le suivre à Versailles. Les soldats qui n'ont pas voulu le suivre rendent leurs armes; on a un très-bon chassepot avec le sabre-baïonnette pour 2 fr. 50, 3 fr.

Le ministère des finances est envahi sans coup férir à midi. M. Varlin, qui est entré en fonctions, s'est fait présenter l'état de la situation du Trésor, et l'a signé.

Le ministère de la marine reçoit un piquet de gardes de Montmartre. L'insurrection est décidément maîtresse de Paris, qui commence à ressentir quelque peur des événements.

La terreur commence.

On placarde cette affiche :

A LA GARDE NATIONALE.

Citoyens,

Vous nous aviez chargés d'organiser la défense de Paris et de vos droits.

Nous avons la conscience d'avoir rempli cette mission. Aidés par votre généreux courage et votre formidable sang-froid, nous avons chassé ce gouvernement qui nous trahissait.

A ce moment, notre mandat est expiré, et nous vous le rapportons, car nous ne prétendons par prendre la place de ceux que le souffle populaire vient de renverser.

Préparez donc et faites de suite vos listes d'élections communales, et donnez-nous pour récompense, la seule que nous ayons jamais espérée, celle de vous voir établir la véritable République.

En attendant, nous conservons au nom du peuple l'Hôtel-de-Ville.

(Suivent les signatures.)

Mais tout le monde ne voit pas la marche des événements d'un œil tranquille. On songe à la résistance ; les maires se réunissent et appellent autour d'eux les chefs de bataillons sur lesquels ils croient pouvoir compter, car ils se voient débordés par un flot populaire venu on ne sait d'où.

Le vice-amiral Saisset, rencontré sur les boulevards, est environné par la foule, qui veut le porter en triomphe. On le prie de prendre le commandement de la garde nationale ; il déclare ne pouvoir rien faire sans des ordres du gouvernement régulier. Quatre personnes vont à Versailles pour voir M. Thiers et lui demander des instructions.

Pendant que ceci se passe boulevard des Italiens, on fait, au nom du Comité, une descente dans les bureaux du *Figaro*, rue Rossini ; mais, dès la veille, les rédacteurs étaient partis. Les gardes nationaux ne trouvant personne à arrêter, déménagent les lampes de la rédaction, puis vont rue Coq-Héron, 5, pour mettre les scellés sur les presses du journal poursuivi, ou mieux, supprimé arbitrairement.

Le *Gaulois*, qui craint un sort pareil, ne paraît pas ce jour-là, et la rédaction émigre pour Versailles. C'est, dans le personnel de la presse, comme un sauve-qui-peut général. Chaque journal fait son examen de conscience, et plus d'un prend des mesures de départ, tout en faisant bonne contenance.

Vers la même heure, un général est acclamé dans la rue de Rivoli ; il se dirige majestueusement vers l'Hôtel-de-Ville : c'est le général Crémer qui se rend au sein du Comité.

Il faudra bien des belles pages dans la carrière de ce jeune officier pour faire oublier cette visite au moins inconséquente. On dit que, dépité d'être reversé de son grade de général au titre auxiliaire dans les cadres de l'armée comme lieutenant-colonel, il va offrir son épée à la Commune naissante.

Pour nous, M. Crémer aura voulu jouer les Bonaparte ; mais nous ne sommes plus au temps où

Le premier qui fut roi fut un soldat heureux ;

et, soit qu'il l'ait compris, soit que M. Crémer ait éprouvé quelque déboire au Comité central, il ne tarda pas à faire sa soumission au pouvoir régulier que la France s'est donné, et à quitter l'Hôtel-de-Ville et ceux qui y commandaient.

Une remarque que nous avons faite, car dans ces malheureux événements nous avons beaucoup vu, c'est que le mot *fraterniser* était singulièrement employé. Des gardes nationaux rencontraient des lignards ; ils levaient la crosse en l'air en criant : « Vive la ligne ! » et la ligne leur rendait leur politesse. Les gardes nationaux s'avançaient, prenaient aux soldats leurs fusils, leurs cartouches, tout ce qu'ils avaient sur eux, et l'on appelait cela : *Fraterniser !* — Drôle de fraternité qui consiste à vous dépouiller.

Encore une affiche :

RÉPUBLIQUE FRANÇAISE.

Liberté, Égalité, Fraternité.

Le Comité central de la garde nationale,

Considérant qu'il est de toute urgence de constituer immédiatement l'administration communale de la ville de Paris,

Arrête :

1.º Les élections du Conseil communal de la ville de Paris auront lieu mercredi prochain 22 mars.

2º Le vote se fera par scrutin de liste et par arrondissement.

Chaque arrondissement nommera un conseiller par chaque vingt mille habitants ou fraction excédante de plus de dix mille.

3º Le scrutin sera ouvert de huit heures du matin à six heures du soir. Le dépouillement aura lieu immédiatement.

4º Les municipalités des vingt arrondissements sont chargées, en ce qui les concerne, de l'exécution du présent arrêté.

Une affiche ultérieure indiquera le nombre des conseillers à élire par arrondissement.

Hôtel-de-Ville de Paris, 19 mars 1871.

(Suivent les signatures.)

Le bruit a couru que les portes étaient fermées et que l'on allait être affamé. Immédiatement nouvelle affiche.

COMITÉ CENTRAL DE LA GARDE NATIONALE.

Les habitants limitrophes des grandes voies de communication servant au transport des vivres pour l'alimentation de Paris sont invités à disposer leurs barricades de manière à laisser la libre circulation des voitures.

Paris, ce 19 mars 1872.

Pour le Comité central,
CASTIONE, G. ARNOLD, A. BOUIT.

C'est que la question de l'alimentation a bien son prix !

L'*Officiel*, qui paraît le 20 au matin, contient quelques décisions qui ne sont pas sans importance.

Les conseils de guerre de l'armée permanente sont abolis.

Amnistie pleine et entière est accordée pour tous les crimes et délits politiques.

Il est enjoint à tous les directeurs de prisons de mettre immédiatement en liberté tous les détenus politiques.

Le résultat le plus évident de ceci est une descente faite aux deux prisons militaires de la rue du Cherche-Midi, où onze cents prisonniers, dont bon nombre de déserteurs, ont les premiers bénéficié de la mesure prise par le Comité central.

La presse reçoit son petit avertissement.

A LA PRESSE.

Les autorités républicaines de la capitale veulent faire respecter la liberté de la presse, ainsi que toutes les autres; elles espèrent que tous les journaux comprendront que le premier de leurs devoirs est le respect dû à la République, à la vérité, à la justice et au droit, qui sont placés sous la sauvegarde de tous.

Néanmoins, la résistance s'organise; le *Journal officiel* (de Versailles) nous apporte la nomination de l'amiral Saisset comme commandant supérieur des gardes nationales de la Seine, et le 16ᵉ arrondissement (maire, M. Henri Martin, le grand historien), entend se garder lui-même avec les bataillons de son quartier.

D'ailleurs, la journée est relativement calme, quoique déjà l'on parle de marcher sur Versailles, et que quelques bataillons se dirigent vers la porte Maillot.

Les gardes nationaux commencent à connaître le chemin de l'imprimerie Dubuisson ; hier, ils y venaient pour empêcher la publication d'un journal ; aujourd'hui, ils y viennent pour en protéger un autre. C'est une compagnie tout entière qui porte la copie du journal la *Commune,* journal de M. Félix Pyat ; c'est la liberté de l'imprimerie venant après la liberté de la presse.

Rue de Grenelle, aux bâtiments de la guerre, on a mis la main sur une certaine quantité d'armes françaises ou prussiennes, et l'on en fait une complète distribution. Cela dure depuis le matin ; à cinq heures du soir, ce n'était pas terminé. Bon nombre de personnes ont pu ainsi acquérir à bon marché des armes dont — dans leur intérieur — elles se feront des trophées. Pas mal de fusils dreyss ont été mis ainsi dans la circulation.

Ce qui se passe à l'Hôtel-de-Ville est plus sérieux. On y discute la question des échéances, la solde de la garde nationale, les élections prochaines. Ils savent bien, ceux qui forment le Comité central, qu'ils ne sont pas encore le gouvernement; aussi ne cherchent-ils pas à donner à leurs décisions force de loi, mais ils se préparent pour le moment où ils seront à la Commune et... *ce ne sera pas long*, disent-ils.

Cependant, sur les boulevards, on commence à manifester.

Il est onze heures du soir; une patrouille de gardes nationaux débouche de la rue Drouot. Dans la foule, les uns fuient, les autres invectivent.

— Où sont vos casse-têtes? s'écrie un mauvais plaisant.

Et l'on rit.

A la sortie du théâtre des Variétés, nouvelle patrouille, nouvelle manifestation; c'est le prélude des *amis de l'ordre*, qui peut-être font trop de bruit pour leur titre.

Dans la journée, il a paru un document nécessaire à l'histoire de ces événements.

C'est une proclamation signée de plusieurs députés de Paris et de presque toutes les municipalités, sauf des 19e et 20e arrondissements.

Proclamation des Députés de Paris.

RÉPUBLIQUE FRANÇAISE.

Liberté, Égalité, Fraternité.

Pénétrés de la nécessité absolue de sauver Paris et la

République en écartant toute cause de collision, et convaincus que le meilleur moyen d'atteindre ce but suprême est de donner satisfaction aux vœux légitimes du peuple, nous avons résolu de demander aujourd'hui même à l'Assemblée nationale l'adoption de deux mesures qui, nous en avons l'espoir, contribueront, si elles sont adoptées, à ramener le calme dans les esprits.

Ces deux mesures sont : l'élection de tous les chefs de la garde nationale et l'établissement d'un conseil municipal élu par tous les citoyens.

Ce que nous voulons, ce que le bien public réclame en toute circonstance et ce que la situation présente rend plus indispensable que jamais, c'est l'ordre dans la liberté et par la liberté.

Vive la France! Vive la République!

Les représentants de la Seine,

Louis BLANC, V. SCHŒLCHER, A. PEYRAT, Ed. ADAM, FLOQUET, Martin BERNARD, LANGLOIS, Édouard LOCKROY, FARCY, H. BRISSON, GREPPO, MILLIÈRE.

Les maires et adjoints de Paris.

Cela n'a rien fait.

Pas plus, d'ailleurs, que la grande déclaration de la presse aux électeurs de Paris.

Les journaux du 21 parurent, en effet, avec une déclaration en tête de leurs colonnes, signée de presque tous les journaux présents à Paris.

C'est le 20 au soir que, dans les bureaux de l'*Opinion nationale*, M. Guéroult président cette réunion, la déclaration suivante fut rédigée et signée :

Aux Électeurs de Paris.

DÉCLARATION DE LA PRESSE.

Attendu que la convocation des électeurs est un acte de souveraineté nationale ;

Que l'exercice de cette souveraineté n'appartient qu'aux pouvoirs émanés du suffrage universel ;

Que, par suite, le Comité qui s'est installé à l'Hôtel-de-Ville n'a ni droit ni qualité pour faire cette convocation,

Les représentants des journaux soussignés considèrent la convocation affichée pour le 22 courant comme nulle et non avenue,

Et engagent les électeurs à n'en pas tenir compte.

> *Journal des Débats,* — *Constitutionnel,* — *Siècle,* — *Électeur libre,* — *Paris-Journal,* — *Vérité,* — *Figaro,* — *Gaulois,* — *Petite Presse,* — *Patrie,* — *Union,* — *Petit National,* — *France nouvelle,* — *Presse,* — *Liberté,* — *Pays,* — *National,* — *France,* — *Univers,* — *Opinion nationale,* — *Cloche,* — *Petit Moniteur,* — *Français,* — *Journal des Villes et Campagnes,* — *Moniteur universel,* — *Monde.*

Le *Rappel* ne s'était pas fait représenter ; mais quant à l'*Avenir national,* sa défection dans la personne de M. Desonnaz est bien caractéristique pour la politique de ce journal, habile à ménager la chèvre sans endommager le chou.

Quand on demanda à M. Desonnaz s'il adhérait, il

déclara courageusement qu'il..... n'avait pas d'instructions suffisantes. On en rit tout bas; évidemment, l'intention de M. Peyrat était de faire acte de présence à la réunion, mais de ne pas faire adhérer son journal.

J'aimais mieux l'attitude de M. Veuillot, auquel les mots *souveraineté nationale* ont fait faire la grimace, mais qui a adhéré quand même, comprenant bien que, devant une affirmation de principes, on ne devait pas chicaner sur une question de mots.

Nouvelle affiche des représentants, maires et adjoints de Paris, disant :

Les maires et adjoints de Paris et les représentants de la Seine font savoir à leurs concitoyens que l'Assemblée nationale a, dans la séance d'hier, voté l'urgence d'un projet de loi relatif aux élections du conseil municipal de la ville de Paris.

La garde nationale, ne prenant conseil que de son patriotisme, tiendra à honneur d'écarter toutes causes d'un conflit, en attendant les décisions qui seront prises par l'Assemblée nationale.

Vive la France! Vive la République!

Paris, le 21 mars 1871.

(Suivent les signatures.)

Pendant tout ce temps-là, ce que devient l'amiral Saisset et son commandement, nul ne le sait. Personne ne sait ce qu'il fait; mais il n'en est pas de même des actes du Comité central, qui a l'*Officiel* pour publier ses décisions.

Le Comité central de la garde nationale est décidé à respecter les conditions de la paix.

Seulement, il lui paraît de toute justice que les auteurs de la guerre maudite dont nous souffrons subissent la plus grande partie de l'indemnité imposée par nos impitoyables vainqueurs.

GRÊLIER,
Délégué à l'intérieur.

Prorogation d'un mois des échéances des effets de commerce.

Jusqu'à nouvel ordre, et dans le seul but de maintenir la tranquillité, les propriétaires et les maîtres d'hôtel ne pourront congédier leurs locataires.

L'arrêté relatif à la vente des objets engagés au Mont-de-Piété est rapporté.

A Versailles on dit que des repris de justice sont dans les rangs des fédérés ; ceux-ci retournent l'accusation, et on peut lire cette proclamation du Comité central disant que :

De nombreux repris de justice, rentrés à Paris, ont été envoyés pour commettre quelques attentats à la propriété, afin que nos ennemis puissent nous accuser encore.

Nous engageons la garde nationale à la plus grande vigilance dans ses patrouilles.

Chaque caporal devra veiller à ce qu'aucun étranger ne se glisse, caché sous l'uniforme, dans les rangs de son escouade.

C'est l'honneur du peuple qui est en jeu ; c'est au peuple à le garder.

Ceci n'est qu'amusant ; voici qui devient grotesque. Un nommé Lucien Combatz, ancien employé à la télégraphie et qui n'y est pas resté pour des raisons assez... *sérieuses,* paraît-il, s'est improvisé directeur général de la télégraphie. Il crie contre Versailles qui a désorganisé les services pour la province et l'étranger, et savez-vous par quoi le Comité répond à ses doléances ?

Par la suppression de la télégraphie privée dans Paris.

Le directeur général des télégraphes est autorisé à supprimer jusqu'à nouvel ordre la télégraphie privée dans Paris.

Paris, le 20 mars 1871.

Pour le Comité central :
L. BOURSIER, GOUHIER, E. MOREAU.

Malheureusement on ne pouvait pas rire de tout ce qu'il y avait de drôle dans les rapports et décrets. Exemple :

Voici dans sa terrible naïveté le rapport fait par le général commandant à Montmartre. On le nomme Ganier.

RAPPORT DU 20 AU 21 MARS.

Rien de nouveau.

J'ai reçu les rapports des différents chefs de poste. La nuit a été calme et sans incidents.

A dix heures cinq minutes, deux sergents de ville déguisés en bourgeois sont amenés par des francs-tireurs et fusillés immédiatement.

A midi vingt minutes, un gardien de la paix, accusé d'avoir tiré un coup de révolver, est fusillé.

A sept heures, un gendarme, amené par des gardes du 28e, est fusillé.

Mais on a tué quatre hommes !

Le rapport pourtant commence ainsi : *Rien de nouveau!*

Que serait-ce s'il y en avait... du nouveau!

L'argent devient rare, et il en faut. Le Comité songe à la Banque, ce qui était bien naturel, et fait demander un million; mais on ne fournit de la Banque qu'une somme de 340,000 fr. — Cette somme que M. Rouland a fait remettre n'est point un don; on a jugé différemment cet acte sur lequel il n'est pas inutile de faire connaître la vérité. Cette somme était ordonnancée par l'ancienne administration pour les services de voirie. Or, le Comité continuait à faire balayer et arroser; la somme était due, la Banque paya; mais quant à fournir des sommes en dehors, elle s'y refusa complètement.

Un tailleur du boulevard des Capucines tenta d'organiser la ligue des *Amis de l'ordre,* dont la deuxième manifestation a été si meurtrière pour ses adhérents. M. Bonne fit placarder dans tout son arrondissement une affiche lie-de-vin, disant :

Je viens faire appel au patriotisme et à la virilité de la population qui veut l'ordre, la tranquillité et le respect des lois.

Le temps presse pour former une digue à la révolution ; que tous les bons citoyens viennent me donner leur appui.

Le signe de ralliement était un ruban bleu à la boutonnière, en opposition avec les gardes comitéens, qui avaient réarboré les rubans rouges.

Cette affiche apposée le 20 donnait rendez-vous pour le lendemain, en bourgeois et sans armes, à tous ceux qui voulaient manifester. Le groupe a commencé à se former compact vers deux heures de l'après-midi ; deux drapeaux sont en tête, sur lesquels sont écrits ces mots : « *Vive l'ordre!* » et « *Société des Amis de l'ordre.* »

Son parcours dans les rues Montmartre, Drouot, à la place de la Bourse, sur les boulevards Poissonnière, Montmartre, des Italiens jusqu'au Grand-Hôtel, est une acclamation perpétuelle de : « Vive l'ordre ! » Seulement, quand la manifestation s'est présentée à la place Vendôme, les Montmartrois, fortement retranchés en cet endroit, ont braqué leurs canons contre la foule qui s'est dispersée. On est revenu devant le tailleur Bonne, et un zouave alerte est monté dans un arbre pour y accrocher le drapeau qui venait de faire le tour des boulevards, et l'on se sépara en criant : — A demain !

La journée du 22 mars devait être sinistre.

Dès le matin le canon allemand tirait à toute volée, et les salves d'artillerie fêtaient un anniversaire prussien. Le Comité central avait eu soin d'en prévenir la population, pour qu'elle ne s'alarmât point.

Cependant il n'est bruit que de la manifestation de la veille et de celle qui se prépare pour le jour même. On s'excite dans des groupes sur le boulevard; on manifestera. D'un autre côté, la garde nationale qui est sous les armes ne parle que d'écraser la réaction.

Il est midi, et les têtes sont montées. Le lieu de rassemblement est sur la place du nouvel Opéra.

A une heure, la foule est nombreuse; personne n'avait d'armes apparentes; on distribue des bouts de ruban bleu. Et à deux heures la colonne se met en marche avec un immense drapeau tricolore en tête.

Un instant on hésita sur le parcours à suivre, et voici l'itinéraire auquel on s'arrêta : descendre la rue de la Paix, traverser la place Vendôme, et de là se rendre dans la rue de Rivoli, pour aller à l'Hôtel-de-Ville, puis revenir par les boulevards.

On se met en marche. Les premiers avant-postes que l'on rencontre rue de la Paix se replient assez cordialement. Mais on bat le rappel place Vendôme; des gardes nationaux se mettent en ligne. Devant cette attitude, la plupart des manifestants s'arrêtent; cinq ou six cents personnes continuent leur marche; l'hésitation de la foule enhardit les gardes du Comité.

— Vous ne passerez pas, disent-ils à la manifestation.

— Vive l'ordre! vive la République! répondent les manifestants.

— Vous ne passerez pas!

— Nous sommes sans armes, nous passerons!
C'est alors que les baïonnettes sont croisées, que les fusils s'abattent et...

Des morts et des mourants gisent par terre. La foule s'est dispersée. Il y a des blessés, il y a du sang.

Dans la rue Neuve-Saint-Augustin, il y a douze cadavres; dans la rue de la Paix, un lignard, qui jusqu'au dernier moment avait tenu fièrement le drapeau tricolore, tombe à côté d'un vieillard qui a la tête fracassée.

Parmi les blessés on compte M. Henry de Pène, que les massacreurs s'étaient désigné comme réactionnaire. On le transporte chez M. Giroux.

M. Otto Hottinguer, un des régents de la Banque, qui s'était arrêté pour ramasser un blessé, en agitan son mouchoir en signe de paix, a été frappé de deux balles.

M. Gaston Jollivet a eu le bras gauche traversé.

M. Bellanger, propriétaire du café de la Porte-Saint-Martin, tout nouvellement marié, a été frappé d'une balle au cœur et d'une autre dans le poumon. Il en est mort.

M. Dehersin a été frappé d'une balle à la région du crâne.

M. Barle, lieutenant de la garde nationale, a reçu une balle dans le ventre.

On cite encore deux mobiles de la Seine et un habitant de la rue Martel blessés.

M. Miet, caissier, rue Neuve-Bossuet, a succombé à ses blessures.

Ce ne sont pas les seules victimes. Parmi les morts, nous avons relevé les noms suivants :

M. Valin, garde national, 7e bataillon, 5e compagnie, tapissier, cité Trévise ; M. François, garde national, 215e bataillon, 7e compagnie ; M. Baude, ingénieur des ponts-et-chaussées, chevalier de la Légion-d'Honneur ; le vicomte de Molinet ; M. Tiby, ancien colonel, officier de la Légion-d'Honneur, 1, rue Louis-le-Grand ; M. Tinnel ; M. Colin (Edmond), employé dans une compagnie d'assurances ; M. Lemaire (Auguste) ; M. Niel père ; enfin, M. Charron, vieillard de soixante-quatorze ans ; M. Sassary, ancien lieutenant de vaisseau, commandant d'un bataillon de marche.

Les blessés sont nombreux; outre ceux dont nous avons déjà parlé, on compte MM. Louis Vinganot, coiffeur; Train; Brière, le fils de l'imprimeur, et tant d'autres!..

Et ce jour-là le soleil était radieux; mais bien peu de ceux qui avaient assisté à cette horrible scène songèrent à contempler l'azur des cieux. Nous avions la mort dans l'âme et la honte au front!

CHAPITRE II.

L'effet de la fusillade de la rue de la Paix. — Nous étions fous! — La GRANDE DÉSERTE. — La PRESSE cesse sa publication. — La menace. — Versailles et Paris. — Histoire du RAPPEL. — La réaction relève la tête. — La place de la Bourse place d'armes. — La mairie du 2ᵉ arrondissement. — M. Tirard et l'amiral Saisset. — M. Desmaret à la mairie de la rue Drouot. — Concession aux Parisiens. — La Banque est crénelée. — Encore la résistance. — La jeunesse des Écoles. — Plus de résistance, armistice et fraternité. — Le Comité central nomme trois généraux. — Attentat sur deux politechniciens. — Les facéties du PETIT OFF. parisien. — Les généraux Chanzy et de Langourian sont mis en liberté. — Les élections communales. — Le dimanche 26 mars. — Physionomie de Paris par quartier. — Le reçu de M. Bazire. — Arrestations. — Fusillade place de la Concorde. — Dépouillement du scrutin. — L'armée de la Commune. — L'appel au régicide. — L'OFFICIEL du 27 mars. — Élus par arrondissement. Noms, prénoms, professions, âges, opinions. — Calculs différentiels.

L'effet produit par le crime de la place Vendôme fut celui de la stupeur. A mesure que le bruit se répandit que l'on avait tiré sur la foule, dans les quartiers aristocratiques, on cria partout : *Aux armes!* mais personne ne descendit dans la rue, et quand, vers cinq heures du soir, un bataillon de Belleville défila sur les boulevards, le silence fut complet; pas un homme n'eut le courage de crier :

— Assassins !

Pas une femme ne vint leur cracher au visage.

Quelle explication donner à cela? — Qui déduira l'x de cette proposition? — Faut-il la trouver dans la lâcheté des hommes? dans l'indifférence générale et l'égoïsme particulier? dans la terreur qu'inspiraient ces gardes?

M. Guizot, dans une lettre adressée au *Times*, recherche et trouve ce qui a paralysé ou mieux neutralisé l'action de la bourgeoisie pendant la journée du 18 mars, journée où le rappel fut inutilement battu dans tous les quartiers bien pensants; mais quelle que soit la perspicacité, la profondeur de vues du célèbre homme d'État, dira-t-il ce qui, le 22 mars, rendit muette la population devant tant des meilleurs d'entre elle qu'on venait d'assassiner si lâchement?

Nous devions être fous! Car toutes les tentatives de résistance faites depuis ont été folles! Et jusqu'à notre commandant en chef, l'amiral Saisset, qui avait perdu la lucidité nécessaire à ses hautes fonctions! Il nous quittait trois jours après, avec si peu la tête à lui, qu'il oubliait, en partant, ses épaulettes, son épée, sa casquette d'amiral, ses timbres et ses papiers. Sans un officier d'ordonnance moins pressé, le Comité central se serait fait un trophée d'armes que n'avaient pas conquis les Prussiens!

A partir de ce moment, Paris baisse la tête; il semble qu'il est plus honteux qu'affligé. C'est l'histoire d'un monsieur qui possède un domestique : le domestique se permet de manquer de respect à son maître qui lui allonge un coup de pied, en lui disant :

— Si ça t'arrive encore, je doublerai la dose.

Le monsieur, c'est le Comité central; le domestique, c'est Paris. Il ne l'oubliera plus, et ceux qui n'ont pas le courage de résister fuient. Paris, la grande *assiégée,* devient la *grande déserte !*

Effrayés par le spectre de thermidor qui se dresse sur la cité, la *Presse* ferme ses bureaux et cesse sa publication, car l'*Officiel* du matin contenait la menace suivante :

La presse réactionnaire a recours au mensonge et à la calomnie pour jeter la déconsidération sur les patriotes qui ont fait triompher les droits du peuple.

Nous ne pouvons pas attenter à la liberté de la presse; *seulement,* le gouvernement de Versailles ayant suspendu le cours ordinaire des tribunaux, *nous prévenons les écrivains de bonne foi,* auxquels seraient applicables en temps ordinaire les lois de droit commun sur la calomnie et l'outrage, *qu'ils seront immédiatement déférés au Comité central de la garde nationale.*

Était-ce clair ?

Vers deux heures de l'après-midi, le 22, on affichait sur les murs de Paris :

RÉPUBLIQUE FRANÇAISE.

Liberté, Égalité, Fraternité.

L'Assemblée des maires et adjoints de Paris,
En vertu des pouvoirs qui lui ont été conférés,
Au nom du suffrage universel dont elle est issue et dont elle entend faire respecter le principe,
En attendant la promulgation de la loi qui conférera à la garde nationale de Paris son plein droit d'élection,

Vu l'urgence,

Nomme provisoirement :

L'amiral Saisset, représentant de la Seine, commandant supérieur de la garde nationale de Paris;
Le colonel Langlois, représentant de la Seine, chef d'état-major général ;
Le colonel Schœlcher, représentant de la Seine, commandant en chef de l'artillerie de la garde nationale.

(Suivent les signatures des maires et adjoints de Paris.)

En réponse, quelques heures après, le Comité central répondait à ces nominations par l'affiche suivante :

RÉPUBLIQUE FRANÇAISE.

LIBERTÉ, ÉGALITÉ, FRATERNITÉ.

Comité central de la garde nationale.

Citoyens,
Votre légitime colère nous a placés le 19 mars au poste

que nous ne devions occuper que le temps strictement nécessaire pour procéder aux élections communales.

Vos maires, vos députés, répudiant les engagements pris à l'heure où ils étaient des candidats, ont tout mis en œuvre pour entraver les élections que nous voulions faire à bref délai.

La réaction, soulevée par eux, nous déclare la guerre.

Nous devons accepter la lutte et BRISER LA RÉSISTANCE, afin que vous puissiez y procéder dans le calme de votre volonté et de votre force.

En conséquence, les élections sont remises au dimanche prochain 26 mars.

Jusque-là les mesures les plus énergiques seront prises pour faire respecter les droits que vous avez revendiqués.

Hôtel-de-Ville, le 22 mars 1871.

Le Comité central de la garde nationale.

C'était la guerre ; et déclarée dans ces termes, si elle avait éclaté, elle aurait été terrible. Je sais que le 23, j'allai voir la place du drame de la veille : un cordon de gardes nationaux fermait la rue de la Paix à la hauteur du Splendide-Hôtel, et il y avait des groupes. Je m'approchai de l'un d'eux ; deux gardes discutaient, l'un pour le Comité, l'autre contre. Un médecin, la trousse aux côtés, intervint et dit :

— Pourquoi restez-vous à discuter et à ameuter du monde inutilement? Que ceux qui ne sont pas de la même opinion prennent un fusil ; moi, je suis pour le Comité ; aussi je fais mon service avec ceux du Comité.

faites-en autant contre moi, si vous ne pensez pas comme moi. Ce sera plutôt fini de la sorte !

Ce médecin était le major du 80ᵉ bataillon, celui qui avait tiré la veille. Au moins il était franc.

On ne sait pas comment le *Rappel* était devenu l'officieux du Comité ; c'est pourtant bon à raconter.

Après l'*accident* arrivé aux généraux Lecomte et Thomas, le Comité envoya une députation au *Rappel,* priant MM. Meurice et Vacquerie de ne pas se mettre contre eux, d'être au moins neutres. M. Vacquerie, qui est la peur personnifiée en même temps que l'intérêt, ne fut pas seulement neutre, mais encore *amical*. Il en obtint la récompense immédiate en recevant des communications du Comité. Aussi, comme le journal et le Comité étaient dans leur lune de miel au moment du 22 mars, le journal de la tribu des Hugo — comme on le désigne habituellement — fut-il plus que gracieux, et le Comité fut loué de sa modération.

Je crois qu'il y a des pages que le *Rappel* voudrait voir supprimer de sa collection, mais elles y resteront comme une tache.

La réaction — puisque c'est ainsi qu'on désigne désormais ceux qui veulent l'ordre dans la liberté, et qui ne pensent pas trouver l'une et l'autre avec le

Comité — s'organise ou tend à s'organiser. La mairie de la rue de la Banque devient le rendez-vous de tous les mécontents, et la place de la Bourse se transforme en place d'armes.

Le bruit a couru que le Comité n'avait plus d'argent pour payer la garde nationale. Immédiatement, Paris est couvert d'affiches :

SOLDE DE LA GARDE NATIONALE.

AVIS.

La solde de la garde nationale et des services d'assistance seront régulièrement continués par les soins des officiers payeurs de chaque bataillon.

Les fonds publics nécessaires à cet effet sont à la disposition exclusive des maires issus du suffrage universel.

Le service sera provisoirement établi dès demain au palais de la Bourse, pour les bataillons dépendant des MAIRIES ENVAHIES.

Il sera repris dans ces dernières aussitôt que les maires et adjoints y seront réinstallés.

Pour les maires et adjoints de Paris :

Les délégués,
TIRARD, DUBAIL, HÉLIGON.

Le tour était bon; mais l'argent n'a pas manqué au Comité, et il fut inutile.

Néanmoins, des gardes dissidents du Comité se réunissaient dans les 9e et 10e arrondissements. Quand ils furent un peu nombreux, ils rejoignirent les forces de la place de la Bourse, où ils passèrent la nuit. Il y avait des vivres : la municipalité nourrit ses troupes.

Quelle nuit nous passâmes !

Vers quatre heures du matin, on appelle les gardes du 9ᵉ arrondissement, et on nous forme en colonne serrée. Notre mairie est libre ; nous allons la prendre. Telle est la confidence que nous fait un officier. C'est en effet vers la rue Drouot que nous nous acheminons et que nous prenons position. Là, nous apprenons que le 1ᵉʳ arrondissement a repris également sa mairie, et déjà on pouvait espérer que notre attitude allait modifier les conditions qui nous étaient faites.

Nous avons été joués. Nos chefs, les chefs de l'ordre, étaient plus préoccupés de questions personnelles et d'ambition que du bien général. Tous voulaient se faire remarquer et commander en chef, ce qui, vingt fois, faillit amener des accidents. Il n'y avait pas d'unité de commandement. Les uns prenaient leurs ordres à la mairie du 2ᵉ arrondissement ; les autres les prenaient au Grand-Hôtel, où M. Saisset était censé résider. Aussi cela a-t-il fini par réduire à rien la bonne volonté de ceux qui étaient venus prêter la main à M. Saisset. On nous a leurrés de contes bleus. On nous disait : « Il y a dans les Champs-Élysées dix mille marins et vingt mitrailleuses. » Ou bien on nous apprenait en grande confidence que le 16ᵉ arrondissement, qui tenait pour l'ordre, était maître de trois portes de Paris : Passy,

Versailles et la Muette, par lesquelles entreraient les troupes qui devaient appuyer, mais non commencer, le mouvement dans Paris.

Si j'insiste sur ces faits, c'est pour préciser la situation et montrer que le gouvernement, en quittant Paris et en ne faisant rien, est cause que la guerre civile a ensanglanté nos murs si longtemps. On pouvait moins attendre, et on a trop attendu.

Enfin le jour se lève, n'apportant rien de nouveau à notre situation. L'Hôtel-de-Ville est plus formidablement gardé que de coutume; la place est un vrai parc d'artillerie. Les curieux ont de la besogne pour tout voir. La ligne des boulevards est garnie de factionnaires depuis la Madeleine jusqu'au Château-d'Eau; chaque quartier se garde, et les aboutissants des rues sont hérissés de baïonnettes. Il y a de la guerre civile dans l'air, et un vieillard, assis sur un banc devant la rue du Sentier, s'écrie :

— Ça me rappelle 48!

Et il est de fait que la collision a été imminente un moment entre un bataillon de Belleville et les troupes massées dans la rue Drouot.

Il est trois heures de l'après-midi lorsqu'un grand mouvement se produit sur le boulevard Montmartre. Des femmes, des hommes, en courant, passent devant nous, campés dans la rue Drouot, en nous disant :

— On vient vous attaquer! Ils ont des canons!

A tout hasard, notre commandant nous fait prendre

les armes. Au même instant un colonel d'état-major de la garde nationale arrive à nous tout effaré :

— Tenez bon ! L'amiral est dans le 2ᵉ arrondissement, prêt à venir à votre secours !

Nous nous regardons, chacun glisse une cartouche dans son fusil. On se serre la main, et on se met en ligne.

Un cordon de tirailleurs, qui précédait ce bataillon, s'arrête à notre vue et hésite. La troupe qui arrivait sonne le : *halte-là !* Nous ne bougeons pas. Le commandant bellevillois donne quelques ordres. Des artilleurs avinés essaient de sonner le : *en batterie !* Ils avaient six canons ; mais leur sonnerie est coupée par celle du bataillon ordonnant : *en avant !* Et le commandant, se retournant sur son cheval, commande à ses hommes :

— *Portez armes !*

On nous rendait les honneurs, nous étions isolés ; notre commandant nous fit également porter les armes.

Ils ont crié en passant : Vive la République ! et plusieurs d'entre nous ont fait chorus.

Aussi, après ce brillant exploit, plusieurs gardes quittèrent-ils les rangs ! Ou les gens qui passaient étaient des assassins, et nous ne devions leur rendre aucun honneur, ou si nous leur rendions les honneurs, nous ne valions pas mieux qu'eux. C'était une position fausse que la plupart tranchèrent en se retirant.

Quant à l'amiral Saisset et au colonel d'état-major, nous n'en avons plus eu de nouvelles.

Une heure après cette alerte, M. Desmarest, maire élu du 9e arrondissement, venait pour reprendre possession de sa mairie. Il se disait porteur de promesses de Versailles, et la conciliation débordait dans ses discours.

Le fait est que, peu après ses paroles, on pouvait lire la proclamation suivante :

PROCLAMATION.

Chers concitoyens,

Je m'empresse de porter à votre connaissance que, d'accord avec les députés de la Seine et les maires élus de Paris, nous avons obtenu du gouvernement de l'Assemblée nationale :

1º La reconnaissance complète de vos FRANCHISES MUNICIPALES ;

2º L'élection de tous les officiers de la garde nationale, y compris le *général en chef;*

3º Des modifications à la loi sur les échéances ;

4º Un projet de loi sur les loyers, favorable aux locataires, jusques et y compris les loyers de 1,200 fr.

En attendant que vous confirmiez ma nomination ou que vous m'ayez remplacé, je resterai à mon poste d'honneur pour veiller à l'exécution des lois de conciliation que nous avons réussi à obtenir, et contribuer ainsi à l'affermissement de la République.

Paris, 23 mars 1871.

Le vice-amiral, commandant en chef provisoire,
SAISSET.

Cette proclamation avait le tort de limiter les faveurs à accorder aux locataires à 1,200 fr.; car ce que Versailles devait chercher à s'attirer, c'étaient les boutiquiers; tous ayant des loyers supérieurs, Versailles continuait à se les aliéner.

Cette proclamation ne fit aucun effet. Saisset devint impopulaire, et le nombre des gardes nationaux amis de l'ordre diminua.

Pendant ce temps-là, que fait le Comité central? Il fait savoir que lui aussi s'occupe des loyers, et, dans sa séance de ce jour 23 mars, il décide le dégrèvement, mais en remet la décision au Conseil municipal élu qui prendra les affaires dès après les élections.

La journée s'est terminée bizarrement.

Deux fourgons d'artillerie, chargés de fusils et de munitions, s'aventurent rue de Valois et sont entourés par des gardes du 2e arrondissement, lesquels font une trentaine de prisonniers, désarment environ cinquante hommes et confisquent les fourgons, qui sont amenés dans l'intérieur de la Banque, que l'on a déjà commencé à créneler et à fortifier.

Que faire de ces prisonniers?

L'idée vient de les diriger sur Versailles.

On les mène à la gare Saint-Lazare, occupée par l'ordre; on les met en wagon, escortés par vingt-cinq gardes nationaux.

Tout va pour le mieux; mais à Asnières le train

s'arrête. Des gardes nationaux fouillent le train : ce sont des fédérés qui délivrent leurs amis et arrêtent ceux qui les conduisaient à Versailles.

Ce petit tour de passe-passe a amusé Paris pendant vingt-quatre heures.

Le 24, nous sommes encore sur le terrain de la résistance armée et des tentatives de négociation. La place de la Bourse tient toujours garnison ; l'amiral Saisset est toujours à son quartier-général du Grand-Hôtel. La séance du Comité central est surtout importante dans la partie dite séance secrète. Ces séances, que le *Paris-Journal* publiait avec beaucoup de crânerie, lui étaient vendues par un membre de la Commune. Le journal l'a dit lui-même. Quand le Comité reçut les délégués de la mairie du 2e arrondissement, il se forma en comité secret, et voici ce qui s'y passa :

Le citoyen Assi prend la parole : « Citoyens, dans les circonstances actuelles, la guerre civile peut être un crime civique ; elle est nécessairement une nécessité que nous pouvons dire fatale. Voici les conditions que nous offre le gouvernement. (Suit la lecture des propositions.) Certes, je suis prêt à vous proposer de les accepter ; mais en présence du retard demandé pour les élections et de l'attitude douteuse de l'Assemblée, je crois qu'il est sage de les rejeter.

« Si nous retardons les élections, le pouvoir, qui est le synonyme de la réaction, viendra peser de tout son poids sur les électeurs. Il dirigera le vote de telle façon que nous, les vainqueurs d'aujourd'hui, nous serons non seulement les vaincus, mais les proscrits de demain.

« Nous sommes les maîtres de la situation ; nos adversaires, bien que décidés en apparence à la lutte, n'ont ni organisation, ni communauté d'idées. Un seul jour de retard peut tout perdre. Si les maires et le gouvernement ne veulent pas accepter la date de dimanche pour les élections, nous devons rompre les négociations. »

Le citoyen Bergeret est d'avis de rompre les négociations et de se préparer à la lutte à outrance. Après quelques mots du citoyen Billioray, l'assemblée nomme deux membres qui doivent se rendre à la mairie du 2e arrondissement.

Ces délégués doivent accepter au nom du comité toutes les conditions proposées par l'amiral Saisset ; mais les élections devront être faites au jour fixé par les représentants de la garde nationale. La séance est suspendue.

A minuit, les délégués reviennent annoncer que le gouvernement repousse les élections à bref délai.

Le Comité, à l'unanimité, déclare les négociations entamées nulles et non avenues.

La séance est levée aux cris de : « Vive la République ! vive la Commune ! »

Avec des dispositions pareilles, toute tentative honnête devait échouer. Nous verrons bien que c'est ce qui arriva.

La jeunesse des Écoles s'est tenue à l'écart du mouvement insurrectionnel qui devait aboutir à la Commune de Paris, faute de mieux. C'est même un fait très-significatif et que les historiens devront mentionner avec soin : le quartier Latin est resté muet.

Dès le premier jour, l'École polytechnique avait offert ses services à l'amiral Saisset; l'École de médecine suivit l'exemple donné par la polytechnique. Le vendredi 24 mars, à deux heures de l'après-midi, une réunion de trois cents délégués a eu lieu à l'amphithéâtre de l'École de médecine ; le docteur Trélat y a fait un discours des plus patriotiques qui a soulevé l'unanimité des assistants, qui prirent l'initiative d'une déclaration en réponse aux menaces du Comité central.

Voici ce document :

La jeunesse des Écoles, assemblée dans l'amphithéâtre de l'École de médecine, considérant que le Comité central a porté atteinte au suffrage universel ;

Déclare qu'elle fait cause commune avec les représentants et les maires de Paris, et qu'elle est prête à lutter avec eux par tous les moyens possibles contre ce Comité sans mandat populaire.

Elle affirme, en outre, qu'elle répudie toute espèce de complicité avec la réaction ; qu'elle entend repousser toute tentative de coup d'État venant du pouvoir, et veut maintenir, pleine et entière, la République une et indivisible.

Paris, le 24 mars 1871.

Et pourquoi ce mouvement spontané de tout ce qu'il y a de jeunes intelligences contre le mouvement du 18 mars ? C'est que les Écoles avaient compris l'importance, la nature et le but de ce mouvement. Ce n'était pas la liberté qu'on leur apportait, c'était la licence ; ce n'était pas un règne de lumière, mais un avènement d'éteignoirs. Ceux qui savent n'ont rien à gagner à être commandés par des ignorants. Ce n'étaient pas des penseurs qui arrivaient au pouvoir, c'étaient des manœuvres ; et s'il répugne à un homme sobre d'être commandé par un ivrogne, à plus forte raison des savants, des hommes de science, devaient rejeter loin d'eux le gouvernement des *fruits secs*.

Un des chefs du mouvement avait dit d'ailleurs ces paroles, que l'on connaissait au quartier Latin.

On parlait de l'École polytechnique :

— A quoi cela sert-il ? demanda le personnage. A donner des Mac-Mahon et des Bazaine.

— Mais il en sort des ingénieurs ! lui fut-il répondu.

— Des ingénieurs ! répliqua-t-il, la belle affaire ! Est-ce que ce sont eux qui construisent les ponts, élèvent les digues et bâtissent les monuments ? Ce sont les ouvriers ! Les ouvriers n'ont pas besoin de ces... *feignants !*

Je crois même qu'il a dit de ces j... f...

Les Écoles se le tinrent pour dit, et protestèrent contre le règne des ignorants.

La nuit du 24 au 25 fut orageuse ; mais le 25 au

matin tout était arrangé. Les amis de l'ordre en avaient assez; de guerre lasse ils abandonnaient la position, et les élections avaient lieu le 26 mars.

Le Comité central triomphait. Il avait les mairies; il allait avoir sa Commune, et l'amiral Saisset opérait cette belle retraite précipitée dont je vous ai déjà parlé. En partant il laissait, entre autres, un papier que reproduisirent les journaux de Paris :

Copie d'un ordre du vice-amiral Saisset adressé au colonel Trève de la garde nationale, et remis à M. Dupont par son aide-de-camp.

J'ai l'honneur d'informer MM. les chefs de corps, officiers, sous-officiers et gardes nationaux de la Seine, que je les autorise à rentrer dans leurs foyers, à dater du samedi 25, sept heures du soir.

Le vice-amiral commandant en chef la garde nationale de la Seine,

Signé : Saisset.

M. Saisset chargea M. Tirard de transmettre les remerciments de M. Thiers aux bataillons réunis à la Bourse, et rien n'empêcha plus la comédie sinistre du Comité central de se jouer en toute liberté.

A mesure que le parti de l'ordre perdait du terrain, ou mieux qu'il cédait du terrain, les insurgés consolidaient le leur.

Considérant que la situation réclame des mesures rapides ;

Que de tous côtés des commandements supérieurs, continuant les errements du passé, ont, par leur inaction, amené l'état de choses actuel ; que la réaction monarchique a empêché jusqu'ici, par l'émeute et le mensonge, les élections qui auraient constitué le seul pouvoir légal de Paris ;

En conséquence, le Comité arrête :

Les pouvoirs militaires de Paris sont remis aux délégués Brunel, Eudes, Duval.

Ils ont le titre de généraux et agiront de concert, en attendant l'arrivée du général Garibaldi, acclamé comme général en chef.

Du courage encore et toujours, et les traitres seront déjoués.

Vive la République !

Paris, le 24 mars 1871.

Le Comité central de la garde nationale.

Voilà comment on prend le peuple ! Il a cru que Garibaldi était du Comité, et il a voté pour le Comité. Garibaldi n'est pas venu ; mais qu'est-ce que cela peut faire à ceux qui ont métier de leurrer de pauvres gens ?

Ces trois généraux nommés font leur proclamation aussi :

Citoyens,

Appelés par le Comité central au poste grand et périlleux de commander provisoirement la garde nationale républicaine, nous jurons de remplir énergiquement cette mission, afin d'assurer le rétablissement de l'entente sociale entre tous les citoyens.

Nous voulons l'ordre... mais non celui que patronnent les régimes déchus, en assassinant les factionnaires paisibles et en autorisant tous les abus.

Ceux qui provoquent à l'émeute n'hésitent pas, pour arriver à leur but de restaurations monarchiques, à se servir de moyens infâmes ; ils n'hésitent pas à affamer la garde nationale en séquestrant la Banque et la Manutention.

Le temps n'est plus au parlementarisme : il faut agir, et punir sévèrement les ennemis de la République.

Tout ce qui n'est pas avec nous est contre nous.

Paris veut être libre. La contre-révolution ne l'effraie pas ; mais la grande cité ne permet pas qu'on trouble impunément l'ordre public.

Vive la République !

Les généraux commandant,
BRUNEL, E. DUVAL, E. EUDES.

Le 24, les Écoles avaient protesté. Voici ce qui arriva le lendemain. Deux jeunes élèves de l'École polytechnique, revêtus de leur uniforme, se trouvaient dans les environs de la Montagne-Sainte-Geneviève. Ils remarquèrent qu'on les *filait*. Quatre hommes, en effet, de mine assez rébarbative, quatre gardes nationaux, les suivaient. Arrivés à la hauteur de la rue Descartes, un élève s'arrête devant une porte ; aussitôt les quatre hommes mettent le couteau à la main. Devant cette agression, ils tirent leurs épées, appellent au secours, et ne tardent pas, autant par leur courage que par leur tapage, à contraindre les assassins à s'enfuir. Les élèves, à la suite de ce fait et de quelques autres de même nature, furent remis à leur famille.

———

Le Comité ne fut jamais ennemi de l'esprit français; et tandis que le *Journal officiel* changeait presque tous les jours de rédacteur en chef, le *Petit Officiel du soir* pétillait de toute la verve des gens d'esprit de ces Messieurs : on y lisait sous la rubrique *Çà et là* des traits d'une finesse de goût et d'un atticisme!... Jugez plutôt!

Dans le *Français*, une ânerie tellement impériale, qu'il est impossible de la passer sous silence :

Le fait suivant nous est raconté par une personne digne de foi (?) :

Il y a quinze jours, à Bruxelles, un étranger racontait à un Français — actuellement à Paris — qu'il venait de voir la princesse Mathilde.

Celle-ci se promenait comme une lionne dans son appartement, en disant : « Les malheureux! ils ne savent pas que mon cousin Napoléon III a en main Montmartre et Belleville! »

Qu'en pensent les indigènes des localités citées ?

La descendante de l'aigle impériale (je parle au point de vue de lard), cette vieille fille-insoumise à la préfecture — qui se promène comme une lionne!

Ses feux sont passés, que diable !

Et l'étranger de bonne foi (badaud, va!) qui prétend

que l'ancienne maîtresse du sieur Deux-Décembre prône pour patron de Montmartre et Belleville le saint Napoléon !

Je conseille au saint qui tient ces deux têtes d'y aller prêcher pour l'entretien de sa chapelle...

Et sans m'avancer, je lui garantis qu'il recevra quelque chose.

Le 25 mars fut pourtant marqué, je ne dirai pas par une bonne action, mais par un heureux événement : la mise en liberté des généraux Chanzy et de Langourian. Crémer prétendit qu'on la devait à ses instances, aidées de celles du colonel Aronhson. Le fait est qu'une pièce signée du nom de ce colonel et portant l'en-tête de *Société fraternelle de protection des Alsaciens et des Lorrains* semble y donner quelque créance.

Chanzy prenait l'engagement d'honneur de n'accepter aucun commandement avant six mois, à moins que ce ne soit contre l'étranger. De son côté, le Comité central a voulu faire acte de magnanimité. Il était vainqueur : la clémence lui seyait.

Enfin le dimanche 26 mars arriva !

A la hâte les candidats avaient affiché leurs professions de foi et leurs noms. Affiches blanches et couleur lie-de-vin s'étalaient sur tous les murs.

Le Comité central sembla s'effacer, mais ses amis travaillaient pour lui ; et d'ailleurs cette déclaration ne laissait guère de doute sur leur désir d'être les premiers de la Commune :

RÉPUBLIQUE FRANÇAISE.

Liberté, Égalité, Fraternité.

COMITÉ CENTRAL. — ÉLECTIONS A LA COMMUNE.

Citoyens,

Notre mission est terminée ; nous allons céder la place de votre Hôtel-de-Ville à vos nouveaux élus, à vos mandataires réguliers.

Aidés par votre patriotisme et votre dévoûment, nous avons pu mener à bonne fin l'œuvre difficile entreprise en votre nom. Merci de votre concours persévérant ; la solidarité n'est plus un vain mot ; le salut de la République est assuré.

Si nos conseils peuvent avoir quelque poids dans vos résolutions, permettez à vos plus zélés serviteurs de vous faire connaître, avant le scrutin, ce qu'ils attendent du vote d'aujourd'hui.

Citoyens,

Ne perdez pas de vue que les hommes qui vous serviront le mieux sont ceux que vous choisirez parmi vous, vivant de votre propre vie, souffrant des mêmes maux.

Défiez-vous autant des ambitieux que des parvenus ; les uns comme les autres ne consultent que leur propre intérêt, et finissent toujours par se considérer comme indispensables.

Défiez-vous également des parleurs, incapables de

passer à l'action; ils sacrifieront tout à un discours, à un effet oratoire ou à un mot spirituel.

Évitez également ceux que la fortune a trop favorisés, car trop rarement celui qui possède la fortune est disposé à regarder le travailleur comme un frère.

Enfin, cherchez des *hommes aux convictions sincères,* des *hommes du peuple,* résolus, actifs, ayant un sens droit et une honnêteté reconnue. *Portez vos préférences sur ceux qui ne brigueront pas vos suffrages;* le véritable mérite est modeste, et c'est aux électeurs à connaître leurs hommes, et non à ceux-ci de se présenter.

Nous sommes convaincus que, si vous tenez compte de ces observations, vous aurez enfin inauguré la véritable représentation populaire, vous aurez trouvé des mandataires qui ne se considéreront jamais comme vos maîtres.

Hôtel-de-Ville, 25 mars 1871.

Le Comité central de la garde nationale.

Cela était aussi perfide qu'habile.

« Portez vos préférences sur ceux qui ne brigueront pas vos suffrages ! »

C'était dire : Nommez ceux du Comité central qui ne font rien — *d'apparent!* — pour être nommés.

Toute la journée de la veille, à l'Hôtel-de-Ville, ils avaient fait des bulletins de vote et dressé des listes d'éligibles pour chaque arrondissement. Eux et leurs amis avaient bien travaillé, et ils attendaient le prix de leur peine.

Des estafettes arrivent portant des nouvelles : malgré de nombreuses abstentions, le nombre des votants pour la Commune est assez élevé.

Faisons un tour de Paris.

On votait sans désordre, mais aussi sans empressement. La journée était belle, chaude; des promeneurs circulaient comme un jour de récréation populaire, mais tous ceux qui se promenaient ne votaient pas. Ce n'est plus le temps où chaque arrondissement avait sa physionomie et où le vote était ardent ici, farouche là, mais toujours sincère, malgré la passion.

Ceux qui votent le font par acquit de conscience, et la plupart machinalement.

Au 1er arrondissement, presque personne; on vote pour l'ancienne municipalité; le 2e n'est guère plus animé : même comédie, c'est l'ancienne municipalité qui sera réélue. Le 3e arrondissement est plus convaincu. Le quartier du Temple vote avec assez d'ensemble; 4e, 5e, 6e, 7e et 8e arrondissements, pas de physionomie; quelques rares électeurs égarent leurs bulletins dans les urnes. Au 9e arrondissement, quelque animation; les amis de Ranc et de Desmarets luttent en paroles et, au besoin, lutteraient différemment. Le 10e arrondissement est très-décidé; cet arrondissement est le seul dans lequel ait été faite une protestation contre les élections de ce jour. C'est M. Bazire, point le rédacteur de la *Marseillaise*, qui a déposé une protestation motivée disant : — « Attendu que..., etc., etc., les élections faites dans ces conditions ne présentent aucunes garanties de liberté et de légitimité. »

M. Bazire a exigé un reçu de sa protestation. Voici la teneur de ce reçu, auquel nous conservons son orthographe :

Je *reconnait* avoir *recu* du *citoyent* Bazire la *protestaton* contre les élections. Je m'engage à la remettre au *commité*.

Paris, la 26 *m'ar* 1871.

Le président de la section de la rue d'Henghien,
BARBE,
Boulevard de la Villette, 163.

Mon Dieu ! tout le monde n'a pas été élevé au collége Sainte-Barbe, et l'on peut faire des fautes d'orthographe tout en étant un bon citoyen ; mais ce qui est plus singulier que l'orthographe de ce Monsieur, c'est qu'habitant La Villette, il vienne présider des élections dans un arrondissement qui n'est pas le sien.

Les 11e, 12e, 13e, 14e, 15e, 16e arrondissements n'offrent pas de physionomie intéressante ou à noter. Le 16e est encore celui où on s'abstient le plus.

Au 17e arrondissement il y a foule ; quelques coups de poing appuient l'opinion de quelques citoyens. A Montmartre, au 18e, tout le monde, jusqu'au dernier, a déposé son bulletin dans l'urne ; les uns, en accusant le Comité d'être réactionnaire ; les autres, en affirmant qu'il a bien mérité de la patrie ; mais ce sur quoi ne se divisent pas les électeurs de cet arrondissement, c'est l'inviolable attachement qu'ils professent pour leurs canons.

Je crois qu'ils les défendraient même contre la Commune !

Montmartre sans canons ! Horreur ! C'est Orphée ayant perdu Eurydice !

Le 19e arrondissement est aussi *voteur* que Montmartre, et il est plus bruyant encore. Des affiches, il y en a partout, les unes imprimées, les autres lithographiées. On fait religieusement queue aux sections de vote, et de temps en temps quelques bonnes bourrades viennent prouver aux électeurs moins..... convaincus, que deux citoyens de différentes opinions s'expliquent et se donnent des raisons.

Au 20e arrondissement, le diapason politique est monté d'un cran de plus. Si on parle de Blanqui, il faut se découvrir presque. Flourens est le dieu de la population.

Un exemple de l'exaltation des esprits :

Un électeur tient son bulletin à la main, et s'adressant à un groupe, lui dit :

— Je vote pour des rouges-rouges ; mais n.. de D..., si j'en savais un plus radical que le drapeau rouge, je le nommerais de préférence.

La journée ne s'est pas passée sans violences. Cela eût été trop beau.

On a cherché à arrêter plusieurs personnes; il y a eu un mandat d'amener lancé contre M. Mottu. Ne le trouvant pas, on prend son adjoint; le commandant Valligrane, du 129°, est arrêté également; Chouteau, le citoyen Chouteau, du Comité central, est aussi emprisonné. On allait bien. Vers six heures et demie, deux cents hommes venant de la place Vendôme s'arrêtent devant la salle des conférences du boulevard des Capucines, et demandent au concierge les noms des personnes qui ont convoqué une réunion pour ce jour, dimanche. Refus du concierge de livrer ces noms; immédiatement, l'officier commandant le détachement menace de livrer la maison au pillage. Devant cette menace, le concierge livre les noms.

M. C. Morel, qui met sur ses cartes : *secrétaire de M. le duc d'Aumale,* aurait été recherché également; enfin le soir, vers dix heures, la fusillade du 22 s'est renouvelée, mais en petit... heureusement.

La scène s'est passée placée du Carrousel, et voici comment un journal l'a racontée :

« Hier soir, à dix heures, plusieurs détonations d'armes à feu se faisaient entendre sur la place du Carrousel, et un jeune homme de vingt-deux ans, M. Trémelot, tombait mortellement frappé d'un coup de feu dans le côté gauche.

« Onze personnes se trouvaient à quelques pas de la victime et n'ont pas été touchées, grâce à la présence d'esprit de l'une d'elles, M. Paul Ray, employé du tir du Point-du-Jour, qui avait entendu le cliquetis des fusils qu'on armait. Il cria : « Couchez-vous ! » Les assistants se jetèrent à terre; seul, M. Trémelot n'entendit pas ou ne comprit pas l'appel de M. Ray.

« Cinq coups de feu ont été tirés sur la victime; un seul l'a atteint : la balle a frappé la poitrine à un centimètre au-dessous du cœur et est sortie par le dos. M. Trémelot est mort dans la matinée, à l'hospice de la Charité, où il avait été transporté d'office.

« D'après la version de ceux qui ont fait feu, un individu inconnu aurait tiré deux coups de révolver. Immédiatement, le poste situé près de la grille des Tuileries fit cette décharge; mais, naturellement, personne parmi les assistants n'a entendu les coups de révolver. »

Toute la nuit on dépouilla le srutin. C'est au moins ce que disent les journaux de la Commune ; mais il circula en ville un quatrain que nous avons recueilli et qui explique différemment cette besogne nocturne :

> Le Comité craignant — prévoyance louable —
> Quelque honteux échec en ouvrant le scrutin,
> S'est commandé, dit-on, une urne inépuisable
> Comme cette bouteille en vogue chez Houdin.

Sûr du succès, le Comité central ne songea plus qu'à tomber avec grâce comme un lutteur antique, et à former un Sous-Comité destiné à ne pas abdiquer, sinon le pouvoir, du moins le contrôle. Le citoyen Assi se chargea de le former.

Ainsi, voilà comme fonctionnent nos maîtres ! En théorie, ce ne sont que principes purs et conduites chevaleresques ; mais en pratique, ce sont des tyrans décidés, habiles et peu scrupuleux. Ah ! nous étions bien tombés !

Le lendemain du 26, on continue à dépouiller les votes, car ce n'est pas un mince travail, paraît-il ; et tandis que les employés comptent et recomptent, le Comité se réunit et se déclare en permanence jusqu'à ce que le résultat des votes soit proclamé. M. Andignoux demande à ce que la proclamation des votes soit accompagnée d'une solennité imposante ; immédiatement, on propose pour modèle la fête de la Fédération de 89.

Cette idée est acceptée, et le citoyen Géresme, un élu du suffrage communal, corsetier de son état, est chargé des splendeurs de la fête. Ceci fait, le grand Comité central s'occupe de choses plus sérieuses : la formation de l'armée de la Commune. Ce ne sont pas à des gens qui ont combattu l'Empire qu'il faut demander de faire autrement que lui. Sur quoi se basait l'Empire ? Sur sa garde ; la Commune aussi aura sa garde, et c'est le Sous-Comité qui la lui confectionnera. On formera vingt-cinq bataillons de marche avec haute-paie de 2 fr. 50 par jour, vingt batteries d'artillerie, autant de batteries de mitrailleuses.

Et voici les noms des metteurs en œuvre de ces forces :

Le général Duval organisera l'artillerie.

Le général Henri organisera l'infanterie.

Le général Bergeret organisera la cavalerie.

Le général Cluseret organisera l'administration.

Et maintenant, vogue la galère ! Demain on proclamera le résultat des votes.

De tout temps, l'*Officiel* a été bon à lire, et cela sous tous les gouvernements. Ce jour, 27 mars, l'*Officiel* est assez intéressant. En tête de sa partie non officielle, on lit :

Nous reproduisons l'article suivant du citoyen Ed. Vaillant, article qui nous paraît répondre d'une façon satisfaisante à une des difficultés du moment.

Le délégué, rédacteur en chef du *Journal officiel*,
Ch. LONGUET.

On nous assure, mais la nouvelle n'a rien d'officiel, que le duc d'Aumale serait à Versailles. Si cela était vrai, c'est que, de Bordeaux à Versailles, le duc d'Aumale n'aurait pas rencontré un citoyen.

C'est par des faits semblables que l'on voit combien le sens moral et civique s'est affaissé. Dans les républiques antiques, le tyrannicide était la loi. Ici, une prétendue morale nomme assassinat cet acte de justice et de nécessité.

Aux corrompus qui se plaisent dans la pourriture monarchique, aux intrigants qui en vivent s'unit le groupe des niais sentimentaux.

Ceux-ci déclarent que ces pauvres diables de princes

ne sont pas responsables des crimes de leurs pères, de leur nom, de leur famille, pas plus que ne le serait le fils de Tropmann.

Ils oublient que le fils du forçat n'est pas condamné par l'opinion publique s'il n'est forçat lui-même ; mais, à juste titre, la défiance s'attache à celui dont la jeunesse a dû subir l'influence de si mauvais exemples, dont l'éducation première a eu un tel directeur.

De même un prince, fils de prince, qui continue à s'appeler prince, et qui, comme le d'Aumale en question, ose venir poser dans la France républicaine la question monarchique et la candidature de sa famille, excite notre colère et appelle notre justice.

Et quand même ces princes, qui rêvent de nous rejeter dans l'oppression, auraient été éclairés par le génie de la révolution, ils devraient alors comprendre qu'ils ne doivent pas devenir des agents de discorde et de guerres civiles, et ils devraient se condamner eux-mêmes à aller expier dans une contrée lointaine le malheur et la honte de leur naissance.

Car il ne suffit pas qu'ils se prétendent sans ambition ; — nous nous rappelons les serments et les protestations de Bonaparte — fussent-ils sincères, leur nom, leur présence, seraient exploités par ceux que l'ambition, l'intérêt, l'intrigue attachent à leur fortune, et, quelle que fût la volonté du prince, son influence néfaste serait la même.

De même que, dans le cours inaltérable des choses, tout élément discordant est éliminé, et rien de ce qui est contre l'équilibre ne pourrait prévaloir, de même, dans la société, tout objet de trouble dans l'ordre moral, tout obstacle à la réalisation de l'idéal de justice que poursuit la révolution doit être brisé.

La société n'a qu'un devoir envers les princes : LA MORT. *Elle n'est tenue qu'à une formalité : la constatation d'identité.* Les d'Orléans sont en France, les Bonaparte veulent revenir : *que les bons citoyens avisent !*

On pourra se demander quel est ce Vaillant qui conseille le crime aux autres en se donnant bien de garde de mettre lui-même en pratique ses aimables théories. Nous avons voulu aussi le savoir. C'est un homme de quarante ans, un journaliste. Il est de Lille et a collaboré au *Propagateur* de cette ville. Après avoir été employé dans une manufacture de tabac, il vint à Paris pour donner un libre cours à ses inspirations. Il a collaboré dans plusieurs journaux supprimés, et il est membre de la Commune et l'un des plus acharnés.

L'article produisit un sentiment de répulsion dans le public ; mais il n'eut pas le temps d'y penser beaucoup. On venait d'apprendre le nom des élus du 26.

Premier arrondissement.

ADAM (Adolphe), négociant, 50 ans. — C (1).
MÉLINE, avocat, 40 ans. — C.
ROCHARD, gérant de la *Belle-Jardinière*, 45 ans. — C.
BARRÉ, marchand de tabac. — C.

(1). Le C majuscule indique que, dans les circonstances, ceux devant le nom desquels se trouve cette lettre sont des *Conservateurs.*

C'était la représentation de l'ancienne municipalité. Ces élus n'ont pas accepté le mandat de membres de la Commune.

Deuxième arrondissement.

BRÉLAY, négociant, 53 ans. — C.
LOISEAU-PINSON, négociant, 60 ans. — C.
TIRARD, négociant, 35 ans. — C. — *Député.*
CHÉRON (Léon), négociant, 58 ans. — C.

Même observation que pour le 1er arrondissement.

Troisième arrondissement.

DEMAY, ouvrier, 50 ans. — S (1).
ARNAUD (Antoine), ouvrier, 28 ans. — S.
PINDY (Louis-Jean), menuisier, 31 ans. — S.
MURAT (Pierre-André), ouvrier mécanicien, 38 ans. — S.
DUPONT (de Londres), ouvrier maroquinier, 30 ans. — S.

Ici nous sommes en plein socialisme.

Quatrième arrondissement.

ARNOULD (Arthur), 40 ans. — *Littérateur* (2).
LEFRANÇAIS, comptable, 38 ans. — J (3).

(1) L'S majuscule veut dire *Socialiste.*
(2) Ce mot *Littérateur* veut dire que le sujet est de la classe des écrivains qui n'ont pas d'antécédents bien établis. Ils sont là portés par leur plume.
(3) Le J majuscule veut dire *Jacobin.* Grâce à ces quatre désignations, on peut se rendre facilement compte de la physionomie de la Commune et de l'esprit des arrondissements.

Clémence (Louis), 38 ans. — S.
Gérardin (François-Eugène), 40 ans. — S.
Amouroux, chapelier, 28 ans. — S.

Cinquième arrondissement.

Régère (Théodore), vétérinaire. — J.
Jourde (François), graveur sur métaux, 35 ans. — S.
Tridon (Gustave), étudiant. — J.
Blanchet (Louis), homme d'affaires, 45 ans. — S.
Ledroy (Joseph), négociant, 60 ans. — S.

Sixième arrondissement.

Leroy (Albert), professeur libre, 50 ans. — C.
Goupil, docteur en médecine, 60 ans. — J.
Robinet, docteur en médecine, 55 ans. — C.
Beslay (Charles), 76 ans. — S.
Varlin (Louis-Eugène), ouvrier relieur, 31 ans. — S.

M. Beslay, qui fut le doyen d'âge, président de la Commune, est un homme distingué, bien connu de son quartier et de la démocratie, ainsi que le docteur Goupil. M. Leroy a bientôt donné sa démission, ainsi que MM. Goupil et Robinet.

Septième arrondissement.

Parizel, docteur en médecine, 50 ans. — S.
Lefèvre (Ernest), rédacteur du *Rappel*, 34 ans. — Avocat (1).
Urbain. — S.
Brunel (Jean-Louis), voyageur de commerce, 28 ans. — J.

(1) M. Lefèvre est avocat; ni socialiste, ni jacobin : avocat. C'est un ambitieux qui a cru arriver de ce côté. Il est neveu de Vacquerie.

Huitième arrondissement.

Rigault (Raoul), étudiant, 28 ans. — J.
Vaillant (Edmond), journaliste, 40 ans. — J.
Arnould (Arthur). — Il opte pour le 4e arrondissement.
Allix (Jules), *professeur*, 52 ans. — S.

Pour donner une idée des abstentions de cet arrondissement : sur 17,825 inscrits, le premier sorti de la liste n'a eu que 2,173 voix, et les trois autres n'avaient pas le huitième des voix!!! N'importe!

Neuvième arrondissement.

Ranc (Arthur), journaliste, 39 ans. — J. — *Député*.
Parent (Ulysse), dessinateur et journaliste, 44 ans. — J.
Desmarest (Ernest), avocat, 56 ans. — C.
Ferry (Émile), 35 ans. — C.
Nast (Gustave). — C.

MM. Desmarest, Ferry et Nast, membres de l'ancienne municipalité, donnèrent immédiatement leur démission; et ce qu'il y a de plus curieux, c'est que MM. Ranc et Ulysse Parent en ont fait de même, un peu plus tard il est vrai. Et pourtant c'étaient deux jacobins de cœur, Ranc surtout; mais ils étaient trop intelligents et d'un esprit trop politique pour ne pas voir que ce gouvernement, ni chair ni poisson, ne les conduirait à rien... qu'à mal.

Dixième arrondissement.

Gambon (Charles-Ferdinand), propriétaire, 51 ans. — J. — *Député*.
Pyat (Félix), homme de lettres, 60 ans. — J.

Fortuné (Henri), 40 ans. — S.
Champy, doreur sur métaux, 42 ans. — S.
Babick, Polonais, 30 ans. — S.
Rastoul. — S.

Onzième arrondissement.

Mortier (Eugène), ouvrier, 30 ans. — S.
Delescluze. — J.
Assi (Adolphe-Alphonse), mécanicien, 30 ans. — S.
Protot (Eugène), avocat, 35 ans. — J.
Eudes (François, dit *Deschamps*), sténographe, 26 ans. — J.
Avrial (Augustin), mécanicien, 30 ans. — S.
Verdure (Augustin-Joseph), ouvrier, 35 ans. — S.

Douzième arrondissement.

Varlin. — Opte pour le 6e arrondissement.
Géresme, corsetier, 38 ans. — S.
Theisz (Albert), ouvrier ciseleur, 32 ans. — S.
Fruneau. — C.

Treizième arrondissement.

Meillet (Léo), étudiant, 27 ans. — J.
Duval (Émile-Victor), 30 ans. — S.
Chardon, ouvrier, 40 ans. — S.
Franckel (Léo), ouvrier bijoutier, 27 ans. — S.

Cela devient de plus en plus foncé !

Quatorzième arrondissement.

Billioray (Jules), 52 ans. — S.
Martelet. — S.
Decamps, ouvrier, 35 ans. — S.

Ici, c'est pis ; car le citoyen Billioray n'est pas précisément une excellente acquisition.

Quinzième arrondissement.

Cournet, journaliste, 30 ans. — J. — *Député.*
Vallès (Jules), journaliste, 40 ans. — *Littérateur.*
Langevin (Camille-Pierre), tourneur sur métaux, 28 ans. — S.

On est radical, ici ; mais encore choisit-on ses hommes.

Seizième arrondissement.

Marmottan, docteur en médecine. — C.
De Bouteillier, ex-officier de marine. — C.

Ces Messieurs n'ont pas tardé à donner leur démission. C'est dans cet arrondissement que la résistance aux ordres du Comité a été la plus énergique.

Dix-septième arrondissement.

Varlin. — Opte pour le 6ᵉ arrondissement.
Clément (Victor), ouvrier, 33 ans. — S.
Gérardin (Charles), entrepreneur. — S.
Chalain (Louis), tourneur en cuivre, 26 ans. — S.
Malon (Benoist), garçon de librairie, 29 ans. — S. — *Député.*

Nous sommes en pleine *Internationale.*

Dix-huitième arrondissement.

Blanqui. — Opte pour le 20ᵉ arrondissement.
Theisz. — Opte pour le 12ᵉ arrondissement.
Dereure (Louis), cordonnier, 45 ans. — S.
Clément (J.-B.), publiciste, 45 ans. — S.
Ferré (Célestin-Jean-Baptiste), 48 ans. — S.

VERMOREL, journaliste. — S.
GROUSSET (Paschal), journaliste, 30 ans. — *Littérateur.*

Dans cet arrondissement, l'ultra-rouge domine. C'est Blanqui qui est le patron.

Dix-neuvième arrondissement.

OUDET, 30 ans. — J.
PUGET. — S.
DELESCLUZE. — Opte pour le 11e arrondissement.
MIOT (Jules), pharmacien, 61 ans. — J.
OSTYN. — S.
FLOURENS. — Opte pour le 20e arrondissement

Vingtième arrondissement.

BERGERET (Jules), chef de claque, 30 ans. — J.
RANVIER (Gabriel), peintre-décorateur, 55 ans. — S
FLOURENS (Gustave), publiciste, 32 ans. — J.
BLANQUI (Louis-Auguste), 66 ans. — J.

Ceci, c'est la fleur des arrondissements ; le radicalisme y est poussé à l'extrême puissance. Et dire que Blanqui, qui a rêvé toute sa vie une heure de pouvoir suprême, est empêché d'y goûter juste au moment où il touche enfin au but de sa vie ! Tantale n'est pas une fable.

Voilà donc les élus de Paris.

Quel mélange ! Dieu seul pourra jamais y reconnaître les siens.

Je me suis livré à un calcul qui n'est pas sans enseignement :

Sous l'Empire, il y avait dans Paris 394,000 inscrits,
De votants. 315,000
Sous la Commune, il y a. . . 485,569 inscrits,
Et de votants. . . . 221,798

D'après un autre calcul fait sur les chiffres de l'*Officiel*, je trouve que les candidats à la Commune n'auraient obtenu en tout que 146,418 voix; néanmoins, c'est encore trop.

CHAPITRE III.

Cérémonie de l'installation de la Commune. — La place de l'Hôtel-de-Ville vue de nuit. — Dernier acte du drame des quatre sergents de la Rochelle. — FIGARO vit encore. — Les affiches de M. Ernest Picard. — Première séance de la Commune. — Biographie du général Eudes, dit DESCHAMPS. — N° 1 du JOURNAL OFFICIEL DE LA COMMUNE. — Rampon, Theisz et les postes. — Excitation à la guerre civile. — Le PÈRE DUCHÊNE. — Liberté de la presse. — Un déménagement dans l'embarras. — A-t-on tout cassé chez moi? — Le discours de la Commune. — Poisson d'avril. — Coup d'œil sur la situation. — Qui a commencé?

La Commune étant élue, le Comité central procéda à sa proclamation; mais il tint à le faire assez solennellement pour impressionner un peu la masse du public.

Une grande draperie rouge à crépines d'or couvre une partie de l'Hôtel-de-Ville et masque la statue d'Henri IV. Le buste de la Liberté, coiffé d'un bonnet phrygien, se dresse sur un fût de colonne, entouré de drapeaux rouges. Au-dessous de la statue est une estrade garnie de fauteuils en velours rouge. Au centre il y a un siège plus élevé, destiné au président... *Assi*. On arrive à cette estrade par quatre escaliers, dont deux communiquent avec l'intérieur de l'Hôtel-de-Ville ; les deux autres donnent accès sur la place.

Une batterie de pièces de 7 est rangée sur le quai. Ces canons sont destinés à saluer la proclamation des votes. D'ailleurs, toute l'artillerie a été retirée de la place et rangée derrière les grilles de l'Hôtel-de-Ville.

Depuis une heure de l'après-midi arrivent les bataillons fédérés. Leurs délégués marchent en tête, le bras ceint d'un ruban rouge. Ce ne sont que roulements de tambours et sonneries de clairons. Le public, qui a envahi toutes les rues adjacentes, ne laisse passer les gardes nationaux qu'un à un, ce qui rend les défilés excessivement longs et sème le désordre dans les rangs. Ce n'est qu'à grand'peine que les bataillons se reforment sur la place, tandis que le drapeau et l'état-major se rendent au pied de l'estrade.

A quatre heures, un long roulement se fait entendre, et, avec une exactitude fort remarquée, le Comité central monte sur l'estrade. Franchement, cette fête avait un caractère imposant. Le canon tonne, les vivats encombrent l'air de bruits, les fanfares éclatent, les tambours et les clairons battent aux champs, les képis sont au bout des baïonnettes. Évidemment ceux qui sont là sont tous des partisans du Comité, et l'on voit qu'ils sont convaincus. Le citoyen Assi prononce un discours auquel le bruit et l'éloignement ne font que peu d'auditeurs, et l'on proclame le nom des élus. Après chaque arrondissement, les musiques militaires jouent la *Marseillaise,* et la force de l'habitude fait que beaucoup de gardes nationaux entonnent à pleine voix l'hymne de Rouget de Lisle.

Cette proclamation, ainsi coupée par de la musique, dure jusqu'à cinq heures et demie. Puis il y a eu des discours, que fort peu de personnes ont entendus; mais quelqu'un qui avait réussi à monter sur l'estrade nous disait qu'il avait été frappé par les paroles haineuses et le ton acrimonieux des improvisations du Comité central. Ces hommes-là faisaient pressentir tout ce qu'ils feraient par la suite.

Après les discours vint le défilé, et tout fut dit pour ce jour-là. C'était une imitation de la fédération de la grande République. Le soir, les bataillons qui ont repris leurs postes dans la place de l'Hôtel-de-Ville se livrent à la joie, et la présence de quelques cantinières permet de former un quadrille. Si l'on s'amuse en bas de l'Hôtel-de-Ville, on a l'air gai en haut aussi. On festine, et le Comité central est reçu par la Commune; mais assurément ici la gaîté est moins franche que sur la place. Il y a les préoccupations du lendemain qui font pencher ces têtes; il y a les soucis de la revanche sociale que ces hommes veulent prendre qui excitent leur bile et les rendent maussades malgré eux, quoique dans sa séance d'installation la Commune ait déclaré que la garde nationale et le Comité central ont bien mérité de la patrie et de la République.

Comme il est vrai que, seules, les montagnes ne se rencontrent pas!

Vers onze heures et demie du matin, au coin de la rue des Deux-Portes-Saint-Jean, on a arrêté le fameux Bignon, qui a joué un rôle dans l'affaire des quatre sergents Bories, Raoulx, Goubain et Pommier, qui furent exécutés sous le règne de Louis XVIII pour avoir voulu être libres.

Voici comment eut lieu cette arrestation :

Un petit-fils de Pommier était assis devant le café de l'Yonne et causait avec un de ses amis. Tout à coup il se leva brusquement et alla droit à un homme qui passait dans la rue de Rivoli :

— Vous êtes Bignon, le dénonciateur des quatre sergents de La Rochelle, et je vous arrête !

— De quel droit ?

— Vous me demandez de quel droit, vous qui avez fait assassiner mon grand-père par la Restauration ?

Bignon ne répondit pas et voulut fuir. La foule s'amassa devant le café, et Bignon parvint à s'enfuir. Le petit-fils de Pommier se met à sa poursuite en criant :

— Arrêtez-le ! arrêtez-le !

Bignon fut arrêté, et la foule apprenant que c'était lui qui avait fait arrêter les quatre sergents de La Rochelle lors du procès, voulut le fusiller séance tenante. Le petit-fils de Pommier s'interposa. Deux gardes nationaux s'emparèrent de la personne de Bignon et le conduisirent à la mairie du 4e arrondissement, où le maire le fit mettre en lieu sûr jusqu'à ce qu'il soit statué sur son sort.

Bignon est un homme âgé d'environ soixante-dix-huit ans. Il est de petite taille et semble assez aisé.

Le *Figaro* reparait, mais pour peu de temps. On lui signifie d'avoir à suspendre sa publication.

Bercy est dans la consternation. Un ordre du Comité vient d'interdire formellement l'exportation des vins. Toute voiture chargée de vin est arrêtée à la barrière. Le Comité central craignait qu'on affamât Paris, et il prenait ses précautions.

Tandis qu'il empêchait de sortir les denrées servant à l'alimentation de Paris, il empêchait d'entrer les affiches du gouvernement de Versailles.

M. Ernest Picard, ministre de l'intérieur, informait la population, par affiches apposées dans Paris, que la Commune était vaincue sans efforts à Toulouse, Saint-Étienne et au Creuzot. Des bataillons entiers furent commandés pour déchirer ces affiches, et des patrouilles furent organisées pour s'emparer des afficheurs s'ils renouvelaient leurs affichages.

Première séance de la Commune. — Il ne faut pas oublier que c'est sur une proposition du citoyen Eudes que le conseil municipal de Paris a pris le nom de Commune.

Puisque le nom de M. Eudes vient ici, nous allons dire qui est ce jeune homme, et nous ferons de même au courant des événements la biographie de quelques membres du conseil communal.

Eudes, François-Désiré, dit *Deschamps,* est né à Roncey (Meurthe). Il n'est âgé que de vingt-six ans, et a été tour à tour élève en pharmacie, puis sténographe.

On se rappelle la tentative du parti blanquiste contre la caserne des sapeurs-pompiers de La Villette (14 août 1870). On ne peut se refuser à dire que, dans cette circonstance déplorable, la conduite d'Eudes avait eu un certain côté chevaleresque. Voyant que l'effusion du sang était imminente, il s'était avancé en face du groupe des pompiers, et découvrant sa poitrine il avait dit : *Si le sang doit couler, que le mien seul soit répandu !*

Nous étions à l'audience du 29 août 1870 quand Eudes et Bridau comparurent : leur attitude était ferme et sans pose. L'organe de l'accusation voulut absolument voir dans les accusés des agents prussiens — exagérations maladroites et trop familières aux organes de l'accusation sous tous les régimes. — L'un des avocats, Me Gatineau, releva chaleureusement cette accusation, et Eudes ajouta, avec un accent de sincérité qu'on ne peut méconnaître, ces mots : *Voici ma tête, prenez-la ; mais ne me déshonorez pas !* Cette réponse n'influa pas sur le jugement du conseil de guerre, qui le condamna à mort.

Eudes est marié ; il a un enfant d'environ trois ans. Il a été gérant de la *Libre pensée,* journal athéiste, et comme gérant de ce journal, Eudes a été condamné à trois mois de prison.

Il est presque imberbe : on ne lui donnerait pas son âge. Sa taille est moyenne, son regard est vif, et sa physionomie ne manque pas d'intelligence.

L'*Officiel* contenait l'avis suivant :

Les citoyens membres de la Commune de Paris sont convoqués pour aujourd'hui mercredi, *8 germinal,* à une heure très-précise, à l'Hôtel-de-Ville, salle du Conseil.

Germinal ! Pourquoi pas mars ? Quand donc cessera le pastiche de 89 ?

Le lendemain, nous devions savoir ce qui avait été décidé dans cette séance. Le *Journal officiel* paraissait avec un nouvel en-tête (1) :

N° 1.
JOURNAL OFFICIEL
DE LA COMMUNE DE PARIS.

Et des décrets assez radicaux.

La Commune de Paris décrète :
La conscription est abolie. Aucune force militaire, autre

---

(1) Il n'y eut qu'un numéro de ce journal ; le numéro suivant, la feuille officielle reprit sa physionomie accoutumée.

que la garde nationale, ne pourra être créée ou introduite dans Paris.

La Commune de Paris,

Considérant que le travail, l'industrie et le commerce ont supporté toutes les charges de la guerre, qu'il est juste que la propriété fasse au pays sa part de sacrifices,

Décrète :

Remise générale est faite aux locataires des termes d'octobre 1870, janvier et avril 1871.

Toutes les sommes payées par les locataires pendant les neuf mois seront imputables sur les termes à venir.

Il est fait également remise des sommes dues pour les locations en garni.

La vente des objets déposés au Mont-de-Piété est suspendue.

Selon les vues des meneurs, l'abolition de la conscription devait rallier toute l'armée à la cause de la Commune ; la remise des loyers était une mesure qui avait surtout en vue de faire plaisir au petit commerce ; et la suspension de la vente des objets déposés au Mont-de-Piété, c'était pour le peuple la garantie que ses dépôts ne seraient pas vendus.

Comme on le voit, la Commune s'adressait à des intérêts qu'elle satisfaisait, tandis que Versailles ne faisait appel qu'à des sentiments. Bien des gens de nos jours sont plus sensibles à la pièce de cent sous qu'au point d'honneur, et la Commune a spéculé sur les sentiments égoïstes de la nature humaine.

De toutes les administrations, celle des postes était la seule qui n'eût pas encore été dépossédée de ses chefs réguliers par le pouvoir de l'Hôtel-de-Ville. Un tel scandale ne pouvait pas durer, et M. Theisz, ouvrier ciseleur, un des premiers adhérents à la fédération, ex-vice-président du Comité central à sa formation, — maintenant membre de la Commune — vint trouver M. Rampon pour lui demander la remise des services.

— Non, dit ce dernier; si vous voulez occuper la poste, demain tous mes employés seront à Versailles.

M. Theisz s'en retourna, réfléchit vingt-quatre heures, puis revint sommer M. Rampon de lui livrer les postes.

Mais il ne prit que ce qui restait : peu de chose.

De ce jour Paris fut bloqué de nouveau. Plus de lettres de la province, plus de facilité pour en adresser à l'étranger.

De nouveau il fallut remettre ses missives aux soins d'industriels qui prenaient des commissions très-fortes pour mettre nos lettres à la poste ou nous transmettre les réponses; car malgré *l'activité des quinze cents républicains* qui s'étaient substitués aux fonctionnaires des administrations parisiennes, jamais ils n'ont pu organiser hors Paris un service quelconque présentant les moindres garanties.

En cette journée du 30 mars, un grand artiste s'est éteint. M. Samson, sociétaire de la Comédie-Française, succombait à l'âge de soixante-quatorze ans. Ses obsèques eurent lieu en la petite église d'Auteuil, au milieu d'un concours d'amis qui eût été bien plus grand si les discordes civiles n'avaient éloigné tant de personnes de Paris.

Des mesures militaires commencent à être prises par les généraux de la Commune. Les portes de Paris sont fermées ; et cela parce que quelques gardes nationaux, s'étant trop approchés des avant-postes versaillais, dans le but de détourner les soldats de leur devoir, ont été faits prisonniers. Immédiatement la place Vendôme reçoit un renfort de canons, et à Montmartre on établit des retranchements comme à une forteresse.

Une batterie est transportée au pont de Sèvres.

On sent la bataille imminente. Les journaux dévoués à la Commune prêchent la croisade contre l'Assemblée, et le *Père Duchêne* publie dans sa brochure quotidienne le passage suivant, qui résume les aspirations de plus d'un membre de la Commune :

Dispersez au souffle de vos colères cette chambre de factieux qui, après avoir souscrit à la honte de la France, conspire maintenant la mort de la République.

Dispersez-la !...

Sommez-la de se dissoudre !

Écrasez-la, si elle résiste !

Vous êtes la force, mais seulement parce que vous êtes le droit !

Ayez conscience de vous-mêmes,

Et nous ne vous abandonnerons pas !
Nous serons avec vous quand même !
Nous irons tout droit aux factieux de Versailles.
Et s'ils n'obéissent point à la première de vos sommations, envoyez contre eux la moitié des patriotes amis de la Commune.
Le soir même, cent mille de nos baïonnettes luiront autour du théâtre de Versailles !

Aux séances du Comité central, qui continue à surveiller la Commune, et qui rend des décrets ayant force de loi, on discute les chances d'une attaque. On compte que l'armée régulière persévérera dans l'exercice de *la crosse en l'air;* et ce bruit, qui court dans les bataillons de la garde nationale, n'est pas pour peu dans l'ardeur qu'ils mettent à vouloir marcher sur Versailles : ils ne considèrent cet acte que comme un coup de main facile précédé d'une promenade militaire triomphale.

La Commune se repose un peu de ses décrets à grand effet de la veille; l'*Officiel* ne contient que deux décisions :

1º Les membres de la Commune ont la direction administrative de leur arrondissement.

2º Les cinq compagnies d'assurances la *Nationale*, l'*Urbaine*, le *Phénix;* la *Générale*, l'*Union*, sont autorisées à lever les scellés apposés sur leurs livres et caisses à la date du 29 courant. La saisie pratiquée à la requête de la Commune est maintenue.

Cette saisie était pratiquée pour mettre la main sur différentes primes souscrites par l'ex-famille impériale au profit de plusieurs de ses membres, le prince impérial entre autres.

Mais les compagnies, prévenues à temps, avaient mis leur encaisse en sûreté.

La liberté de la presse reçoit un nouvel accroc : le *Constitutionnel* est saisi sur la voie publique et chez les libraires. Encore une feuille qui tombe... sous les coups de la liberté !

Toujours les choses les plus tristes ont un côté gai. Pendant que des événements dont on ne peut apprécier la portée jettent le trouble dans l'esprit des Parisiens, tous ne perdent pas la tête.

Le décret sur les loyers paraît une si bonne chose à plusieurs locataires, qu'ils veulent se hâter d'en profiter, car l'existence de la Commune leur semble éphémère : il faut donc déménager au plus tôt pour soustraire le gage de la location, le mobilier, aux mains des propriétaires.

On déménage beaucoup dans Paris !

Seulement deux cas se présentent qui refroidissent le zèle des déménageurs : ou le propriétaire chez lequel ils emménagent exige le terme d'avance, ou le locataire qu'ils viennent remplacer déclare profiter, lui aussi, du décret, et rester trois mois de plus chez son propriétaire, dont il ne veut pas se séparer si vite.

On m'a cité une personne qui, dans sa hâte de

jouir du décret de la Commune, a couru Paris pendant trois jours, suivie de sa voiture de déménagement, et qui, à la fin, quittant un loyer de 500 fr., a été obligée d'en prendre un de 1,000 fr. pour trouver à se loger.

———

La journée du 1er avril n'a pas été, comme de coutume, le prétexte aux farces, plus ou moins de bon goût, qui signalent la célébration du poisson d'avril.

Les temps ne sont guère à la plaisanterie et aux facéties.

Trois journaux, le *Français*, — dont le rédacteur en chef est le fils de M. Beslay (Charles), membre de la Commune, — l'*Ami de la France* et la *France nouvelle,* suspendent volontairement leur publication; l'*Électeur libre* est l'objet d'une saisie.

A ce sujet je me souviens que quelques jours avant, étant à Versailles, je rencontrai M. Arthur Picard — toujours dans l'attitude d'Atlas portant le poids du monde — qui demandait à un des principaux rédacteurs du *Paris-Journal* arrivant de Paris :

— Eh bien! a-t-on tout cassé chez moi?... Je leur ai flanqué un article!...

Quand on ne *flanque des articles* que de loin, ce n'est peut-être pas très-courageux ! Qu'en pense au fond M. Arthur Picard?

Les porteurs du *Paris-Journal* et de la *Cloche* se

voient saisir les exemplaires de ces deux journaux.
Au besoin, les confiscateurs donnent, sur un bout de
papier quelconque, un reçu de leur prise.

Cela va bien déjà !...

La Commune décide que le maximum de traitement affecté aux divers services communaux serait de 6,000 fr. par an. Et par services communaux, il faut entendre tous les services publics, civils et militaires.

Le peuple veut être servi à bon compte.

Et il veut qu'on lui parle aussi; les proclamations lui sont aussi nécessaires que l'air qu'il respire. La Commune ne manque pas de satisfaire ce goût-là, et, on peut le dire, jamais pouvoir n'a tant affiché, proclamé, discouru et parlé que celui-ci. Aujourd'hui l'*Officiel* contient un discours du citoyen Beslay, doyen de la Commune, au peuple de Paris, dans lequel nous remarquons une prophétie et un programme.

D'abord la prophétie :

Paix et travail! voilà votre avenir!

Et pourtant, jamais l'on n'a moins travaillé ni plus combattu! Allons, lorsque je disais que l'on avait négligé les poissons d'avril, je n'avais pas lu l'*Officiel* du 1er de ce mois.

Quant au programme, il n'est guère mieux réussi que la prophétie :

La Commune s'occupera de ce qui est local.
Le département s'occupera de ce qui est régional.
Le gouvernement s'occupera de ce qui est national.

Ce discours de la Commune, faisant suite aux discours du trône, n'a pas été plus heureux que celui où Napoléon III disait : — « L'ordre, j'en réponds ! » Car les événements du lendemain leur donnaient aussitôt le plus formel démenti.

Arrivé à l'extrême limite de la période non sanglante des actes de la Commune, nous devons à la tâche d'historien que nous avons entreprise de nous arrêter, pour jeter un regard sur la situation morale et politique qui nous est faite.

Où allons-nous ?

Cette question résume les inquiétudes de tout le monde, de ceux qui mènent les affaires et de ceux qui sont entraînés malgré eux dans la bagarre.

Où allons-nous ?

A quelque tragédie comique ? ou à quelque comédie sinistre ?

Paris et Versaillles sont désormais en présence, représentant non pas deux idées, mais deux partis, et devant se disputer, jusque dans le sang, la victoire physique à défaut de la victoire morale, c'est-à-dire le POUVOIR !!!

La France commandera-t-elle à Paris, ou Paris commandera-t-il à la France? La question est posée. Qui peut la résoudre? La force !

C'est aussi à elle que firent appel les deux adversaires, et il n'est pas un esprit un peu politique qui, dès le premier jour, ne prévît l'issue fatale : la guerre civile qui allait en résulter.

Versailles n'a pas voulu la commencer; — il le pouvait le 23 mars, et, à ce moment, dix mille hommes de troupes sûres eussent eu raison de l'insurrection; — ce sera donc Paris qui marchera sur Versailles.

Les deux drapeaux sont l'un devant l'autre ; c'est à qui abattra celui de son adversaire. La mitraille fera des trous dans chacun d'eux : *alea jacta est* — le sort en est jeté.

Nous ne ferons pas de longues dissertations pour établir quel est celui qui a tiré le premier coup de fusil. Témoin oculaire, nous dirons la vérité :

Versailles a établi des avant-postes aussi près que possible de Paris; devant cette menace armée, les troupes de la Commune ont tenté de s'emparer de Versailles. Le Mont-Valérien a tiré, les bastions ont répondu, et l'on peut dire que si le gouvernement de la légalité n'a pas tiré le premier l'épée du fourreau, il a provoqué la sortie des fédérés.

CHAPITRE IV.

La guerre civile éclate le 2 avril. — Flourens. — Les Chouans, les Vendéens et les Bretons. — Le citoyen Lisbonne. — Bergeret LUI-MÊME est à Neuilly. — Décrets. — Le Comité central qui devait disparaître ne disparaît pas. — Concentration de troupes. — Le plan des fédérés. — Cluseret délégué à la guerre. — Marche sur Versailles. — Journée du 3. — Dépêches officielles. — Mort de Flourens. — MM. Thiers, Favre, Picard, Dufaure, Simon, Pothuau et la Commune. — L'Église est séparée de l'État. — Le COMMUNIQUÉ au PARIS-JOURNAL. — Vive le jambon ! — Arrestations de l'archevêque de Paris et d'autres ecclésiastiques. — Garibaldi en a assez des Français. — Suppressions de journaux. — Parenthèse à propos des événements guerriers. — De dix-sept à trente-cinq ans les célibataires doivent aller au feu. — La Commission exécutive. — Enterrement d'Émile Prodhomme. — La loi sur les otages. — Les relations extérieures et l'Équateur. — La guillotine est brûlée. — Les victimes des 2, 3 et 4 avril. — A la province. — Tuez-vous les uns les autres. — Le vendredi saint à Notre-Dame.

La guerre civile a éclaté le 2 avril. Une reconnaissance, composée de près de 2,000 hommes, s'était avancée jusqu'à Courbevoie. Les troupes versaillaises ont cru à une attaque sérieuse, et les grand'gardes, avec quelques renforts, se sont avancés pour les repousser. Vers dix heures, les belligérants étaient en présence. Un officier, du côté des Versaillais, se serait détaché alors en parlementaire, et l'on aurait tiré sur lui ; c'est la version la plus accréditée que nous rapportons, et cette violation des lois de la guerre fut le signal de la fusillade.

Une batterie est installée au rond-point de Courbevoie ; Neuilly est fouillé par quelques obus qui poursuivent des gardes nationaux débandés et errants.

La journée est triste, le temps est gris, le ciel est de plomb. C'est dimanche. On tire dans la campagne ; la fusillade, le crépitement des mitrailleuses, le bruit des canons, font comme un roulement sinistre.

A deux heures, Flourens passe à cheval. Il est fort pâle. Je remarque qu'il a les cheveux coupés et la barbe complètement rasée ; ce n'est plus, physiquement, le même homme que j'avais vu dans Neuilly, lors de l'enterrement du malheureux Victor Noir, il y a seize mois.

Dans Paris, voici ce que l'on affiche :

RÉPUBLIQUE FRANÇAISE.
Liberté, Égalité, Fraternité.

COMMUNE DE PARIS.

A la garde nationale de Paris.

Les conspirateurs royalistes ont ATTAQUÉ.

Malgré la modération de notre attitude, ils ont ATTAQUÉ.

Ne pouvant plus compter sur l'armée française, ils ont ATTAQUÉ avec les zouaves pontificaux et la police impériale.

Non contents de couper les correspondances avec les provinces, et de faire de vains efforts pour nous vaincre par la famine, ces furieux ont voulu imiter jusqu'au bout les Prussiens et bombarder la capitale.

Ce matin, les Chouans de Charette, les Vendéens de Cathelineau, les Bretons de Trochu, flanqués des gendarmes de Valentin, ont couvert de mitraille et d'obus le village inoffensif de Neuilly et engagé la guerre civile avec nos gardes nationaux.

Il y a eu des morts et des blessés.

Élus par la population de Paris, notre devoir est de défendre la grande cité contre les coupables agresseurs. Avec votre aide, nous la défendrons.

Paris, 2 avril 1871.

La commission exécutive,

BERGERET, EUDES, DUVAL, LEFRANÇAIS, Félix PYAT, TRIDON, VAILLANT.

Quels mensonges ! les *Chouans* de Charette ! les *Vendéens* de Cathelineau ! les *Bretons* de Trochu ! alors que Charette et Cathelineau étaient loin de Versailles, et que nulle troupe bretonne n'était même appelée !

Mais c'était propre à exciter le peuple, et la commission exécutive n'avait garde de négliger de pareils moyens.

A trois heures et demie passe devant l'arc de l'Étoile une batterie d'artillerie qui va prendre part au combat. Elle est conduite par un lieutenant de la garde nationale qui se fait remarquer par des aiguillettes d'or fort belles à voir. C'est le citoyen Lisbonne. Ce nom portugais sert à désigner un homme bien singulier, un type en un mot. M. Lisbonne est, en temps normal, directeur du théâtre Saint-Antoine, près la Bastille. C'est un ancien zouave qui a des prétentions

comme jeune premier et comme grand premier rôle ;
aussi, quand il fait représenter une pièce, si celui
qui joue le beau rôle a du succès, immédiatement le
citoyen Lisbonne, en sa qualité de directeur, se distribue le rôle à lui-même ; si le rôle est mauvais, il
le laisse sans conteste entre les mains du créateur.

Les promeneurs abondent en ce moment dans toutes
les avenues des Champs-Élysées. C'est à qui viendra
au spectacle du jour ! L'Arc-de-Triomphe est encombré
de curieux suspendus à toutes les aspérités du monument. On veut voir ; mais on ne voit rien, que quelques flocons blancs qui indiquent la part que le Mont-Valérien prend à la lutte.

De nouveaux bataillons arrivent sans cesse ; et c'est
très-pittoresque, en même temps que douloureux, de
voir cette foule, en habits de dimanche, sillonnée en
tous sens par des hommes armés qui vont se battre.

Vers les six heures, des affiches donnent quelques
détails du théâtre de la guerre :

DÉPÊCHE TÉLÉGRAPHIQUE.

Paris, 2 avril 1871, 5 h. 30 m. du soir.

Place à commission exécutive.

Bergeret lui-même est à Neuilly. D'après rapport, le feu
de l'ennemi a cessé. Esprit des troupes excellent. Soldats
de ligne arrivent tous et déclarent que, sauf les officiers
supérieurs, personne ne veut se battre. Colonel de gendarmerie qui attaquait, tué.

Le colonel chef d'état-major,
HENRY.

Une pension de jeunes filles, qui sortait de l'église de Neuilly, a été littéralement hachée par la mitraille des soldats de MM. Favre et Thiers.

Il y avait du sang, et pourtant l'on s'est amusé du « Bergeret *lui-même.* » L'*Officiel* le supprima dans son édition du lendemain.

La Commune n'a que peu de décrets. Elle décide que vu les démissions de dix-huit de ses membres et l'option de quelques autres, nommés dans plusieurs arrondissements, les électeurs seront appelés le 5 avril à compléter le Conseil communal de Paris.

La Commune rend aussi le décret suivant :

1º Le titre et les fonctions de général en chef sont supprimés.

2º Le citoyen Brunel est mis en disponibilité ;

3º Le citoyen Eudes est délégué à la guerre, Bergeret à l'état-major de la garde nationale, et Duval au commandement militaire de l'ex-préfecture de police.

Paris, le 1er avril 1871.

La commission exécutive :

Général Eudes, Félix Pyat, G. Tridon, général Jules Bergeret, Lefrançais, E. Duval, Ed. Vaillant.

Quant au Comité central, il rentre en jeu :

Le Comité central des vingt arrondissements rappelle à la Commune de Paris qu'il lui a été demandé de statuer immédiatement sur la *publicité* des débats du pouvoir communal.

Il invite également la Commune de Paris, tout en prenant, dès maintenant, les mesures qu'exige la position grave où l'on se trouve, à insérer, dans le décret de réorganisation de la garde nationale, des stipulations portant peine contre quiconque aura sciemment entravé le service de la garde nationale.

Et la Commune obéissante fera ce que désire le Comité central ; car ses *invitations* sont des ordres.

Quel respect du suffrage universel ! Chaque jour il en sera de même ; le principe républicain recevra les plus grands soufflets, la liberté n'existera plus qu'à l'état de mot, écrit sur les monuments publics, mais banni de l'esprit des décrets ; quant à la fraternité, elle sert de drapeau à des tueries ; l'égalité disparaît dans la bagarre.

De grandes concentrations de troupes ont eu lieu dans Paris, toute la soirée et une partie de la nuit. Les bataillons se rendaient tous aux Champs-Élysées, et de là dans l'avenue de la Grande-Armée ; une partie même passa la porte Maillot. Une autre concentration de troupes avait lieu entre les forts de Vanves et d'Issy.

Elles avaient un objectif : Versailles !

Devaient former deux colonnes d'attaque, chasser l'Assemblée et marcher ensuite à la conquête, ou mieux, à la délivrance des grands centres de population.

Le plan des fédérés n'était point maladroit :

Diversion sur le Mont-Valérien ;

Attaque de front par Clamart ;

Mouvement tournant par le Bas-Meudon.

C'est le général Cluseret, nommé la veille délégué à la guerre, qui a fait adopter cette tactique ; mais l'armée de Versailles était sur ses gardes, et partout elle attend de pied ferme son trop confiant ennemi.

A Clamart et à Meudon, le combat a duré jusqu'au soir, après avoir commencé à six heures du matin. Du fort d'Issy le général Cluseret scrute la bataille, et se voit forcé de faire sonner la retraite ; malgré leur courage indiscutable, les fédérés n'ont pu percer les troupes qui s'opposent à leur passage, ni les déborder.

Du côté du Mont-Valérien, le résultat a été plus prompt. Dès sept heures, la colonne commandée par le général Bergeret *lui-même* est coupée par le feu du fort qui, de l'aveu des gardes nationaux, a plutôt cherché à les disperser qu'à les mitrailler. Les gardes nationaux rentrent en se disant trahis. — Les chefs leur avaient affirmé que le Mont-Valérien devait rester neutre et ne pas tirer.

Les fédérés étaient donc battus et repoussés de tous les côtés, ce qui n'empêchait pas la Commune de publier ces *excellentes nouvelles :*

DÉPÊCHE TÉLÉGRAPHIQUE.

3 avril, 11 h. 20 m.

Colonel Bourgoin à directeur général.

Bergeret et Flourens ont fait leur jonction; ils marchent sur Versailles. Succès certain.

AUTRE DÉPÊCHE.

3 avril, 2 heures.

Vers quatre heures du matin, les colonnes commandées par le général Duval et le colonel Flourens ont opéré leur jonction au rond-point de Courbevoie. A peine arrivées, elles ont essuyé un feu nourri ouvert par le Mont-Valérien.

Les troupes se sont alors abritées derrière les murs et les maisons. Ainsi garanties, les commandants ont pu organiser un mouvement qui a complètement réussi, et les deux colonnes ont pu franchir les lignes et se mettre en marche sur Versailles.

Le général Bergeret, en tête de ses troupes, les a entraînées au cri de *Vive la République!* et a eu deux chevaux tués.

Le feu de l'armée de Versailles ne nous a occasionné aucune perte appréciable.

Ces deux chevaux tués demandent une explication. Bergeret était en voiture, en calèche à deux chevaux; dans le sauve-qui-peut les deux chevaux ont été tués · voilà l'explication.

La dépêche, pour être véridique, aurait dû dire :

« Le général Bergeret a eu deux chevaux tués *devant lui.* »

Une triste nouvelle se propage : Flourens est tué !

Dans une maison du village de Chatou, l'énergique soldat de la République a été surpris, et dans un combat corps à corps, a eu la tête fendue d'un coup de sabre.

Ce n'était pas le premier venu que cet agitateur perpétuel.

Gustave Flourens, né à Paris, le 4 août 1838, ce qui le rend âgé de trente-deux ans, venait d'être élu dans deux arrondissements (le 19e et le 20e) membre de la Commune de Paris.

Le fils du célèbre secrétaire général de l'Académie des sciences débuta, comme suppléant de son père, dans la chaire du collège de France. L'année suivante, 1864, fatigué de la limite que lui imposait le programme de son cours d'histoire naturelle, il publia une brochure, oubliée aujourd'hui, qui fit sensation à son apparition. Elle est intitulée : *Ce qui est possible*.

Une sorte de petit roman philosophique, sous le titre de *Ottfrid*, fait suite à cette brochure ; c'est un dialogue qui donnait déjà la mesure du caractère de Flourens et des réformes qu'il espérait introduire dans la société. Par suite de raisons diverses — politiques et de famille — Flourens passa à l'étranger ; on se souvient encore du rôle qu'il joua dans l'insurrection crétoise.

Blond, extatique, emporté, il offrait à la fois le bizarre assemblage d'un caractère doux et d'une énergie sans bornes. Il n'apportait pas dans ses relations la fougue qu'il mettait à accomplir ses actes, quand il croyait être l'instrument du peuple. Inconscient du danger, et ne se rendant pas bien compte des forces dont il pouvait disposer, partout où nous l'avons vu à l'œuvre, pourvu que dix personnes le suivissent, il marchait en avant.

A l'enterrement de Victor Noir, et sans le courage plus raisonné de Rochefort, il serait entré dans Paris à la tête de la colonne d'hommes sans armes qui voulaient déposer le cercueil de la victime de Pierre Bonaparte au cimetière du Père-Lachaise.

Plus tard, nous l'avons vu, dans un des troubles de Belleville, sauter sur un commissaire de police, lui arracher son épée, tirer un coup de pistolet en l'air, et proclamer — presque à lui seul — la République sur le boulevard Ménilmontant.

Lors du siége de Paris, il fut nommé commandant d'un bataillon de Belleville ; mais ce n'était pas ce qu'il voulait : il voulait être maître et chef militaire de ce quartier.

M. Trochu reçut à cet égard maintes requêtes de lui, et enfin, pour satisfaire une ambition qui n'avait en vue que la défense de Paris, il fut créé pour lui, et spécialement pour lui, le titre et les fonctions de *major de rempart*.

Le major Flourens exerça une sorte de commandement général sur les bataillons de Belleville. Compromis dans l'affaire du 31 octobre, — comme il se compromettait régulièrement dans chaque agitation populaire, — il disparut de la scène politique.

A la révolution du 18 mars, on remarquait avec étonnement qu'il n'était pas à la tête du parti actif ; mais dès l'organisation militaire de la Commune, il eut un commandement, et incapable de se rendre comme de fuir, il est mort comme il a presque toujours vécu : les armes à la matin !

Ce qui se passe dans Paris a bien son importance aussi. La Commune ne reste pas inactive ; ses soldats se battent : elle décrète.

La Commune de Paris,

Considérant que les hommes du gouvernement de Versailles ont ordonné et commencé la guerre civile, attaqué Paris, tué et blessé des gardes nationaux, des soldats de la ligne, des femmes et des enfants ;

Considérant que ce crime a été commis avec préméditation et guet-apens contre tout droit et sans provocation,

Décrète :

Art. 1er. — MM. Thiers, Favre, Picard, Dufaure, Simon et Pothuau sont mis en accusation.

Art. 2. — Leurs biens seront saisis et mis sous séquestre, jusqu'à ce qu'ils aient comparu devant la justice du peuple.

Les délégués de la justice et de la sûreté générale sont chargés de l'exécution du présent décret.

La Commune de Paris.

La Commune de Paris,

Considérant que le premier des principes de la République française est la liberté ;

Considérant que la liberté de conscience est la première des libertés ;

Considérant que le budget des cultes est contraire au principe, puisqu'il impose les citoyens contre leur propre foi ;

Considérant, en fait, que le clergé a été le complice des crimes de la monarchie contre la liberté,

Décrète :

Art. 1er. — L'Église est séparée de l'État.

Art. 2. — Le budget des cultes est supprimé.

Art. 3. — Les biens dits de mainmorte appartenant aux congrégations religieuses, meubles et immeubles, sont déclarés propriétés nationales.

Art. 4. — Une enquête sera faite immédiatement sur ces biens, pour en constater la nature et les mettre à la disposition de la nation.

La Commune de Paris.

La Commune de Paris adopte les familles des citoyens qui ont succombé ou succomberont en repoussant l'agression criminelle des royalistes conjurés contre Paris et la République française.

Le *Paris-Journal,* courageusement dirigé par notre excellent confrère, M. Schnerb, pendant la douloureuse convalescence de M. de Pène, reçoit un *communiqué.*

La Commune renouvelle les traditions de l'Empire! Sous le régime de la liberté absolue, on... *communique!* C'est à croire que l'on rêve! et pourtant quelle triste réalité! les écrivains sont poursuivis, les journaux sont saisis, les imprimeurs sont arrêtés. Est-ce donc là le règne bienfaisant de Paris libre?

———

Mais de quoi se plaindre? Aujourd'hui 4 avril, et les deux jours suivants, la foire aux jambons ne se tiendra-t-elle pas comme de coutume sur le boulevard Richard-Lenoir? Parisiens, soyez heureux, la vente du jambon est libre — pourvu que l'on observe à ce sujet les dix-huit articles édictés par M. Raoul Rigault, délégué civil à l'ex-préfecture de police.

Par contre, le soleil qui luit éclaire la suppression de trois journaux : les *Débats,* le *Constitutionnel* et le *Paris-Journal.*

L'archevêque de Paris, Mgr Darboy, est arrêté ; la maison-mère des Jésuites, rue de Sèvres, est *perquisitionnée*. — Un garde national, que nous questionnons à ce sujet, nous dit que l'on voudrait incorporer dans des compagnies de marche tous les *élèves curés,* afin de voir ce que feraient *ces gueules de carême* devant *les flingots des roussins de Versailles!*

M. Deguerry, curé de la Madeleine, est emprisonné. La maison des Lazaristes a été fouillée, ainsi que la maison des Dominicains.

Pendant que l'on emprisonne les prêtres, d'autres prisonniers parviennent à s'échapper. M. Lullier, enfermé au dépôt de la préfecture, profite d'un défaut de surveillance pour s'évader avec son compagnon de cellule, M. Lebeau, ex-rédacteur au *Journal officiel*.

Tout va à la débandade : les colonnes de fédérés et les décrets de la Commune. Elle décide que, vu la situation, le jour des élections, précédemment fixé au 5 avril, sera *ultérieurement indiqué ;* révoque de la commission exécutive les citoyens Bergeret, Duval et Eudes, en ajoutant pour fiche de consolation à cette mesure une lettre dont nous extrayons ce paragraphe :

Nous n'avons pas besoin d'ajouter qu'en prenant cette double décision, la Commune est aussi éloignée de vous désobliger que d'affaiblir l'intérêt de votre situation comme chef de corps. Vous n'y verrez que les conséquences des nécessités du moment.

Aujourd'hui, journaux de la Commune et officiers supérieurs de la garde nationale changent de langage. Tous ces jours-ci ils disaient : *A Versailles ! A l'action ! En route !...*

Maintenant ils font les bons apôtres et déclarent qu'on les attaque, eux, la tranquillité et la paix en personne; témoin cette note insidieuse de l'*Officiel :*

La réaction monarchique est sans pitié. Hier, elle attaquait Neuilly ; aujourd'hui, Vanves et Châtillon.

Heureusement qu'averties à temps, nos forces ont pris une vigoureuse offensive et repoussé l'ennemi sur toute la ligne.

L'ennemi a été rejeté sur les hauteurs de Meudon, et une reconnaissance hardie a été poussée jusqu'à Bougival.

La Commission exécutive.

Puis, pour prouver que désormais tout va aller pour le mieux dans la meilleure des Communes, le directeur des postes qui a remplacé M. Rampon informe le public que :

A partir de ce jour mardi, 4 avril, les dépêches de Paris à destination des départements et de l'étranger seront régulièrement expédiées.

La dernière heure des levées de boîtes de quartiers est fixée à sept heures du soir.

Toutes les correspondances laissées en souffrance dans les boîtes de Paris depuis le départ de l'administration pour Versailles ont été expédiées dès ce matin.

Pure escroquerie pour empocher les frais d'affranchissement, car les lettres n'arrivaient pas à destination.

Tout tableau a son ombre ; une lettre de Garibaldi, publiée par les journaux, annonce que le général italien refuse catégoriquement l'honneur que lui fait la Commune de le mettre à la tête de la garde nationale de Paris. Garibaldi préfère Caprera, tout comme Victor Hugo, qui est rentré dans son île, préfère

Guernesey. Les deux vieillards se font pendants sur leurs rochers!

———

Décidément, pas de jour ne se passe qu'il ne couvre d'un crêpe nouveau la liberté de la presse, et aussi toutes les autres libertés.

La Liberté, saisie au moment où son tirage venait de commencer, est forcée de suspendre sa publication, par suite de l'injonction qui lui a été faite au nom de la Commune, et par un mandat émanant du citoyen Raoul Rigault, délégué à l'ex-préfecture de police.

Le *Peuple français,* sentant ses jours comptés, informé de poursuites prochaines, se suspend lui-même.

Aujourd'hui des troupes rentrent dans Paris. Les fédérés ont complètement renoncé à leur mouvement sur Versailles. Ils se contenteront de défendre les forts qu'ils occupent, ainsi que l'enceinte fortifiée.

Pour nous, qui écrivons surtout l'histoire de la Commune, nous négligerons les détails guerriers, pensant bien qu'une fois la lutte terminée, ces détails perdent presque tout leur intérêt.

Quoi d'ailleurs d'intéressant pour le lecteur, de savoir que le canon a tonné de dix heures à minuit, tandis que la veille il tonnait de huit heures à dix heures, surtout lorsqu'on a combattu des deux côtés avec acharnement pendant un mois, sans résultat appréciable?

Tous les jours il y a eu des engagements autour de Neuilly ; tous les jours les Versaillais ont canonné les forts de Vanves, d'Issy et de Montrouge, qui ont répondu. Ces redites fastidieuses n'ont aucun intérêt, et nous les supprimons. Mais nous donnerons les dépêches de la Commune annonçant chaque jour des victoires, et le lecteur pourra mettre en parralèle les dépêches du gouvernement de Versailles, dans lesquelles la France apprenait chaque jour que les fédérés étaient battus.

Interné dans Paris, nous écrivons l'histoire de Paris ; et quant aux événements militaires, nous déclarons que seuls les résultats nous touchent. Nous pensons que la lutte de l'intérieur est bien plus curieuse que la lutte banale de l'extérieur. Au moins ici il y a de la variété, de l'imprévu ; c'est la vie sociale, dont nous compterons les pulsations ; tandis que là-bas — d'Asnières à Choisy-le-Roy — nous ne pourrions compter que des cadavres et des blessés.

À partir du 5 avril, les abords des chemins de fer sont rigoureusement surveillés. On ne laisse plus sortir de Paris que les femmes, les vieillards et les enfants. Tout ce qui est population mâle et valide doit rester dans ce Paris libre, dont on ne peut s'éloigner qu'au moyen des stratagèmes les plus ingénieux.

On ne se déguisait pas encore en femmes, mais les marchands de postiches ont vendu jusqu'à leur dernière moustache blanche. Du moment qu'il est défendu de sortir, c'est à qui partira : les hommes comme les enfants s'empressent de faire ce qu'on leur interdit.

Et quelques-uns de ceux qui cherchent à quitter Paris le font avec un réel sentiment de peur; c'est qu'une affiche du ministère de la guerre semble ne pas plaisanter avec le service :

Les compagnies de marche seront immédiatement réorganisées.

Les officiers, sous-officiers et gardes entreront en solde à partir du 7 avril.

Les gardes toucheront 1 fr. 50 et les vivres; les sous-officiers, 2 fr.; les officiers, 2 fr. 50.

Quand les compagnies agiront en dehors du service, les officiers toucheront la solde de leur grade dans l'armée.

. . . .

Font partie des bataillons de guerre *tous les citoyens de dix-sept à trente-cinq ans non mariés, les gardes mobiles licenciés, les volontaires de l'armée ou civils.* Les effets de campement seront complétés dans le plus bref délai

Paris, le 4 avril 1871.

Par ordre de la Commune :
Le délégué au ministère de la guerre,
CLUSERET.

On arme les canonnières, et le commandant de la flottille, le citoyen Durassier, demande des marins de bonne volonté. Sauf quelques rares loups de mer, qui prennent du service, la plupart des marins de la Commune sont des canotiers de la Seine, qui trouvent que c'est un moyen comme un autre de revoir Bougival et la Grenouillère.

Encore une proclamation : la Commune est intarrissable.

COMMUNE DE PARIS.

Proclamation au peuple de Paris.

Citoyens,

Les monarchistes qui siégent à Versailles ne vous font pas une guerre d'hommes civilisés ; ils vous font une guerre de sauvages.

Les Vendéens de Charette, les agents de Pietri *fusillent les prisonniers, égorgent les blessés, tirent sur les ambulances !*

Vingt fois les misérables qui déshonorent l'uniforme de la ligne ont levé la crosse en l'air, puis, traîtreusement, ont fait feu sur nos braves et confiants concitoyens.

Ces trahisons et ces atrocités ne donneront pas la victoire aux éternels ennemis de nos droits.

Nous en avons pour garants l'énergie, le courage et le dévoûment à la République de la garde nationale.

Son héroïsme et sa constance sont admirables.

Ses artilleurs ont pointé leurs pièces avec une justesse et une précision merveilleuses.

Leur tir a plusieurs fois éteint le feu de l'ennemi, qui a dû laisser une mitrailleuse entre nos mains.

Citoyens,

La Commune de Paris ne doute pas de la victoire.

Des résolutions énergiques sont prises.

Les services, momentanément désorganisés par la défection et la trahison, sont, dès maintenant, réorganisés.

Les heures sont utilement employées pour votre triomphe prochain.

La Commune compte sur vous, comme vous pouvez compter sur elle.

Bientôt il ne restera plus aux royalistes de Versailles que la honte de leurs crimes.

A vous, citoyens, il restera toujours l'éternel honneur d'avoir sauvé la France et la République.

Gardes nationaux,

La Commune de Paris vous félicite et déclare que vous avez bien mérité de la République.

Paris, 4 avril 1871.

La commission exécutive.

On le voit, la Commission exécutive a presque remplacé la Commune, ou tout au moins a accaparé la presque totalité du pouvoir.

Primitivement, elle devait être chargée de faire exécuter les décrets de la Commune et tous les arrêtés des autres commissions ; alors elle était composée ainsi qu'il suit :

Du général Eudes, dont nous avons déjà parlé ; — de Gustave Tridon, étudiant en médecine, représentant de la Côte-d'Or, démissionnaire à Bordeaux ; d'Edmond Vaillant, journaliste ; — de Lefrançais, ex-comptable de la compagnie Richer ; — de Duval, général de la Commune, qui a péri le même jour que

Flourens ; — de Félix Pyat, le prudent conspirateur; et du général Jules Bergeret, qui, avant d'être chef de claque, a été garçon d'écurie à l'hôtel des Postes de Saint-Germain, et qui ne monte à cheval qu'en voiture.

Dès le 3 avril, trois généraux, les citoyens Eudes, Duval et Bergeret, étaient remplacés par trois journalistes, les non moins citoyens Delescluze, rédacteur en chef du *Réveil ;* Frédéric Cournet, son élève, son ami et son collaborateur ; et Vermorel.

Lefrançais, sur sa demande, passait dans une autre commission et se trouvait remplacé à l'*exécutive* par Augustin Avrial, membre de l'*Internationale,* dont il faisait partie comme ouvrier mécanicien, quoiqu'il jouit d'une petite fortune le mettant à l'abri du chômage.

Plus tard son personnel changera encore, puis la Commission exécutive sera supplantée par le Comité de salut public; mais nous empiétons sur les événements, car nous ne sommes encore qu'au commencement d'avril.

La guerre fait des victimes. Parmi elles, les unes sont connues et frappent davantage l'esprit public; d'autres, plus obscures, ne font pas moins couler des pleurs.

Le premier enterrement des victimes de la guerre civile a été celui d'Émile Prodhomme, frère du général Henry. Le cortége est parti de la place Vendôme. La chapelle ardente avait été dressée dans le ministère de la justice.

A deux heures le cortége s'est mis en route, un piquet de chasseurs fédérés en tête. Derrière, marchait le général Henry Prodhomme, puis venait une suite nombreuse d'amis, de parents et d'officiers de toutes armes de l'armée de Paris.

Les volontaires de la colonne de Juillet fermaient la marche. Parmi les bataillons qui accompagnaient le corbillard, le 64e de Montmartre se faisait remarquer par les ornements de ses guidons : une pique bleue traversant un bonnet phrygien ; c'étaient les guidons de 1848 qui revoyaient le jour en 1871.

L'insuccès des troupes de Paris a complètement aigri l'esprit des membres de la Commune ; les opérations militaires d'offensives devenues simplement défensives, la non probabilité de voir arriver de la province des armées de secours destinées à soutenir le mouvement communal, l'attitude de l'armée régulière, ont porté un rude coup aux espérances du gouvernement de l'Hôtel-de-Ville qui, voyant l'impuissance où le mettent ces événements, déclare sa faiblesse en affichant sa violence.

COMMUNE DE PARIS.

Citoyens,

Chaque jour les bandits de Versailles égorgent ou fusillent nos prisonniers, et pas d'heure ne s'écoule sans nous apporter la nouvelle d'un de ces assassinats.

Les coupables, vous les connaissez : ce sont les gendarmes et les sergents de ville de l'empire, ce sont les royalistes de Charette et de Cathelineau qui marchent contre Paris au cri de : *Vive le Roi !* et drapeau blanc en tête.

Le gouvernement de Versailles se met en dehors des lois de la guerre et de l'humanité ; force nous sera d'user de représailles.

Si, continuant à méconnaître les conditions habituelles de la guerre entre peuples civilisés, nos ennemis massacrent encore un seul de nos soldats, nous répondrons par l'exécution d'un nombre égal ou double de prisonniers.

Toujours généreux et juste dans sa colère, le peuple abhorre le sang comme il abhorre la guerre civile ; mais il a le devoir de se protéger contre les attentats sauvages de ses ennemis, et quoi qu'il lui en coûte, il rendra œil pour œil et dent pour dent.

Paris, le 5 avril 1871.

La Commune de Paris.

Suit le décret réglementant la loi du talion : *Dent pour dent, œil pour œil.* L'article 5 est surtout féroce et inqualifiable :

La Commune de Paris,

Considérant que le gouvernement de Versailles foule ouvertement aux pieds les droits de l'humanité comme ceux de la guerre ; qu'il s'est rendu coupable d'horreurs dont ne se sont même pas souillés les envahisseurs du sol français ;

Considérant que les représentants de la Commune de Paris ont le devoir impérieux de défendre l'honneur et la vie des deux millions d'habitants qui ont remis entre leurs mains le soin de leurs destinées; qu'il importe de prendre sur l'heure toutes les mesures nécessitées par la situation;

Considérant que des hommes politiques et des magistrats de la cité doivent concilier le salut commun avec le respect des libertés publiques,

Décrète :

Art. 1er. — Toute personne prévenue de complicité avec le gouvernement de Versailles sera immédiatement décrétée d'accusation et incarcérée.

Art. 2. — Un jury d'accusation sera institué dans les vingt-quatre heures pour connaître des crimes qui lui seront déférés.

Art. 3. — Le jury statuera dans les quarante-huit heures.

Art. 4. — Tous accusés retenus par le verdict du jury d'accusation seront les otages du peuple de Paris.

Art. 5. — Toute exécution d'un prisonnier de guerre ou d'un partisan du gouvernement régulier de la Commune de Paris sera, sur-le-champ, suivie de l'exécution d'un nombre triple des otages retenus en vertu de l'article 4, et qui seront désignés par le sort.

Art. 6. — Tout prisonnier de guerre sera traduit devant le jury d'accusation, qui décidera s'il sera immédiatement remis en liberté ou retenu comme otage.

Voilà où nous en sommes réduits au quatrième jour de combat! Quelle sera la limite de l'article 1er? Où

commence la complicité avec le gouvernement de Versailles, et quel tribunal régulier connaîtra de ce crime?
— Qu'importe! Retournant l'axiome : « On est la force quand on est le droit, » la Commune déclare « qu'elle est le droit étant la force. »

Devant cette conduite, MM. Ulysse Parent, Arthur Ranc et Ernest Lefebvre donnent leur démission, et le *Cri du peuple* — dont nous reparlerons plus tard — les flétrit du nom de *déserteurs!*

Évidemment M. Ranc n'a pas déserté la cause qu'il sert depuis si longtemps; mais il s'est séparé des gens qui compromettaient le principe républicain. Quant au motif qui a déterminé la retraite du neveu de M. Vacquerie, le citoyen-avocat Lefebvre, je l'ignore: la crainte de se trop compromettre peut-être.

M. Paschal Grousset, membre de la Commune, délégué aux relations extérieures, — ex-rédacteur du *Figaro* comme Jules Vallès, et ex-employé de l'Hôtel-de-Ville comme Rochefort, — quoique sachant parfaitement le monde diplomatique éloigné de Paris, adresse la note suivante aux représentants des puissances étrangères :

Le soussigné, membre de la Commune de Paris, délégué aux relations extérieures, a l'honneur de vous notifier officiellement la constitution du gouvernement communal de Paris.

Il vous prie d'en porter la connaissance à votre gouvernement, et saisit cette occasion de vous exprimer le désir de la Commune de resserrer les liens fraternels qui unissent le peuple de Paris au peuple ***.

Agréez, etc.

Paschal GROUSSET.

Au bout de trois semaines, en réponse à cette note, un individu, se disant ministre de la république de l'Équateur, vint trouver M. Paschal Grousset — auquel ses fonctions laissaient beaucoup de loisirs — pour reconnaître la Commune de Paris. Aussitôt joie de M. Paschal Grousset, qui annonce le fait *urbi et orbi*. Mais cette joie fut de peu de durée. M. de Brustamante, vice-consul de l'Équateur, déclara, dans une lettre rendue publique, qu'aucun ministre de son pays n'était présent à Paris et n'avait pu reconnaître la Commune.

M. Paschal Grousset ne le pardonnera jamais à l'Équateur.

L'opinion publique s'était émue de l'intrusion du Comité central de la garde nationale dans les affaires de la Commune. L'*Officiel* du 6 avril contenait à ce sujet une note qui confirma l'assurance qu'on avait à Paris que le Comité central était un État dans l'État, et une puissance avec laquelle le gouvernement de Paris devait compter.

Depuis quelque temps, certains journaux mal renseignés ou de mauvaise foi ont parlé d'un prétendu antagonisme qui existerait entre la Commune et le Comité central de la fédération de la garde nationale. Si le *Journal officiel* n'a pas cru devoir démentir ces bruits malveillants, c'est qu'il y avait lieu de penser qu'ils cesseraient bientôt d'eux-mêmes.

Leur persistance voulue nous oblige, avant de publier les avis émanant du Comité, de déclarer que le Comité central, considéré par la Commune et se reconnaissant lui-même comme le grand conseil de famille de la garde nationale, a été admis par la délégation de la Commune à la guerre, avec l'approbation de la commission exécutive, à lui apporter son concours pour la réorganisation de la garde nationale.

D'ailleurs le Comité restera au pouvoir jusqu'au bout.

Un arrêté de la Commune défendait sous des peines sévères, à tout autre qu'à elle, d'imprimer sur papier blanc les affiches destinées à la publicité des murs parisiens.

Le Comité central passa outre ; et des représentations lui ayant été faites, il daigna ajouter à ses affiches une bande de papier rouge sur laquelle était imprimé :

COMITÉ CENTRAL.

Mais le corps de l'affiche resta blanc, malgré l'arrêté de la Commune.

Un bien curieux spectacle dans le 11e arrondissement! Le 137e bataillon est allé rue Folie-Méricourt, s'est emparé de la guillotine, a brisé en morceaux la machine de mort, puis l'a brûlée aux pieds de la statue de Voltaire.

Cet acte, accueilli avec tant d'applaudissements par les gens présents, nous paraît une bonne plaisanterie! — Pourquoi brûler la guillotine quand la peine de mort est maintenue? — Qu'importe que l'effet change quand la cause reste la même?

Dans le *Mot d'Ordre,* Rochefort publia un court article qu'il est bon de reproduire :

Hier jeudi, 6 avril, à dix heures du matin, le peuple a brûlé l'échafaud sur le boulevard Voltaire. L'idée était bonne et le boulevard bien choisi. Mais à quoi bon, je le demande, cet auto-da-fé accompli sur les bois de justice, si, en détruisant l'échafaud, nous conservons la peine capitale, avec cette seule nuance que la guillotine est remplacée par le chassepot?

Les Français sont décidément des êtres surprenants. Ils sont tous d'accord pour proclamer l'inviolabilité de la vie humaine; mais cette inviolabilité consiste à déclarer qu'aucun individu, à quelque sexe qu'il appartienne, et quelque crime qu'il ait commis, ne sera désormais appelé à grimper les degrés de la fatale machine qui a emprunté son nom au docteur Guillotin.

En revanche, il paraît convenu entre nous qu'adosser un homme contre un mur et lui envoyer douze balles dans le corps ne s'appelle pas violer la vie humaine.

Le mode d'exécution ne nous inquiète pas; c'est l'exécution elle-même qui nous préoccupe. Si même il fallait choisir entre le fusil ou la guillotine, j'ai idée que je préférerais encore cette dernière, eu égard aux derniers préparatifs, qui exigent un certain temps, tandis qu'il n'y a rien comme une arme à feu pour rayer avec promptitude un citoyen du nombre des vivants.

La terrible guerre que nous traversons n'établit que trop irréfutablement la vérité de ce que j'avance.

Ce que nous voulons, ce n'est pas l'incendie de l'échafaud, c'est l'abolition de la peine de mort.

Henri ROCHEFORT.

Terrible guerre, en effet! car, ce même jour, la Commune avait invité Paris à l'enterrement des victimes des journées des 2, 3, 4 et 5.

A deux heures de l'après-midi, on se réunissait à l'hospice Beaujon, où un grand concours de public faisait la haie au cortége et le suivait.

Tout devenait spectacle pour les gens renfermés dans Paris; gai ou triste, on allait voir chaque événement de la journée, et, dans cette imposante cérémonie, ce que l'on voulait voir surtout, c'étaient les membres délégués de la Commune. MM. Amouroux, Martelet, Malon, Delescluze, Demay et Antoine Arnaud.

Le convoi traversa le boulevard Haussmann, la place et le boulevard de la Madeleine, les boulevards des Capucines, des Italiens, etc., dans l'ordre suivant :

Trois clairons, dont un de la garde nationale, un de la ligne, un de la mobile; le 131e bataillon fédéré, l'arme renversée, puis le 203ᵉ et une partie du 116ᵉ; douze tambours et clairons garnis de crêpes, battant et sonnant aux champs, et alternant avec deux corps de musique fusionnés; douze porteurs et douze gardes sans armes; trois gigantesques cercueils recouverts d'un drap de velours noir frangé d'argent et garni de bandes de crêpe, traînés chacun par quatre chevaux caparaçonnés, recouverts de housses noires semées d'étoiles d'argent, et conduits par autant de piqueurs des pompes funèbres sans galons ni aiguillettes; aux quatre coins des chars, un trophée de drapeaux rouges cravatés de crêpe et portant une couronne d'immortelles jaunes et noires. Derrière le dernier char, les délégations de la Commune et du Comité central.

Pendant ce temps, le canon tonne du côté de la porte Maillot, et le bruit de la fusillade arrive par instant jusqu'à nous; les opérations militaires continuent. Versailles veut avancer, Paris ne veut pas; le choc est continu, et tandis que l'on transporte au Père-Lachaise les victimes de la veille, la guerre civile en fait de nouvelles. Ce jour-là, le pont de Neuilly tomba au pouvoir des assiégeants malgré l'ardeur des assiégés; et, chose bizarre, tandis qu'entre Français on se tire à bout portant, entre Allemands (Bavarois et Prussiens), cantonnés à Nogent-sur-Marne, on se tue à l'arme blanche.

La guerre serait-elle épidémique?

La nouvelle commission exécutive avait hâte de faire sentir son arrivée aux affaires, et comme la plupart de ses membres sont des écrivains, c'est un torrent d'impression; non seulement il y en a pour Paris, mais voici venir la part de la province :

LA COMMUNE DE PARIS AUX DÉPARTEMENTS.

Vous avez soif de vérité, et, jusqu'à présent, le gouvernement de Versailles ne vous a nourris que de mensonges et de calomnies. Nous allons donc vous faire connaître la situation dans toute son exactitude.

C'est le gouvernement de Versailles qui a commencé la guerre civile en égorgeant nos avant-postes, trompés par l'apparence pacifique de ses sicaires; c'est aussi ce gouvernement de Versailles qui fait assassiner nos prisonniers, et qui menace Paris des horreurs de la famine et d'un siége, sans souci des intérêts et des souffrances d'une population déjà éprouvée par cinq mois d'investissement. Nous ne parlerons pas de l'interruption du service des postes, si préjudiciable au commerce, de l'accaparement des produits de l'octroi, etc., etc.

Ce qui nous préoccupe avant tout, c'est la propagande infâme organisée dans les départements par le gouvernement de Versailles, pour noircir le mouvement sublime de la population parisienne. On vous trompe, frères, en vous disant que Paris veut gouverner la France et exercer une dictature qui serait la négation de la souveraineté nationale. On vous trompe, lorsqu'on vous dit que le vol et l'assassinat s'étalent publiquement dans Paris. Jamais nos rues n'ont été plus tranquilles. Depuis trois semaines, pas un vol n'a été commis, pas une tentative d'assassinat ne s'est produite.

Paris n'aspire qu'à fonder la République et à conquérir ses franchises communales, heureux de fournir un exemple aux autres communes de France.

Si la Commune de Paris est sortie du cercle de ses attributions normales, c'est à son grand regret, c'est pour répondre à l'état de guerre provoqué par le gouvernement de Versailles. Paris n'aspire qu'à se renfermer dans son autonomie, plein de respect pour les droits égaux des autres communes de France.

Quant aux membres de la Commune, ils n'ont d'autre ambition que de voir arriver le jour où Paris, délivré des royalistes qui le menacent, pourra procéder à de nouvelles élections.

Encore une fois, frères, ne vous laissez pas prendre aux monstrueuses inventions des royalistes de Versailles. Songez que c'est pour vous autant que pour lui que Paris lutte et combat en ce moment. Que vos efforts se joignent aux nôtres, et nous vaincrons, car nous représentons le droit et la justice, c'est-à-dire le bonheur de tous par tous, la liberté pour tous et pour chacun, sous les auspices d'une solidarité volontaire et féconde.

Paris, le 6 avril 1871.

La Commission exécutive :
COURNET, DELESCLUZE, Félix PYAT, TRIDON
VAILLANT, VERMOREL.

Ce beau et long morceau d'éloquence n'a probablement pas produit en province tout l'effet que l'on en attendait ici, car aucun mouvement sérieux n'est venu du dehors seconder le mouvement parisien, qui non seulement a besoin d'être activé dans les départements, mais encore dans Paris.

La Commune de Paris,
Considérant que les gardes nationaux ont reçu l'arme et reçoivent la solde pour défendre la République;
Considérant que plusieurs manquent à leur service, tout en touchant leur paie, et gardent leur fusil inutile ainsi dans leurs mains;
Décrète :
Art. 1er. — Tout garde national réfractaire sera désarmé.
Art. 2. — Tout garde désarmé pour refus de service sera privé de sa solde.
Art. 3. — En cas de refus de service pour le combat, le garde réfractaire sera privé de ses droits civiques, par décision du conseil de discipline.
Paris, le 6 avril 1871.
La Commune de Paris.

Ainsi donc, on vous force à vous battre sous peine de conseil de discipline, et bientôt de cour martiale! C'est injuste et inhumain!

Que dans la guerre contre l'étranger on lève tous les citoyens valides, rien de mieux; que ceux qui se dérobent à ce devoir saint et patriotique soient fusillés sur l'heure, c'est cruel, mais je l'admets encore : il faut sauver la patrie, tous ses enfants lui doivent leur sang.

Mais enrégimenter de force pour la guerre civile, forcer le frère à combattre le frère, l'ami à tuer l'ami, c'est le dernier mot de la barbarie, et la civilisation recule, au lieu d'avancer, avec les gouvernements qui ordonnent de pareilles mesures.

La Commune a oublié que dans une guerre étrangère, si tous les citoyens sont des soldats, dans les guerres civiles, il n'y a que des volontaires qui se battent.

Mais sur ce chapitre tout n'est pas dit, et au jour le jour vous verrez l'excitation à la délation des réfractaires, les arrestations, les perquisitions domiciliaires, bref, tout ce qui concerne la chasse à l'homme. Un jour, c'est un fils que l'on prend, que l'on mène au fort, sans lui laisser voir sa mère; un autre jour, c'est une rafle dans les rues; ici, on est dur; là, on est brutal; partout, on est inique!

On ne vous mène plus à la guillotine, c'est à la tuerie que l'on vous envoie : au fond, c'est la même chose; mais dans la forme, c'est bien plus habile.

Les élections à la Commune auront lieu le lundi 10 avril; le nombre des membres à élire dépasse le chiffre de trente.

La vie devient chère; les légumes sont hors de prix, tout a augmenté. La viande de boucherie se vend un tiers en plus de ses prix ordinaires; le poisson manque presque tous les jours.

Nous sommes en pleine semaine sainte, et voici ce qui s'est passé le vendredi-saint à Notre-Dame :

Le vendredi-saint, à deux heures trois quarts, après

la vénération des saintes reliques, quelques hommes habillés, les uns en civils, les autres en gardes nationaux, entrèrent dans l'église, ayant à leur tête un individu jeune encore qui avait gardé sa casquette sur sa tête et avait l'air assez déterminé.

Quelques-uns se dirigèrent vers le sanctuaire; les autres allèrent à la sacristie du chapitre et à celle de la paroisse. Ils étaient accompagnés par un homme qui se disait commissaire, et qui avait un mandat de délégué de la préfecture de police.

Il se fit ouvrir les armoires du trésor de la sacristie et procéda à l'inventaire des vases sacrés, des bronzes et des ornements. Pendant ce temps, un serrurier ouvrit le tombeau des archevêques, dans lequel ils allèrent faire une visite, toujours la casquette sur la tête et la pipe à la bouche.

Ceux qui étaient dans la sacristie s'emparèrent des troncs. M. le commissaire ayant terminé son inventaire, s'empressa de compter le produit de ces troncs.

Il donna ensuite l'ordre de transporter tout le mobilier de Notre-Dame dans une voiture qui, requise à cet effet, stationnait sur la place du Parvis.

L'un des employés de Notre-Dame courut à l'Hôtel-de-Ville informer les membres de la Commune de ce qui se passait. Ils parurent surpris, et l'un d'eux s'écria : « C'est affreux, surtout un vendredi-saint! » Un délégué de la Commune arriva à Notre-Dame et se fit exhiber le mandat dont se disait muni le commissaire.

Il trouva que ce mandat était irrégulier, ordonna que tous les objets fussent retirés de la voiture et ramenés dans la sacristie. Il appela le sacristain pour lu faire vérifier que le tout était bien rapporté.

Cette opération terminée, M. le délégué fit dresse procès-verbal de ce qui venait de se passer, le signa lui-même et le fit signer ensuite par le sacristain du chapitre, et par quelques gardes nationaux qui se trouvaient présents, puis fit fermer les portes et apposer les scellés.

Militairement, la journée a été chaude, et les Versaillais ont quelque peu avancé dans Neuilly. Les forts du sud sont soumis à une violente canonnade, ce qui n'empêche pas les journaux dévoués à la Commune d'annoncer des succès pour l'armée fédérée :

Toute la journée on s'est battu avec acharnement à Neuilly. Les fédérés ont soutenu héroïquement le choc de nombreuses troupes auxquelles ils ont fait éprouver des pertes sensibles.

Et cependant, malgré ces succès continus, le général Bergeret est remplacé par le général Dombrowski.

CHAPITRE V.

La violence. — M. Rousset pêche à la ligne. — Plus de généraux. — Tirer sur le peuple. — Les fêtes de Pâques. — Tout va bien. — Dombrowski. — La nuit du 11 au 12 avril. — On émigre encore. — A quel prix. — Lettre d'un Parisien. — Courbet et la colonne. — Thiers confisqué. — Jules Favre fouillé. — Arrestations, perquisitions, cancans. — Monotonie dans la terreur. — Le grand homme n'a rien dans son caveau. — Les musées et le suisse du pavillon Denon. — La ligue d'Union républicaine et M. Bonvalet, RESTAURATEUR politique.

Nous allons monter encore d'un étage le calvaire de l'arbitraire.

Considérant les patriotiques réclamations d'un grand nombre de gardes nationaux qui tiennent, quoique mariés, à l'honneur de défendre leur indépendance municipale, même au prix de leur vie, le décret du 5 avril est ainsi modifié :

De dix-sept à dix-neuf ans, le service dans les compagnies de guerre sera volontaire, et de dix-neuf à quarante obligatoire pour les gardes nationaux, mariés ou non.

J'engage les bons patriotes à faire eux-mêmes la police de leur arrondissement et à forcer les réfractaires à servir.

Le délégué à la guerre,
G. CLUSERET.

Ce document ne supporte pas un instant l'examen le plus superficiel. Le considérant du décret est ridicule pour le moins. Qu'est-ce qui empêchait les gens mariés, *tenant à l'honneur de défendre leur indépendance municipale, même au prix de leur vie,* d'aller tranquillement au feu ? Pourquoi forcer à y aller ceux qui ne pensent pas de même, et qui n'ont pas fait de demande semblable ?

J'engage les bons patriotes à faire eux-mêmes la police de leur arrondissement.

Sous prétexte de patriotisme, condamner les bons patriotes au métier de délateur ! Quelle comédie ! et, derrière tout cela, quels drames !

Les prêtres sont toujours soumis aux arrestations arbitraires. Le curé de Saint-Eustache, celui de Saint-Germain-des-Prés et le supérieur du séminaire de Saint-Sulpice vont rejoindre ceux déjà emprisonnés.

M. Richardet, un confrère du journal le *National,* va pour chercher un laissez-passer à la préfecture de police ; on l'arrête. Il fera partie des otages. Ce que voyant, M. Ildefonse Rousset, directeur du journal le *National,* éprouve le besoin de quitter Paris à tout prix, et le quitte, en effet, par Bercy-Seine, monté sur une embarcation de pêche, et comme un homme absorbé par la poursuite du goujon.

Ces jours derniers, la Commune supprimait le titre et les fonctions de général en chef ; la commission exécutive supprime, à son tour, — pour faire acte d'autorité, — le titre de général.

De plus, elle adresse à la garde nationale quelques paroles bien senties :

A la garde nationale.

Citoyens,

L'Assemblée de Versailles a fait appel aux volontaires des départements contre Paris.

La Commune de Paris a fait appel au droit contre l'Assemblée de Versailles.

Les volontaires ont répondu à l'appel du droit.

Limoges a proclamé la Commune. Son Hôtel-de-Ville a les mêmes couleurs que le nôtre. La troupe de ligne a fraternisé avec la garde nationale. L'armée du droit marchera au secours, non de Versailles, mais de Paris.

Guéret, de même, a fait sa Commune, et attend Limoges pour le suivre.

Tout le centre est levé pour grossir le mouvement. La Nièvre a ses hommes debout. Vierzon, Commune aussi, tient la tête du chemin de fer pour empêcher les gendarmes de Versailles d'avancer contre Toulouse, et pour aider les gardes nationaux de Limoges marchant vers Paris.

Si Paris continue à faire son devoir, s'il est aussi constant qu'il a été brave, c'en est fait de la guerre civile et de ses coupables auteurs.

Vive la Commune ! Vive la République !

Paris, le 7 avril 1871.

La Commission exécutive.

Sur une de ces affiches, un gavroche quelconque avait écrit :

Vierzon, patrie de M. Pyat.

Des obus ont endommagé l'Arc-de-Triomphe, l'ambassade ottomane et plusieurs hôtels ou maisons des Champs-Élysées et de l'avenue de la Grande-Armée ; mais les duels d'artillerie sont plus meurtriers pour les constructions que pour les hommes.

La journée militaire, nulle comme résultat, a inspiré à l'*Officiel* le compte-rendu suivant :

8 avril.

Ce matin, dès la première heure, une vive canonnade s'engage dans les directions de Neuilly et de Vanves.

Dans la partie ouest, le mouvement général de retraite signalé hier s'accentue du côté de Versailles.

Vers huit heures, une vive fusillade a été engagée avenue de Neuilly ; les vengeurs, déployés en tirailleurs, se sont portés en avant ; protégés par le tir de la garde nationale, ils ont forcé les Versaillais à se replier ; nous occupons à cette heure les mêmes positions que la veille.

A Issy, notre artillerie s'est portée en avant, appuyée par la garde nationale, et occupe solidement de fortes positions.

Le village de Bagneux est entièrement libre.

Le général Besson, commandant les forces de Versailles, aurait été tué hier à Neuilly, pendant l'engagement.

Une nouvelle que nous trouvons dans le journal de

Rochefort, le *Mot d'Ordre*, peut, par sa rédaction, donner le *la* de la presse communaliste de Paris quand elle daigne employer le style léger et badin :

Ah ! le vieux polisson de lord Lyons ! ah ! le vieux jirbe !... Savez-vous ce qu'il vient de faire ?...
Il vient d'offrir asile dans son hôtel aux *religieuses Carmélites* pour le cas possible, après tout, où Raoul Rigault poursuivrait le timide troupeau de ses arrêtés **révolutionnaires**.

Lord Lyons un vieux polisson ! C'est gracieux !

La Commune de Paris décrète :
Tout citoyen blessé à l'ennemi pour la défense des droits de Paris recevra, si sa blessure entraîne une incapacité de travail partielle ou absolue, une pension annuelle et viagère dont le chiffre sera fixé par une commission spéciale, dans les limites de *trois cents* à *douze cents* francs.

———

La Commune statuera aujourd'hui sur les pensions attribuées aux familles des citoyens morts pour la défense des droits du peuple.

———

La Commune de Paris invite les citoyens et les citoyennes qui désireraient un emploi dans les établissements publics d'instruction primaire de la ville de Paris à présenter leur demande.

———

La *déclaration préalable* pour la publication des journaux et écrits périodiques, de même que le *dépôt*, sont toujours obligatoires et doivent se faire au bureau de la presse, délégation de la sûreté générale et de l'intérieur, place Beauvau.

Tels sont les actes de la Commune de ce jour, qui se sont partagé l'attention du public avec l'affiche suivante, collée à toutes les colonnes des boulevards :

L'infanterie de ligne à la population de Paris.

Citoyens,

Un conseil de guerre siégeant à Versailles vient de condamner à la peine de mort les officiers et sous-officiers de l'armée qui ont refusé de faire feu sur le peuple.

Aux habitants de Paris de nous juger, et si nous sommes coupables, nos poitrines sont là pour répondre. Nous ne tomberons pas en lâches.

A. PIERRE, *capitaine d'infanterie délégué ;* BONAVENTURE, *capitaine ;* PHILIPPOT, *sergent.*

Quel est le sens bien exact de cette expression : *faire feu sur le peuple ?*

Ces militaires, qui se disent délégués — tout le monde avait fini par être délégué de quelque chose à Paris — ont refusé de faire feu sur le peuple, mais promettent de faire feu sur l'armée ; et cependant peuple et armée, ce sont toujours des hommes.

Il faudrait savoir pourtant si le mot *peuple* veut dire ceux qui s'arrogent le droit de tirer impunément sur les hommes qui ne sont pas de leur opinion et qui en défendent une autre, ou si ce mot *peuple* désigne en général les citoyens d'une nation, à quelque catégorie qu'ils appartiennent dans la hiérarchie des classes sociales.

« On a tiré sur le peuple ! » est le cri auquel se sont faites bien des révolutions ; mais quand... le *peuple* a commencé de tirer, il trouve très-extraordinaire qu'on lui rende la monnaie de sa pièce, et se montre toujours prêt à crier à l'assassin quand on se défend !

La guerre civile est une atrocité ; car, il faut le dire, de chaque côté *on tire sur le peuple*, et le peuple est frappé de quelque côté que la balle vienne.

Aussi, c'est le cœur serré que l'on lit des bulletins ainsi conçus :

Les troupes de Versailles occupent les premières maisons de Levallois-Perret ; elles ont construit une barricade rue Peyronnet.

De dix à onze heures, un bataillon de fédérés a fait une reconnaissance de ce côté ; mais les soldats qui occupent les maisons ont fait pleuvoir une grêle de balles, qui a forcé les assaillants de se retirer.

On s'attendait à une sérieuse affaire de ce côté.

Les fédérés occupent la moitié de Levallois-Perret, c'est-à-dire qu'ils ont été repoussés et délogés de maison en maison.

A six heures du soir, le bruit courait que les Versaillais avaient leurs avant-postes rue Victor-Noir, et étaient maîtres du marché et de la mairie.

La Banque a composé avec la Commune. Une personne digne de foi assurait qu'une entente aurait été conclue entre la Banque et la Commune, représentée par M. Beslay, délégué par la commission des finances.

Aux termes de cet arrangement, la Commune reconnaissait à la Banque son caractère d'établissement privé, et s'engageait à faire respecter la Banque, soit par l'organisation d'un bataillon de gardes nationaux composé des employés de l'établissement, soit, s'il était besoin, en adjoignant à ce bataillon d'autres détachements commandés par la Commune. Par contre, la Banque devait fournir à la Commune, sur un reçu de M. Beslay, les fonds appartenant à la ville de Paris et déposés à la Banque; et, dans le cas où ces fonds seraient épuisés, celle-ci devait faire à la Commune des avances garanties par la remise de titres sur les biens de la ville.

Les fêtes de Pâques n'ont pas été brillantes; le concours de fidèles qui, en temps ordinaire, accourent aux cérémonies du culte, faisait presque complètement défaut. La moitié des églises étaient fermées. Le curé de Saint-Eustache, délivré, — après une manifestation des dames de la halle pour réclamer leur curé, — a pu célébrer la grand'messe. Mais dans les offices, il n'y eut ni sermon, ni chant de fête.

On a chanté quelques versets de l'*O Filii*, et dit, à voix basse, des prières pour la cessation des calamités abattues sur Paris. Il n'y a presque pas eu de communions.

M. l'abbé O'Gan, relâché sur la réclamation formelle de l'ambassade anglaise, alla donner la communion aux ecclésiastiques captifs, parmi lesquels se trouvaient plusieurs élèves de grand séminaire.

Par suite d'un refus d'obéissance au général Cluseret, le général Bergeret *lui-même* est arrêté. Un fait curieux et digne d'être signalé, c'est que Bergeret aurait dit en entrant dans sa cellule à Mazas : « Dans huit jours, Cluseret sera mon compagnon de geôle. »

Des journaux ont affirmé que Bergeret l'avait écrit sur les murs de la prison.

Cluseret mit vingt jours à donner raison à la prophétie de Bergeret, dont l'exclamation a un précédent dans l'histoire des Templiers :

> O Philippe ! ô mon roi ! ta vie est condamnée ;
> Au tribunal de Dieu je t'attends dans l'année,

ainsi que Raynouard a rapporté le fait en vers.

Pour la troisième fois la Commune ajourne les élections complémentaires, précédemment fixées à ce jour 10 avril, sans comprendre que chaque jour lui enlève des voix et permet à des électeurs de quitter Paris, et de fuir des urnes qui, comme la boîte de Pandore, laissent échapper tant de maux sur Paris, et ne servent qu'à retenir l'espérance tout au fond de leurs boîtes.

La Commune reçoit la dépêche suivante, qu'elle communique au public :

10 avril, 1 heure du matin.

Nous recevons par estafette envoyée à Asnières la réponse suivante :

Nous occupons Asnières ; l'ennemi est en fuite ; nos pertes sont relativement faibles.

Le chef de la légion,
DOMBROWSKI.

Et le *Cri du peuple* publie fièrement ce petit roman militaire daté du même jour :

2 h. 20 soir.

Troupes installées définitivement dans leurs positions à Asnières. Wagons blindés commencent leurs opérations et, par leur mouvement sur lignes Versailles, Saint-Germain, couvrent la ligne entre Colombes, Garennes et Courbevoie, Nos postes à Villiers et à Levallois se sont avancés, et nous sommes en possession de toute la partie nord-est de Neuilly.

J'ai fait avec tout mon état-major une reconnaissance par Levallois, Villiers, Neuilly, jusqu'au rond-point du boulevard du Roule, et nous sommes rentrés par la porte des Ternes. La situation, porte Maillot, est beaucoup améliorée par suite du relâchement du bombardement pendant la nuit. Nous avons pu réparer les dégâts causés par le feu ennemi et commencer construction de nouvelles batteries en avant de la porte.

Un ordre parfait a régné pendant la nuit dans tous les postes, et les bruits sur l'abandon des diverses positions sont des inventions de la réaction dans le but de démoraliser la population.

DOMBROWSKI.

Pour la Commune comme pour ses généraux, tout va très-bien et se résume en ces mots, qu'on trouve dans tous les livrets d'opéra-comique :

Espérance,
Confiance.

Le journal le *Cri du peuple,* dont le tirage est important, sait *si bien* raconter ce qui se passe... au gré de son public gobeur !

Ces trois coupures, faites dans un seul de ses numéros, donneront une idée de la manière dont M. Jules Vallès entend raconter les faits :

Il y a à Saint-Germain un corps de 1,500 artilleurs, qu'on a été obligé de séparer des troupes de Versailles.

Ce sont des Lorrains et des Alsaciens qui ont refusé, avec indignation, de marcher contre Paris.

Leur indignation a été si grande, qu'on va leur donner leur feuille de route.

On nous écrit de Levallois-Perret, qu'un gendarme a assassiné une pauvre femme qui portait des œufs place Villiers. Sans sommation, il lui a tiré un coup de fusil.

Maintenant, contre-partie de l'affaire :

Une cantinière, qui était sortie bravement faire le coup de feu avec sa compagnie, a été poursuivie dans Neuilly par un gendarme, qui voulait absolument l'enlever. Elle s'est retournée tout à coup et l'a tué à bout portant.

Comment le peuple qui sait lire peut-il s'aveugler sur les hommes et les choses, en lisant cette prose perfide, insidieuse et sciemment de mauvaise foi?

Les rapports militaires que nous avons cités un peu plus haut portaient une signature étrangère, et le Parisien aime bien à connaître les gens qui règlent ses destinées. L'*Officiel* crut, et la Commission exécutive avec lui, qu'il devenait nécessaire de faire cesser les cancans qui couraient sur le compte de ce général aussi Polonais qu'inconnu.

A la garde nationale.

Citoyens,

Nous apprenons que certaines inquiétudes persistent dans la garde nationale au sujet du citoyen Dombrowski, nommé commandant de la place.

On lui reproche d'être étranger et inconnu de la population parisienne.

En effet, le citoyen Dombrowski est Polonais.

Il a été élu chef principal de la dernière insurrection polonaise, et a tenu tête à l'armée russe pendant plusieurs mois.

Il a été général sous les ordres de Garibaldi, qui l'estime particulièrement. Dès qu'il devint commandant de l'armée des Vosges, le premier soin de Garibaldi fut de demander le concours du citoyen Dombrowski. Trochu refusa de le laisser partir de Paris, et le fit même incarcérer.

Le citoyen Dombrowski a également fait la guerre du Caucase, où il défendait, comme ici, l'indépendance d'une nation menacée par un ennemi implacable.

Le citoyen Dombrowski est donc incontestablement un homme de guerre et un soldat dévoué de la République universelle.

La commission exécutive de la Commune.

Cela suffit à quelques-uns; les autres n'y allèrent point voir.

La *Gazette de France* émigre; elle choisit Saint-Germain pour théâtre de ses exploits.

Tous les cafés et lieux publics doivent être fermés à onze heures du soir. Paris n'avait pas déjà une physionomie trop gaie, et cette mesure ne contribue pas à l'égayer. Par contre, les grilles du Louvre sont ouvertes au public qui peut circuler et s'asseoir dans les jardins.

Les ventes publiques suspendues sont reprises à l'hôtel de la rue Drouot.

L'église de Notre-Dame-de-Lorette est fouillée du

haut en bas; les gardes nationaux perquisitionneurs ne cherchaient pas le curé, mais bien des armes et des munitions; n'en trouvant pas, ils n'ont pas voulu revenir à l'ex-préfecture de police complètement bredouilles, et ont ramené un vicaire, M. Sabathier, sa vieille domestique et le suisse de la paroisse.

Ce n'est pas seulement dans les églises que l'on cherche des engins de guerre. Tous les industriels qui ont fait des essais de fabrication pendant le siége sont soumis à des visites domiciliaires.

L'usine Cail fabrique pour la Commune, comme elle avait fabriqué pour le gouvernement du 4 septembre.

Le 11, un délégué de la Commune, accompagné de vingt-cinq gardes nationaux, s'est rendu, 144, faubourg Saint-Denis, chez M. Thiébault, fondeur et ancien maire du 10e arrondissement, pour y opérer une perquisition. On a découvert :

25 canons de 7; 10 mitrailleuses non terminées; 20 pièces de canon (système Claparède) non achevés; 8 canons pour la refonte; 104 caisses de fusées pour les pièces de 7, d'une contenance de 150 fusées chacune; 135 obus calibre 19; 64 obus calibre 24.

La presse était bien expurgée de tout élément réactionnaire — c'est-à-dire non communal; — cependant l'*Officiel* crut devoir donner un avertissement aux journaux qui répétaient les bruits courant la ville.

Certains journaux se donnent la tâche d'inventer chaque jour les nouvelles les plus propres soit à déconsidérer la Commune de Paris, soit à décourager ses défenseurs.

C'est ainsi qu'hier on a répandu le bruit de l'arrestation du citoyen Delescluze et de la mort du citoyen Vermorel.

Les inventeurs de ces fausses nouvelles doivent être prévenus que dans les circonstances actuelles, ils encourent la plus grave responsabilité.

La situation de Neuilly devient de plus en plus critique. Le village, soumis à toutes les surprises d'une guerre de rues et de barricades, est mitraillé des deux côtés, et les habitants en sont réduits, dans la plupart des rues, à se réfugier à la cave. Ceux qui sont là voudraient bien s'en aller; mais le moyen?

Il faudrait une suspension d'armes, et les deux adversaires ne semblent pas disposés à cesser les hostilités, même pour un jour.

M. Hadol, dessinateur du *Charivari*, écrivait cette lettre à M. Vallès; elle eut la faveur de la publicité et éveilla l'attention sur la malheureuse situation des habitants de Neuilly :

Neuilly, lundi 10 avril.

Citoyen Vallès,

Par ordre du médecin, j'habite l'avenue de Neuilly depuis quinze jours seulement. Le siége de Paris m'a donné le scorbut; je ne puis me lever ni marcher.

Depuis huit jours, la maison que j'habite est un nid à

bombes ; elle est en partie démolie, éventrée et brûlée, nous vivons (si c'est vivre !), avec quelques locataires, dans des caves.

Au nom de l'humanité, trouvez un moyen près de vos collègues de la Commune pour nous sauver, moi et les nombreux habitants de Neuilly.

Les vivres vont nous manquer. Une suspension d'une heure suffirait.

Salut et fraternité.

HADOL,
4', avenue de Neuilly.

La nuit du 11 au 12 fut signalée par un épouvantable orage de détonations.

A neuf heures et demie, tout le sommet des hauteurs, autour de Paris, est en feu. De Châtillon à Saint-Cloud, les batteries sont étagées, et crachent la mitraille sur Issy, sur Vanves et sur Montrouge. Au loin gronde par intervalles le fort de Bicêtre.

Que se passe-t-il ?

Le récit suivant du *Siècle* peut en donner une idée :

Pendant qu'une attaque feinte hier, qui pourrait être sérieuse aujourd'hui, avait lieu sur Neuilly, l'armée de Versailles opérait une seconde attaque à sa droite vers les Hautes-Bruyères. Un engagement assez vif de mousqueterie avait eu lieu dans Bagneux et le versant est de Châtillon.

Donc, l'armée de Versailles, agissant d'après un plan de Mac-Mahon, procède par deux feintes sur ses ailes et par une attaque au centre : feinte sur Neuilly, feinte sur Bagneux, attaque au-dessous de Clamart. Les batteries versaillaises ont ouvert un feu des plus violents, tel qu'on n'en entendit point durant le siége, sur les forts de Montrouge, de Vanves et d'Issy. Ce feu protégeait un fort mouvement d'infanterie.

Il durait, en effet, depuis une heure, quand les gardes nationaux, qui gardaient la tranchée de Vanves et qui occupaient celle d'Issy, ont été assaillis par une vive fusillade. Les factionnaires crient : « Aux armes! » Les fusils étaient aux faisceaux, sous les balles ; les gardes nationaux, quoique le fort ne fût pas averti de la présence des Versaillais, avaient leurs armes à la main et se précipitaient en avant.

Un bataillon, surpris par l'alerte, se repliait sous Paris en criant à la trahison. On le repousse aux portes ; il revient au feu, et, remis de cette algarade, il se met à la lutte. Les combattants étaient si pressés que l'artillerie ne pouvait se mettre de la partie. Des renforts arrivent aux Versaillais ; les mitrailleuses ouvrent le feu sur les renforts, et les gardes nationaux poussent la baïonnette en avant.

L'armée de Versailles se replie. Il est dix heures.

Malgré ces pertes, le *Cri du Peuple* imprimait, le 12, ce télégramme :

Place à Commune.

12 avril, midi.

Je reçois du général Dombrowski excellentes nouvelles. Sommes en possession des trois quarts de Neuilly ; faisons siége en règle. L'un après l'autre, chaque jardin tombe en notre pouvoir.

J'espère ce soir être sur le pont de Neuilly.

Le colonel d'état-major,
Henry.

et ajoutait, d'après sa source de renseignements à lui personnelle — et quelle source ! — les lignes suivantes :

Les troupes ennemies sont complètement chassées de Neuilly. Le pont est réoccupé par nos troupes.

L'ennemi est en fuite sur Courbevoie.

Pour entretenir l'ardeur des troupes et faire en sorte qu'elles conservent leur amour du drapeau, la Commune prévoyante ordonne l'institution d'un conseil de guerre dans chaque légion, c'est-à-dire dans chaque arrondissement. Le conseil de guerre prononcera *les peines* EN USAGE.

Dans le décret, les deux mots *en usage* sont en italique. Cela est significatif.

A partir de ce jour, ceux qui avaient résolu de rester jusqu'au dernier moment trouvent qu'ils ont assez bravé les événements et qu'il ne faut point tenter le diable : ils partent.

Les stratagèmes commencent à être usés ou connus ; la surveillance est plus active, les endroits par où l'on sort plus restreints. Il faut corrompre les gardes pour vaincre les consignes.

A ce sujet, je dois dire que certains employés du chemin de fer du Nord ont demandé jusqu'à 300 fr. pour faciliter l'évasion — le mot est juste! — de gens âgés de plus de dix-neuf et de moins de quarante ans. Le prix moyen était un louis.

La chronique de la ville devient caractéristique, non point par les bruits que l'on invente, qui grossissent, se transforment et font le tour de Paris et des journaux, mais par les faits qui se passent. Chaque jour offre une ample moisson au chroniqueur qui voudrait recueillir tous les détails, enregistrer tous les petits faits, mentionner les on dit; pour une fois — car il ne faut pas abuser des petits côtés de l'histoire mêlés aux faits saillants — je vais résumer la chronique de la ville, et recopier tout simplement une lettre que j'écrivais à mon père :

Mon cher père,

Il me vient à l'idée que tu ne seras pas fâché de savoir dans tous ses détails ce qui se passe dans ce Paris dont ton affection redoute tant pour moi le séjour en ces temps de tourmente révolutionnaire. Sois tranquille; mon concierge ne m'a pas encore dénoncé, et je ne suis pas encore incorporé dans la garde nationale.

Que de choses en un jour dans ce Paris!

Ce matin, on arrête M. Balathier de Bragelonne, rédacteur en chef de la *Petite Presse*. Et d'un! Quelques instants après, je vais au quartier des Écoles pour voir quelques amis, et l'on m'apprend que les prêtres qui se montrent dans les environs de la Cité et de l'Hôtel-de-Ville sont appréhendés au... rabat et conduits au poste.

Il est bien triste, le quartier des Écoles! — Dès les premiers jours de la révolution du 18 mars, on a remarqué l'abstention des étudiants dans ce mouvement. L'École polytechnique s'est mise la première à la disposition de l'Assemblée nationale, et l'École de médecine a suivi l'École polytechnique. L'École de droit aussi a suivi le gouvernement de la légalité.

Plus de grands chapeaux pointus et de chevelures flottantes, plus d'excentricité ni d'originalité. Les hôtels sont dégarnis, les pensions sont désertes; comme les ministères, le quartier Latin a émigré.

Ce matin, à six heures, a eu lieu une exécution capitale, après jugement prononcé par le conseil de guerre de la 15e légion. Un garde, convaincu de meurtre sur la personne de son capitaine, payait de sa vie celle qu'il avait tranchée.

Cette fusillade a passé presque inaperçue, car on ne songe guère à s'apitoyer sur le sort du prochain quand soi-même, à chaque instant, on est menacé dans sa propriété et dans sa personne.

La mauvaise humeur des gardes nationaux de piquet aux remparts de la ville atteint les dernières limites. Si, au risque de sa vie, on s'aventure dans les endroits fouillés par les obus de Versailles, ou l'on vous empêche de passer, ou l'on vous maltraite.

Quelquefois même on vous arrête sous le prétexte que l'on fait des signaux aux batteries versaillaises.

Un de mes camarades s'est aventuré l'autre jour dans la **rue Tourlacque, à Montmartre,** d'où l'on découvre tout le panorama du théâtre de la guerre. Des industriels y louent des longues-vues ; coût, 10 centimes. Il a voulu monter un peu plus haut sur les buttes, mais un garde national farouche a croisé la baïonnette en disant :

— Les espions ne passent pas ici !

Comme c'est agréable !

Une visite domiciliaire a été faite avenue de Wagram, près de l'hôtel de M. Vitu, rédacteur en chef du *Peuple français* ; on cherchait des sergents de ville, et, pendant les deux heures qu'a duré la perquisition, aucun locataire de la maison cernée n'a pu ni entrer ni sortir.

Comme c'est gai !

Encore un membre de la Commune qui en a assez : le docteur Goupil donne sa démission.

Il faut que je te raconte une histoire sur ce médecin.

Il fut compromis dans l'affaire du 31 octobre ; on le mit en prison ; mais lui, malin, prétexta une visite médicale indispensable à faire à l'un de ses clients très-dangereusement malade. Le ministre de la justice autorisa la visite, et le rusé médecin, bien accompagné jusqu'à la porte de la chambre du malade, s'évadait par une issue qu'il connaissait et qui avait échappé à la surveillance de ses gardes.

Attends ! j'ai encore sur ce docteur un détail qui est assez amusant.

M. Goupil, qui ne manque pas de talent, est possédé de la manie d'une certaine organisation médicale. Il voudrait établir une échelle des malades et une échelle des médecins, de façon à ce que les malades payassent selon leur état de fortune, et que les médecins soient payés suivant leur valeur.

Va-t'en voir s'ils viennent !...

Les Anglais sont bien ennuyés ; le *Père Duchêne* dirait

qu'ils sont *bougrement dans la mélasse*. La légation britannique a fait publier l'avis suivant :

« M. Malet, second secrétaire d'ambassade de Sa Majesté, croit devoir réitérer l'avis publié le 13 septembre dernier par lord Lyons, et rappeler aux citoyens anglais qui continuent à rester dans Paris qu'en prolongeant leur séjour ils le font à leurs risques et périls, et qu'en différant leur départ ils peuvent se trouver, plus tard, *dans l'impossibilité de partir.* »

Beaucoup de ces insulaires sont restés quand même, dévorés par l'envie de voir ce qui va se passer.

Mais pour la plupart ils ont arboré aux fenêtres de leur domicile le drapeau de leur nationalité. Je crois, Dieu me pardonne! qu'il y a en ce moment dans Paris, dépeuplé, plus d'étrangers qu'avant le siége.

Une maison de la rue Blanche offre un échantillon bizarre de drapeaux de plusieurs nationalités : à l'entresol, les couleurs danoises — bleu et blanc ; — au premier, un Turc — drapeau rouge au croissant blanc; — au second, un Américain ; — au troisième, un pavillon non classé, peu connu, se déploie mollement au gré d'un vent modéré ; — enfin, au quatrième, un Belge — bleu, jaune, rouge, — laisse fouetter ses couleurs nationales.

C'est à qui ne voudra pas être Français à Paris; car parmi tous ces pavillons, combien y en a-t-il qui trichent ?

Les sœurs de charité du quartier des Ternes ont eu la visite de gardes nationaux qui ont parcouru le couvent en détail.

M. Solacroup, le directeur de la compagnie d'Orléans, a été presque arrêté ; je dis presque, parce que la Commune l'a *mandé* deux fois pour lui demander des explications.

On l'accusait de renvoyer à Versailles les trains de ravitaillement qui arrivaient à destination de Paris.

Les explications de M. Solacroup ont été trouvées satisfaisantes.

Il n'en a pas été de même de celles présentées par le citoyen Bergeret.

Tu ne sais peut-être pas — et comment le saurais-tu, toi qui habites un coin béni du soleil et de la nature, où ne parviennent guère les bruits de la ville? — que la Commune s'est prise au collet elle-même dans la personne des citoyens Assi et Bergeret, ses membres, qu'elle a envoyés en prison.

Aujourd'hui elle les a fait appeler à sa barre, et tandis qu'Assi était mis en liberté, Bergeret était réintégré dans sa cellule.

On dit en plaisantant : « Ils finiront par s'arrêter tous les uns les autres. » Eh bien ! ce jour-là, ce sera drôle, et je ne donnerai pas ma place pour quarante sous, quoique dans un jour de misère — et elle approche la cruelle mégère — une pièce de quarante sous soit une monnaie d'une appétissante rondeur.

Ah ! — chose immense ! — les séances de la Commune ne seront plus enveloppées d'un voile mystérieux; l'*Officiel* contiendra le compte-rendu des séances. Enfin !

Le prix des passeports est abaissé : de deux francs il descend à cinquante centimes; il est bien temps, maintenant que ceux qui en avaient besoin sont presque tous partis !

Tu as su l'arrestation de Mgr Darboy, archevêque de Paris, et de plusieurs curés des paroisses parisiennes! Je ne t'apprends rien là que tu ne saches probablement ; mais ce que tu ignores certainement, c'est la prétendue démarche de Mgr Darboy et du curé Deguerry : la lettre qu'ils auraient écrite à M. Thiers, à propos de leur crainte, étant otages, d'être fusillés au premier jour si le président du pouvoir exécutif continuait à exécuter sans jugement les prisonniers qu'il faisait.

On peut difficilement admettre que deux ecclésiastiques de l'expérience et de la haute intelligence de MM. Darboy et Deguerry aient cru aux fables inventées pour exaspérer Paris contre Versailles, et l'on ne pourrait attribuer leur missive qu'à un sentiment de crainte personnelle, fort justifiée sans doute, mais auquel ils auraient eu tort de céder en des circonstances aussi graves.

Tout en doutant de leur authenticité, je te rapporte le jugement du premier moment sur ces deux lettres que donne l'*Affranchi* — journal dirigé par M. Paschal Grousset, membre de la Commune — avec un petit ton badin très-ironique au fond.

En France on aime la crânerie, — c'est peut-être un mauvais goût, — et les prisonniers pouvaient craindre des journées de septembre et des massacres dans les prisons. Comme hommes, ils seraient plus qu'excusables ; mais comme exemple, ce serait fâcheux.

MM. de Pressensé et Guillaume Edmond, pasteurs protestants, ont très-dignement protesté contre la violence faite aux ecclésiastiques d'une autre communion que la leur, mais qui ont droit, comme tous les ministres des autres cultes, à la liberté.

Pour finir cette longue lettre, que ton amitié pour moi trouvera encore trop courte, j'en suis certain, je vais te citer les passages d'une circulaire du Comité central affichée sur les murs du 6ᵉ arrondissement (quartier des Écoles) :

« Citoyens,

« Devant le *crime*, les opinions politiques s'effacent, et la neutralité est inadmissible.

« On est toujours responsable du mal que l'on voit faire, quand on ne tente rien pour l'empêcher ou pour le châtier.

« En face de l'immonde Assemblée de Versailles et des membres qui constituent son gouvernement, quiconque se retranche derrière une opinion politique ou se déclare neutre est un lâche ou un complice.

« En conséquence :

« Tous les citoyens appelés par le décret du 7 avril 1871, et non encore inscrits, devront se faire inscrire sur les registres ouverts à cet effet par les soins de la municipalité, dans le délai de quarante-huit heures ;

« Une commission est nommée à l'effet de relever sur les registres de l'état-civil, sur les listes électorales, sur les livres de police et le rôle des contributions, la liste des citoyens compris dans les diverses catégories d'âge, afin de déférer à une cour martiale les déserteurs et les réfractaires, et de provoquer, en outre, la suppression de leurs droits civiques ; car *il faut absolument que les lâches traînent, dans la cité, sous l'œil et le mépris de leurs concitoyens, la marque de leur ignominie.*

« Pour le Comité central :

« *Le chargé des pouvoirs,*

« LACORD. »

Brrrrrr ! — En voilà qui vont vite en besogne ! Quelle chance pour moi d'habiter le 10ᵉ arrondissement !

Je ne t'ai rien dit de la guerre ; en voici le bulletin : on se bat beaucoup, mais on n'avance ni d'un côté ni de l'autre.

En attendant des jours meilleurs, reçois, cher père, etc.

Jamais opérette de Chivot et Duru n'aura le succès de fou rire qui accueillit la note, burlesque à force d'être sérieuse, de la Commission exécutive, traitant le peintre Gustave Courbet, dit en famille le *maître d'Ornans,* de président des peintres.

Faut-il que nous soyons en Commune pour voir le maître Courbet *président des peintres?* Mais qui l'a nommé? Quels sont les peintres connus par leur mérite ou leur talent qui ont appelé M. Courbet — pardon — le citoyen Courbet — à être le président de cette république des arts?

La note tout entière a besoin d'être reproduite :

La Commune autorise le citoyen Gustave Courbet, président des peintres, nommé en assemblée générale, à rétablir, dans le plus bref délai, les musées de la ville de Paris dans leur état normal, d'ouvrir les galeries au public et d'y favoriser le travail qui s'y fait habituellement.

La Commune autorisera à cet effet les quarante-six délégués qui seront nommés demain jeudi 13 avril, en séance publique, à l'École de médecine (grand amphithéâtre), à deux heures précises.

De plus, elle autorise le citoyen Courbet, ainsi que cette

assemblée, à rétablir, dans la même urgence, l'exposition annuelle aux Champs-Élysées.

Paris, le 12 avril 1871.

La Commission exécutive.

Du moment que Courbet arrive aux affaires, la colonne !...

La Commune de Paris,
Considérant que la colonne impériale de la place Vendôme est un monument de barbarie, un symbole de force brute et de fausse gloire, une affirmation du militarisme, une négation du droit international, une insulte permanente des vainqueurs aux vaincus, un attentat perpétuel à l'un des trois grands principes de la République française, la fraternité,

Décrète :

ARTICLE UNIQUE. — La colonne de la place Vendôme sera démolie.

Que disais-je? Déjà M. Courbet avait demandé le déboulonnage de cette colonne, et — détail à noter — le jour où son nom paraît à l'*Officiel* paraît aussi une décision ordonnant la destruction de ce monument. Nous reviendrons sur ce sujet à la date du 8 mai, jour primitivement fixé pour le renversement de la colonne de bronze.

La Commune fixe au 16 les élections qui doivent compléter ses membres, licencie le régiment des sapeurs-pompiers comme corps militaire, à dater du 1ᵉʳ avril — mesure rétroactive — et suspend toutes les poursuites pour les échéances jusqu'au jour où paraîtra sur ce sujet un décret à l'*Officiel*.

Puis, ces décisions prises, la Commune songea à faire exécuter quelques-unes de ses décisions précédentes. Un passant ayant collé, à l'une des grilles de l'hôtel de M. Thiers, l'article dans lequel le *Mot d'Ordre* apprécie la valeur de l'immeuble, le lendemain, deux employés de l'ex-préfecture de police, escortés d'un certain nombre de gardes nationaux du 64ᵉ bataillon, sont venus prendre possession de cette propriété, *confisquée* au profit de la nation.

En présence d'un délégué de la Commune, tous les bureaux, secrétaires, ont été fouillés, et les papiers, notes, études littéraires et politiques, correspondances, emportés. La perquisition faite, un poste est établi dans l'hôtel, et a été, depuis, renouvelé chaque jour.

Que deviendront ces documents destinés à avoir une si grande place dans l'histoire contemporaine?

Après Thiers, Jules Favre; et n'est-ce pas rationnel?

Sur toutes les caricatures, Thiers et Jules Favre sont spécialement en butte aux traits dégoûtants de crayons sans pudeur.

Après la visite chez M. Thiers, ce fut la maison

de Jules Favre qui reçut les agents de la Commune.

Ce que nous savons de cette perquisition, nous le prenons dans le *Cri du Peuple,* journal où les calomnies s'épanouissent comme sur un terrain qui leur est propre :

Le misérable qui s'appelle Jules Favre est connu depuis plusieurs mois comme faussaire.

Aujourd'hui, on découvre les nouveaux vols qu'il a commis depuis le 4 septembre.

On a trouvé dans son domicile *deux millions* de titres au porteur, achetés après la chute de l'empire.

Si tous ses collègues — et Picard au moins est son émule — ont trafiqué de la sorte, le chiffre des détournements est énorme.

Et il y eut des gens pour le croire ! — Qu'il me soit permis de plaindre M. Jules Favre, son beau talent vilipendé par ceux qui l'ont le plus adulé ! Qu'il me soit permis de plaindre et l'avocat dont la parole est maintenant sans puissance sur cette foule qu'elle passionnait, et l'orateur qui se trouve désormais vis-à-vis du peuple de Paris comme un muet s'adressant à des sourds.

Bilan de la journée.

Arrestations. — M. Dalouvert, chef du cabinet de la haute police, — police occulte sous l'Empire, —

chassé de son habitation des Ternes par les obus versaillais, est arrêté par les gardes fédérés ; M. Gustave Chaudey, journaliste du *Siècle*, est arrêté au bureau de son journal, sous l'accusation « d'avoir fait tirer de l'Hôtel-de-Ville, le 22 janvier. »

C'est le *Père Duchêne* qui fut la cause de cette arrestation, par l'article que je cite :

Le père Duchêne était là, le 22 janvier, quand ces mauvais bougres ont canardé les sans-culottes.

Et qu'il a conservé une fameuse dent contre les gredins qui ont assassiné à côté de lui son ami Sapia.

C'est ce qui fait que le père Duchêne n'oubliera jamais ce qu'il a vu,

Et qu'il n'aura pas de cesse que ses amis les patriotes soient vengés et les assassins punis.

Il y a, par exemple, le misérable Chaudey, qui a joué un sale rôle dans cette affaire-là,

Et qui se ballade encore à Paris, aussi tranquille qu'un petit Jean-Baptiste.

Est-ce qu'on ne va pas bientôt décréter d'accusation ce jean-foutre-là et lui faire connaître un peu le goût des bons pruneaux de six livres dont il nous a régalé dans le temps ?

Le père Duchêne attend cette satisfaction-là,

Et il espère que la brave Commune se hâtera de la lui accorder.

De l'énergie, foutre !

Il le faut, si vous voulez que ça marche.

Et vous voulez que ça marche, n'est-ce pas ?

Eh bien ! alors, dépêchez-vous.

Après cette dénonciation en règle, M. Chaudey était poursuivi.

Avant d'être arrêté, rue Chauchat, le commissaire aux délégations, M. Pilotell, — dessinateur de peu de talent, mais de beaucoup de morgue — s'était rendu au domicile de M. Chaudey, et sans présenter aucun mandat avait opéré la saisie de tout le numéraire qui se trouvait dans le bureau. Mme Chaudey eut la présence d'esprit de lui en demander reçu.

M. Pilotell, que nous retrouverons mettant constamment la main sur le numéraire, semble avoir pour conviction politique cette maxime de Bilboquet :

— Sauvons la caisse !

Perquisitions. — Les frères Pereire l'ont échappé belle ! Leur hôtel de la rue du faubourg Saint-Honoré a été cerné. Deux voitures de déménagement suivaient l'expédition, qui s'est terminée par une razzia de vin destiné aux malades des hôpitaux et aux blessés des ambulances.

Liberté du commerce. — Arrêté défendant aux marchands regrattiers et d'objets divers de stationner sur les voies couvertes et *aux abords* des halles centrales.

Cancans. — Cette partie se divise en cancans civils et cancans militaires.

Parmi les cancans civils, on fait courir le bruit que les chemins de fer de Lyon et d'Orléans sont coupés, parce que des approvisionnements de munitions pour l'artillerie seraient arrivés à la Commune.

Parmi les cancans militaires, l'armée de la Commune a cerné quinze cents hommes dans l'île de la Grande-Jatte, « qui n'ont plus qu'à se rendre! »

Premier compte-rendu de la Commune, un 13!

Pas intéressants les débats de nos maîtres!

Que la vie est monotone, même dans ses plus grandes secousses, quand elles durent un certain temps! Nous sommes dans une époque volcanique entre toutes; 93 est dépassé; mais cela n'empêche que tous les jours vont se ressembler, et la répétition des mesures violentes, des arrestations, des dénonciations, fait que l'on ne prend plus garde ni aux menaces, ni aux promesses.

On lit dans l'*Univers* :

Encore une église fermée et des prêtres arrêtés. Vendredi soir, M. le curé de Saint-Roch et deux de ses vicaires ont été arrêtés. Ce matin, l'église était fermée, et un factionnaire avait été placé à la petite porte de la rue Saint-Roch.

L'*Opinion nationale* ajoute :

Au moment où les prêtres sont sortis de l'église, entourés par vingt-cinq gardes nationaux, une quantité considérable de personnes, parmi lesquelles un grand nombre de femmes, protestèrent avec énergie contre cet acte arbitraire. Un délégué de la Commune resta dans l'église pour dresser un inventaire de tous les objets précieux.

Le *Journal de Paris* nous annonce que :

M. l'abbé Miquel, premier vicaire de la paroisse de Saint-Philippe, a été arrêté en allant rendre visite à l'archevêque de Paris.

Il est à la Conciergerie.

Après ? — Cela est-il nouveau ? — Non, malheureusement. On n'est plus à compter les blessures faites à la liberté de conscience.

Douze bataillons sont dissous; les hommes seront désarmés, puis immédiatement versés dans d'autres bataillons.

D'abord, on prend le fusil du garde national refusant le service, puis on vient prendre, quelques instants après, l'homme devenu réfractaire.

Ainsi, rien n'échappe au Comité central.

Pierre Leroux est mort; la Commune a décidé l'envoi de deux de ses membres aux funérailles, après avoir déclaré qu'elle rendait cet hommage non au philosophe, mais à l'homme politique qui, le lendemain des journées de juin, a pris la défense des vaincus.

Les dentistes ont du bon, et leur maxime : « Guérissez, n'arrachez pas, » aurait bien dû être méditée par les législateurs de la Commune.

Quelque chose va mal ; cela ne le fait pas mieux aller en le supprimant complètement. C'est ce qui est arrivé pour les ambulances, que le docteur Parisel poursuivait de sa haine.

La Commune a fait prendre possession des bâtiments et de l'installation de l'ambulance de la Presse, au palais de l'Industrie. Devant ce fait brutal, le docteur Chenu s'est retiré avec son personnel.

Pendant qu'on veut descendre Napoléon Ier de sa colonne, on veut voir aux Invalides si son caveau ne contient pas des matières faciles à monnayer.

Les recherches ayant été infructueuses, le couvent des Oiseaux, la célèbre maison d'éducation, fut envahi par un fort détachement de gardes nationaux ; mais la cage était ouverte depuis longtemps, et les pensionnaires avaient pris la clé des champs.

Une partie des quinze musées du Louvre a été rouverte au public et aux artistes, comprenant le musée Lacazes, la salle Henri II, la salle des Sept-Cheminées où se trouvent le *Naufrage de la Méduse*, par Géricault, et les *Sabines*, de David ;

Tout le musée des antiques ;

Le musée des dessins de toutes les écoles, des miniatures et des pastels ;

Le musée Sauvageot, celui des faïences italiennes et des terres cuites de Bernard de Palissy;

Le musée des sculptures de la Renaissance;

Et le musée des sculptures des XVIIIe et XIXe siècles du rez-de-chaussée.

Mais on se bat toujours! Les avant-postes tirent à qui mieux mieux; le canon gronde; les mitrailleuses avec leur roulement âcre font entendre leurs bruits sinistres, et les visiteurs de musées sont rares.

Les surveillants ont l'air de gardes de cimetière, et le suisse qu'on voyait autrefois à la grande porte du pavillon Denon a été désarmé : il n'a plus sa formidable et pacifique hallebarde. Il est dans un coin, l'ex-tambour-major, disant, comme la touchante Valentine de Milan : « Rien ne m'est plus, plus rien ne m'est ! »

Ah ! que les décrets de la Commune auront blessé de cœurs sensibles !

Il est temps de nous occuper d'un groupe de citoyens dont la formation est l'ouvrage de M. Bonvalet, ex-restaurateur du boulevard du Temple, ex-maire du 3e arrondissement, et présentement *vieillard politique* sans emploi.

Il a formé une *Ligue d'Union républicaine des droits de Paris*, qui, dans la pensée de son auteur, devait jouer un grand rôle entre la Commune et l'Assemblée. Ce rôle n'est peut-être pas neuf, mais il réussit souvent : c'est celui du troisième larron qui s'empare de maître Aliboron.

La conciliation est son drapeau. Et la *Ligue* va de la Commune à l'Assemblée pour se mettre à la place des deux, les supplanter et monter par la paix le dada du pouvoir que les adversaires se disputent par la guerre.

Les représentants de la *Ligue,* bien reçus par M. Thiers, n'obtinrent pas la soumission de Versailles aux exigences de Paris, pas plus qu'à la Commune ils n'obtinrent la reconnaissance de l'Assemblée nationale par Paris belligérant.

Ils s'attirèrent même dans l'*Officiel* la petite mercuriale que voici :

Certains journaux rendent fort inexactement compte des démarches faites auprès de la commission exécutive par les délégués de la *Ligue d'Union républicaine des droits de Paris.*

La Commission exécutive a écouté, mais à titre officieux seulement, le rapport que la Ligue a fait insérer dans les journaux, mais sans avoir plus que précédemment le devoir de répondre à une question qui ne pouvait lui être adressée.

La Ligue a pris librement une initiative à laquelle la commission exécutive, aussi bien que la Commune, sont et devaient demeurer étrangères. Elle a résumé à sa façon les aspirations de Paris ; elle a posé un ultimatum au gouvernement de Versailles, annonçant par une affiche qui se lit encore sur nos murs que *si le gouvernement de Ver-*

sailles restait sourd à ces revendications légitimes, Paris tout entier se lèverait pour les défendre.

Le cas prévu et posé par la Ligue s'étant réalisé, elle n'a pas besoin d'interroger la Commune; elle n'a qu'à tirer la conséquence de ses déclarations spontanées, en conviant Paris tout entier à se lever pour défendre ses droits méconnus.

Bien touché! C'est de bonne guerre, et M. Bonvalet n'a pas jugé prudent de prendre le commandement des troupes de sa Ligue; il a vu qu'on le tenait à distance des deux côtés, et s'est trouvé comme un macaroni — lui, cuisinier émérite — cuit feu dessus feu dessous.

La Ligue redevenue muette s'est résignée à un bien modeste rôle pour tant de grandes affiches!

M. Edouard Lockroy, qui allait au fort de Vanves, a été pris par un piquet de cavalerie, conduit à Versailles, et emprisonné.

Quel est son crime?

La Commune rend, par hasard, un moins mauvais décret; mais il ne sera pas exécuté :

Considérant que s'il importe pour le salut de la République que tous les conspirateurs et les traîtres soient mis dans l'impossibilité de nuire, il n'importe pas moins d'empêcher tout acte arbitraire ou attentatoire à la liberté individuelle,

Décrète :

ART. 1er. — Toute arrestation devra être notifiée immédiatement au délégué de la Commune à la justice, qui interrogera ou fera interroger l'individu arrêté, et le fera écrouer dans les formes régulières, s'il juge que l'arrestation doive être maintenue.

Art. 2. — Toute arrestation qui ne serait pas notifiée dans les vingt-quatre heures au délégué de la justice sera considérée comme une arrestation arbitraire, et ceux qui l'auront opérée seront poursuivis.

Art. 3. — Aucune perquisition ou réquisition ne pourra être faite qu'elle n'ait été ordonnée par l'autorité compétente ou ses organes immédiats, porteurs de mandats réguliers, délivrés au nom des pouvoirs constitués par la Commune.

Toute perquisition ou réquisition arbitraire entraînera la mise en arrestation de ses auteurs.

Paris, le 14 avril 1871.

Que va dire M. *Pille-Hôtel*, commissaire aux délégations, de ce décret? — Il le trouvera réactionnaire et demandera la mise hors la loi de la Commune, et le *Père Duchêne*, l'insigne ivrogne, dira:

« *Vous ne marchez pas, foutre! citoyens de la Commune!* »

CHAPITRE VI.

Élections complémentaires à la Commune. — Tableau des abstentions. — Papiers du 4 septembre. — La légation belge envahie. — Paysans fusillés sans jugement par Dombrowski. — PARENTHÈSE. — Prise du château de Bécon. — L'amiral... presque Suisse. — La cour martiale. — Loi sur les échéances. — Plus d'huissiers; encore des huissiers. — Gentillesses aux journaux. — L'argenterie des Invalides. — Les bonnes lectures. — Déclaration au peuple français. — Les ballons. — Boulangers et mitrons. — Pyat voudrait revoir Bruxelles. — Pilotell récompensé suivant ses mérites. — Les mystères de l'église Saint-Laurent : squelettes et souterrains. — Raoul Rigault est remplacé par Frédéric Cournet. — Suspension d'armes. — Promenade à Neuilly. — La franc-maçonnerie et la Commune : démarche des F∴ M∴ M∴ — 2,000,000, s. v. p. — Pauvres pêcheurs ! — Manifestation des fr∴ maç∴ — Le fort d'Issy. — Cluseret arrêté. — Grand meeting de la province à Paris. — Fédération artistique. — La Commune dans l'embarras.

Les élections complémentaires pour la Commune ont eu lieu le 16 avril. Il y avait trente-une places vacantes. Les élections ont été tellement négligées par la population entière, que malgré l'extrême facilité de la Commune à valider les pouvoirs des candidats, elle n'a pas osé se compléter quand même. Vingt membres seulement sont venus la renforcer.

Ce sont les citoyens Andrieu, Arnold, Briosne, Cluseret (nommé deux fois), Courbet, Dupont, Durand, Johannard, Lonclas, Longuet, Menotti Garibaldi, Philippe, Pillot, Pottier, Rogeard, Seraillier, Sicard, Trinquet, Vésinier, Viard.

Menotti Garibaldi ne s'est pas rendu à l'honneur qu'on lui faisait. Briosne et Rogeard n'ont pas voulu d'une validation révoltante, de sorte que, dès le lendemain du scrutin, il y avait encore quinze vacances à remplir. La Commune ne songea plus à se compléter; elle avait Vésinier, ex-copiste d'Eugène Sue, qui se fait passer pour l'ex-secrétaire du grand romancier : cela lui suffisait. Courbet faisait sa gloire, et avec J.-B. Clément, le chansonnier, ils pouvaient se décerner la devise des poètes latins : *Ut pictura poesis.*

Le chiffre des abstentions est tellement à noter, que le tableau ci-contre en donnera une idée. Ce fut un camouflet, un abandon ; aussi, la Commune voyant que le huitième des électeurs inscrits n'était pas atteint, elle adopta la majorité relative : la moitié plus un.

TABLEAU DES DIFFÉRENCES.

ARRONDISSEMENTS.	RÉSULTAT DU VOTE :		OBSERVATIONS.
	20 mars.	16 avril.	
Premier........	11,056	3,271	
Deuxième.......	11,143	3,601	
Troisième......	9,000	»	Pas de résultat.
Sixième........	9,499	3,469	
Septième.......	5,065	1,939	
Huitième.......	4,396	»	Pas d'élus.
Neuvième......	10,340	3,176	
Douzième.......	11,329	5,423	
Treizième......	8,010	»	Pas d'élus.
Seizième.......	3,732	1,590	
Dix-septième...	11,394	4,848	
Dix-huitième...	17,443	10,068	
Dix-neuvième..	11,282	7,090	
Vingtième......	16,762	9,204	
	140,451	53,679	

La différence est sensible! Mettons que les trois arrondissements dans lesquels il n'y eut pas d'élus forment l'appoint pour donner au total du 16 avril un chiffre de 60,000 votants.

De 60,000 à 140,000, c'est 80,000 de moins.

Rien n'est brutal comme un chiffre, ni plus instructif aussi.

Que sont devenus ces 80,000 électeurs? — Ils ont quitté Paris; ils sont allés bien loin, regrettant leurs premiers votes.

Sur ces 80,000, il faut aussi faire la part du... *feu!* de ceux qui sont morts devant Paris, dans ces quinze jours de combats.

Chez tous les membres du gouvernement du 4 septembre, des perquisitions sont faites.

L'explication s'en trouve dans cette décision de la Commune :

Considérant qu'il est important de connaître les agissements de la dictature du 4 septembre, et en particulier les actes qui ont amené la capitulation de Paris;

Considérant, d'autre part, qu'à la suite de la révolution du 18 mars, une quantité de papiers, dépêches, etc., sont tombés entre les mains du peuple ;

Une commission d'enquête est instituée, ayant pour but de chercher tous les éléments pour établir la part de responsabilité qui incombe à chacun de ceux qui ont participé aux actes du gouvernement du 4 septembre.

Le citoyen Casimir Bouis est nommé président de cette commission d'enquête; il est chargé d'organiser cette commission, et invité à procéder au plus tôt à la publication des pièces les plus importantes.

Paris, le 14 avril 1871.
La Commission exécutive.

M. Casimir Bouis, rédacteur chez Jules Vallès, veut une bonne récolte pour... *ses papiers* du 4 septembre.

Non seulement les églises et les domiciles privés sont envahis par les gardes nationaux, mais encore les maisons inviolables par excellence : les ambassades.

La légation belge a été envahie arbitrairement par des marins avinés et des soldats du 218e bataillon.

L'*Officiel* publie la note suivante :

Des faits graves se sont produits dans le 8e arrondissement.

Un certain nombre de gardes nationaux appartenant au 218e bataillon a osé envahir, rue du Faubourg-Saint-Honoré, 56, l'hôtel de la légation de Belgique, et violer effrontément, avec les droits sacrés de l'hospitalité due par la France à tous les étrangers, les immunités diplomatiques respectées par tous les peuples civilisés.

Une enquête immédiate a été ouverte : quelques-uns des coupables sont arrêtés ; les autres ne tarderont pas à l'être.

Ils seront traduits immédiatement en conseil de guerre.

A la séance de la Commune, il fut question de ce fait, et Benoist Malon demanda que l'on blâmât la municipalité du 8ᵉ arrondissement, qui n'avait rien empêché ni rien prévu.

M. Jules Allix, le ridicule propagateur des escargots sympathiques, se défendit de son mieux. L'état mental de ce membre de la Commune commence à donner des inquiétudes.

Tout ceci n'est rien à côté de ce qui va suivre.

On lisait dans *Paris-Libre* la dépêche suivante :

Place à guerre.

Dombrowski m'apprend que des paysans cachés dans les maisons nous ont tué plusieurs hommes.

Paysans pris et fusillés séance tenante.

HENRY.

Est-ce que la mesure de l'infamie n'est pas comble? — Des étrangers, des coureurs d'aventures, profitent de discordes civiles pour se mêler d'affaires qui ne les regardent pas, et fusillent des Français comme des chiens!

C'est honteux! et je ne sais qui il faut le plus accuser de ceux qui obéissent à Dombrowski ou de ceux qui le commandent.

N'est-ce rien que la vie d'un paysan, et tout ce qui est rural doit-il donc être tué par la Commune? — Allons! c'est triste à dire, mais ce ne sont en général que des gens peu scrupuleux qui font de tristes besognes, et les Polonais pouvaient nous éviter d'avoir à les haïr autant que nous les avons aimés ; car c'est une nuée de Polonais qui attisent la guerre. — Les Wrobleski, les Okolowitz, les Dombrowski ! — Il faudra nettoyer la France de ces étrangers qui n'ont adopté notre patrie que pour en vivre ou pour la déchirer.

L'*Officiel* a démenti cette dépêche, mais le journal le *Paris-Libre*, qui l'avait publiée d'après une source officielle, a refusé de démentir ce qui malheureusement était trop réel.

———

Nous sommes arrivés à un moment où la répétition des mêmes événements amènerait forcément des redites ; or, même dans ce qui est de l'histoire, la variété est un attrait. Nous adopterons donc une forme moins rédigée, qui donnera, par sa sécheresse même, comme un aperçu plus réel de la situation.

Pour ceux qui sont dans Paris, ce qui se passe leur donne la fièvre : une fièvre qui va sans cesse en augmentant.

Trois lignes suffisent pour un fait, car dans le grand duel de Versailles et de Paris, on est au plus fort du combat.

Des deux côtés, pendant la dernière quinzaine d'avril, on croyait également à la victoire ; mais dans les premiers jours du mois de mai, en même temps que la prise du fort d'Issy, l'esprit de la Commune change, surviennent les complications : c'était la fièvre ; voici le délire. Les convulsions de ce pouvoir à son agonie sont plus intéressantes que lorsqu'il se portait bien, ou qu'il en avait l'air.

La Commune se sentant malade, ne voudra pourtant pas succomber à la sueur de sang qui l'affaiblit et la tue ; c'est alors qu'il nous faudra de la place pour raconter ses derniers moments, recueillir ses derniers décrets et rapporter, avec son testament, l'histoire de ses derniers crimes.

Journée du 17 avril.

Rapports militaires. — Deux drapeaux, pris à Neuilly sur les Versaillais, sont portés à l'Hôtel-de-Ville.

Quel glorieux triomphe ! l'un de ces étendards était un drapeau d'ambulance ; l'autre celui d'un yacht américain, qu'un naturel des États-Unis avait arboré à sa maison !

Prise du château de Bécon par les Versaillais. C'est le premier fait de guerre où l'avantage fut bien constaté en faveur de l'assiégeant.

Marine. — Le citoyen Latappy, remplissant les fonctions d'amiral... presque Suisse, publie l'ordre suivant pour le service des six canonnières de la Commune :

Les citoyens commandants devront être à bord à sept heures du matin; ils ne quitteront le bord qu'à six heures du soir, après que le commandant chargé de la garde de de nuit sera de retour de son dîner.
Le matin, le branle-bas se fera à cinq heures et demie ; à six heures, déjeûner; à six heures et demie, propreté du navire; à huit heures, on hissera les couleurs; à neuf heures, branle-bas de combat et inspection; de dix heures à midi, travaux journaliers ; à midi, dîner. De deux heures à quatre heures, exercices divers ; s'assurer que les armes sont en bon état; à cinq heures, souper; à six heures, le commandant règle le service.

Commune. — La Commune décide qu'un de ses membres ne pourra être chef de légion; puis elle publie l'arrêté suivant, rendu par la commission exécutive :

Art. 1er. — Les armes des bataillons dissous seront immédiatement restituées aux mairies.
Art. 2. — Seront pareillement restituées aux mairies les armes des émigrés, des réfractaires jugés comme tels par le conseil de discipline.
Art. 3. — Les municipalités devront faire faire des perquisitions méthodiques par rues et par maisons, afin d'assurer dans le plus bref délai la rentrée de toutes ces armes.
Art. 4. — Toutes fausses déclarations faites par les concierges entraineront leur arrestation immédiate.

Autre décision : la place d'Italie prendra le nom de place Duval, en souvenir du général de la Commune.

Cour martiale. — S'appuyant sur une vérité digne de M. de la Palisse :

« *En présence de l'impossibilité de traduire devant les conseils de guerre de légion* QUI N'EXISTENT PAS ENCORE..... »

La commission exécutive institue une cour martiale qui siégera tous les jours, à l'hôtel des conseils de guerre, rue du Cherche-Midi. Cette cour se compose des personnages suivants :

Le colonel Rossel, chef d'état-major de la guerre ;

Le colonel Henry, chef d'état-major de la place ;

Le colonel Razoua, commandant de l'École militaire ;

Le lieutenant-colonel Collet, sous-chef d'état-major du commandant supérieur Eudes ;

Le colonel Chardon, commandant militaire de la préfecture de police ;

Le lieutenant Boursier, membre du Comité central.

Barricade. — Deux cents ouvriers construisent une barricade place de la Concorde, au coin de la rue Saint-Florentin.

Arrestations. — L'abbé Orse, vicaire de Plaisance, est arrêté dans la nuit, ainsi qu'un des vicaires de

Saint-Bernard, à La Chapelle. Cette église et celle de Saint-Ferdinand, des Ternes, sont fermées. Les frères tenant l'école du Marché-Saint-Martin, rue Montgolfier, sont chassés de leur école.

Journée du 18 avril.

Guerre. — Tout va bien, *comme toujours.*

Cour martiale (1). — Elle débute par l'affaire d'un sieur Girot, chef du 74e bataillon, accusé d'avoir refusé de se rendre à la porte Maillot pour combattre. Il se défend en disant que s'il n'a pas conduit ses hommes où on le lui ordonnait, c'est qu'ils étaient exténués de fatigue et de faim.

La Cour prononce l'arrêt de mort, auquel le condamné répond par un ironique : « *Merci, citoyens.* »

Communications offici...euses. — L'*Officiel* rassure Paris sur la probabilité d'un investissement prochain. Des marchés passés avec la Commune assurent aux Parisiens des vivres pour bien des jours encore.

Les parcs, jardins et autres lieux publics de promenade sont remis à la disposition des promeneurs.

Bruit. — Le bruit avait couru que M. Ch. Lullier avait reçu le commandement de la flottille.

(1) A la fin de ce livre, aux documents essentiels, on trouvera le curieux arrêt réglant la procédure et les peines devant la cour martiale (note *A*).

— Allons donc! répond la Commune, est-ce qu'on peut donner un commandement à l'homme par la faute duquel, de son propre aveu, le Mont-Valérien est entre les mains de l'ennemi?

Lullier a protesté.

Décret communal sur les échéances :

Art. 1er. — Le remboursement des dettes de toute nature souscrites jusqu'à ce jour et portant échéance, billets à ordre, mandats, lettres de change, factures réglées, dettes concordataires, etc., sera effectué dans un délai de trois années à partir du 15 juillet prochain, et sans que ces dettes portent intérêt.

Art. 2. — Le total des sommes dues sera divisé en douze coupures égales, payables par trimestre, à partir de la même date.

Art. 3. — Les porteurs des créances ci-dessus énoncées pourront, en conservant les titres primitifs, poursuivre le remboursement desdites créances par voie de mandats, traites ou lettres de change mentionnant la nature de la dette et de la garantie, conformément à l'article 2.

Art. 4. — Les poursuites, en cas de non-acceptation ou de non-paiement, s'exerceront seulement sur la coupure qui y donnera lieu.

Art. 5. — Tout débiteur qui, profitant des délais accordés par le présent décret, aura, pendant ces délais, détourné, aliéné ou anéanti son actif en fraude des droits de son créancier, sera considéré, s'il est commerçant, comme coupable de banqueroute frauduleuse, et, s'il n'est pas commerçant, comme coupable d'escroquerie. Il pourra être poursuivi comme tel, soit par son créancier, soit par le ministère public.

C'est à peine si l'on y fit quelque attention, quoique la Commune ait employé grand temps à élaborer cette loi.

A côté de la sentence, l'exécuteur; à côté des échéances, les huissiers. Le délégué à la justice, Me Protot, devant *la fermeture* VOLONTAIRE *de quelques études d'huissiers,* juge nécessaire la création d'offices nouveaux, et les candidats peuvent se présenter sans la délibération d'*admittatur* du tribunal civil.

Travaux forcés. — MM. Lebaudy frères, exploitant une grande raffinerie de sucre à La Villette, ont suspendu leur fabrication. La Commune leur demande des explications; ils ont répondu : « Nos ouvriers sont de la garde nationale. » Cette réponse n'a pas suffi aux autorités communales : « Si vous ne faites pas travailler, ont-elles dit à MM. Lebaudy, nous trouverons un moyen de continuer les travaux sans vous. »

L'attaque de la propriété privée se réglementera sous le nom de revendication sociale. L'outil doit être à l'ouvrier, disent certains doctrinaires; et quand l'ouvrier n'a pas su gagner cet outil, il le prend : c'est là leur *logique sociale!*

Mesures arbitraires. — Arrestation de M. Polo, directeur de l'*Éclipse,* par le citoyen Pilotell, ex-dessinateur et ex-employé de M. Polo. — Mise de main sur l'encaisse.

Suppression des journaux le *Soir,* la *Cloche,* l'*Opinion nationale* et le *Bien public* (1).

Malgré la défense de la Commune, l'*Opinion nationale* et le *Bien public* paraissent.

Journée du 19 avril.

Décrets communaux: — La Commune décrète que les arrêts et jugements seront rendus au nom du peuple, et que les officiers de police et les gardes nationaux seront chargés de leur exécution.

Menus faits. — Une nouvelle perquisition a lieu chez M. Chaudey.

Des gardes nationaux du 123e bataillon expulsent de leur couvent les sœurs de Saint-Vincent-de-Paul, rue Saint-Bernard (2).

Un délégué de la Commune se présente à l'hôtel des Invalides, requiert la vaisselle plate et les couverts d'argent, et les fait transporter à l'hôtel de la Monnaie. La Commune, de cette façon, se trouve avoir

---

(1) Voir à la note *B* de curieux détails relatifs à la suppression de ces journaux.
(2) Voir à la note *C* la liste des prêtres arrêtés du 1er au 20 avril.

tout à coup dans sa caisse une centaine de mille francs de plus. Il est vrai qu'en compensasion, le caissier de la mairie de Montrouge s'est sauvé avec sa caisse contenant 60,000 fr.

Les ateliers de la maison Cail lancent une nouvelle canonnière : *la Voltigeuse.*

Cour martiale. — Moins sévère que la veille, la cour martiale acquitte les prévenus qu'elle avait à juger : les citoyens Retterer (Jacques), vingt-huit ans, ingénieur civil, et Chautard, quarante-huit ans, gérant d'une société de plombiers, accusés d'avoir soustrait le timbre — non pas de l'État — mais du comité d'artillerie, ce qui avait amené du retard dans des envois de munitions, etc.

Commune. — A la séance d'aujourd'hui : discussion du rapport de la commission des élections, concluant à ne pas tenir compte du huitième des électeurs. Le citoyen Régère trouve cette loi du huitième ridicule; beaucoup de ses collègues sont sans doute de cet avis, puisque les conclusions du rapport sont adoptées par 26 voix contre 13.

Ont voté *pour :* les citoyens Alix, Amouroux, Ant. Arnaud, Babick, Billioray, Blanchet, Champy, E. Clément, Delescluze, Demay, Dereure, Franckel, Gambon, Paschal Grousset, Jourde, Ledroit, Martelet, Malon, Melliet, Protot, Ranvier, Régère, Raoul Rigault, Urbain, Vaillant, Varlin.

Ont voté *contre :* les citoyens Arthur Arnould, Avrial, Beslay, Clémence, V. Clément, Géresme, Langevin, Lefrançais, Miot, Rastoul, Vallès, Verdure, Vermorel.

Générosités communales. — Une décision prise par le directeur de l'assistance publique dit que les « hôpitaux et hospices auront, à l'avenir, une salle de lecture où les convalescents, les blessés, les vieillards, trouveront les feuilles démocratiques qui défendent la République et propagent les institutions sociales de l'avenir.

« Cette mesure a pour but d'annihiler les influences malsaines des écrivains et des livres réunis dans les bibliothèques officielles, et destinés à dégrader les âmes et à refouler toutes les aspirations patriotiques.

« Les rédacteurs de journaux se sont associés à cette pensée et se sont empressés de promettre l'envoi gratuit à ces salles de lecture. »

Le citoyen Treillard a trouvé le moyen de chasser les miasmes des hôpitaux, en mettant des journaux comme le *Cri du peuple* et le *Père Duchêne* dans toutes les salles : Vallès et Vermesch passés à l'état de désinfectant !

Journée du 20 avril.

Guerre. — Les fédérés *font prisonniers* soixante-neuf tonneaux de jambon, de fromage et de lard. Leurs affaires vont tellement bien, que Dombrowski demande un renfort de deux mille hommes.

La Commune a parlé. — Poussée à bout par ceux qui la soutiennent comme par ceux qui la combattent, la Commune se décide enfin à dire ce qu'elle veut et ce qu'elle prétend faire. Elle ne s'adresse pas à Paris seulement, comme on pouvait le croire, mais au peuple français en général, et dévoile ainsi son but : changer la révolution communale en révolution sociale. On s'en doutait bien un peu ; aussi cette profession de foi (1) ne surprend-elle personne, et ne parvient-elle qu'à faire hausser les épaules aux gens sensés, qui comprennent qu'il faut d'autres hommes que ceux qui régissent la Commune pour opérer le changement gouvernemental et social qu'ils se proposent.

La Commune en séance. — Le jacobin Delescluze trouvant que l'autorité communale se noie dans les commissions, sous-commissions, délégations, etc., etc., qu'elle a nommées, propose de confier le pouvoir exécutif aux délégués réunis des neuf commissions, lesquels formeront la dixième : la commission exécutive. Ces délégués rendront compte à la Commune, *en comité secret,* des mesures qu'ils auront arrêtées.

(1) Lire à la note D la *Déclaration au peuple français.*

Cette proposition est adoptée, et l'on passe aux voix. Sont nommés :

Guerre................	Cluseret,	par 42	voix sur 53	votants.
Finances............	Jourde,	— 33	—	—
Subsistances........	Viard,	— 30	—	—
Relations extérieures.	Grousset,	— 27	—	—
Enseignement.......	Vaillant,	— 27	—	—
Justice..............	Protot,	— 47	—	—
Sûreté générale......	R. Rigault,	— 29	—	—
Travail et échange...	Franckel.			
Services publics......	Andrieu.			

Ce ministère d'un nouveau genre ne fera pas merveille.

Trop de bombes. — Grande colère du général Cluseret, qui trouve qu'on consomme beaucoup trop de projectiles dans les forts : celui de Vanves en a consommé à lui seul seize mille ! Aussi, le délégué à la guerre prévient-il les commandants qu'il ne leur délivrera de munitions qu'en raison du *nombre de coups alloués à chaque fort*.

Ce nombre, quel est-il ? Mystère qui ne se dévoilera jamais.

Légion belge. — Jusqu'aux Belges qui s'en mêlent ! Que ne restent-ils chez eux à absorber leur faro, plutôt que de se mêler — avec les Polonais et autres — de ce qui ne les regarde pas.

Journée du 21 avril.

Visites domiciliaires. — Perquisitions chez M. Paul de Richemont, ex-sénateur, administrateur du chemin de fer d'Orléans, rue d'Amsterdam, 82; chez M. de Mentque, ex-sénateur, rue d'Amsterdam, 84. Envahissement, par le 208ᵉ bataillon, des bâtiments servant d'exploitation à la *Compagnie parisienne du gaz,* pour opérer la saisie des fonds qu'on pourrait y trouver. Le lendemain, soit honte, soit remords, la Commune — qui s'était rendue coupable de vol à main armée, crime prévu par les articles 381 et 385 du Code pénal — restitua à la *Compagnie parisienne* 183,000 fr.

La Commune en ballons. — Plusieurs aérostats, construits sous le gouvernement du 4 septembre, étaient restés inactifs dans divers magasins. La Commune veut les utiliser soit pour le transport des dépêches, soit pour les observations militaires, et décrète la création d'une compagnie d'aérostiers civils et militaires. Ce projet, malgré sa destination, est tombé dans l'eau. On n'a usé que de ballons libres.

La Commune dans le pétrin. — Sur la demande d'une partie de la corporation des ouvriers boulangers, le travail de nuit est supprimé.

Encore une mesure inexécutable. Mais la Commune décrète et ne s'inquiète pas du reste.

La Commune en séance. — Grande discussion à propos de l'*Officiel*. Le citoyen Rastoul demande qu'il soit envoyé *gratuit à tous ceux qui ont voté*. Ce serait une bien délicate attention; mais comme elle est impraticable, on passe. Plusieurs membres demandent qu'on mette cette publication à cinq centimes.

La Commune adopte, et ce n'est que le 14 mai suivant qu'un arrêté du Comité de salut public fit exécuter la mesure prise par la Commune ce jour-ci.

Démission de F. Pyat, qui a saisi les nominations illégales des nouveaux membres pour s'en faire une porte de sortie; mais cette démission, considérée comme une désertion, n'est pas acceptée.

Ses électeurs du 10ᵉ arrondissement lui écrivent pour le sommer de rester à son poste, et la lettre qui le décide est signée *un groupe de citoyennes!*

Galanterie et prudence est la devise du citoyen Pyat.

Adjonction aux délégués-ministres de commissions pour *contrôler* et *surveiller* leurs opérations. Cette preuve de *confiance* doit bien flatter la nouvelle commission exécutive.

Journée du 22 avril.

La Commune et la médecine. — La Commune avait prié les étudiants en médecine de nommer dix délégués. Les étudiants se réunissent dans l'amphithéâtre de l'école, au nombre de deux cents, sous la présidence de Paul Reclus, et le résultat de leur discussion est qu'il n'enverront pas de délégués à la Commune, ne voulant pas la reconnaître comme assemblée politique.

Cour martiale. — Condamnation aux travaux forcés à perpétuité de deux capitaines du 105e bataillon, pour refus de marcher à l'ennemi. C'est un cas qui se présente assez souvent dans la garde nationale communale.

La Commune en séance. — Les citoyens Vermorel et Régère se prennent de querelle au sujet de F. Pyat.
Le premier l'accuse, le second le défend. Tous les deux ont néanmoins entrepris une mauvaise cause, car si Vermorel use de haine, Régère atténue avec trop de simplicité la conduite pleine de rouveries de son ami Pyat.

Journée du 23 avril.

Guerre. — Les canons des fédérés rendent coup pour coup aux canons des Versaillais, et rien n'est changé dans la situation militaire des deux armées. — Tous les jours on se tue du monde des deux côtés.

La Commune en séance. — La première question

débattue, est la destitution du sieur Pilotell comme directeur des Beaux-Arts et commissaire de police. Le citoyen Arthur Arnould demande que cette destitution soit publiée à l'*Officiel* (1), « car il ne faut pas, dit-il, qu'on nous accuse d'être des voleurs. » La seconde question discutée est que chaque membre de la Commune pourra visiter les prisons et tous les établissements publics et militaires. Comme on le voit, les hommes qui ont l'orgueil de croire tenir dans leurs mains les destinées de Paris et de la France ne peuvent pas mieux gaspiller leur temps.

Journée du 24 avril.

Bulletin militaire. — « Un bataillon de ligne met bas les armes à Asnières, pour venir rejoindre les fédérés ; mais avant qu'ils n'aient pu tomber dans les bras les uns des autres, six cents gendarmes se sont interposés. Aux forts du sud, un escadron de chasseurs s'est présenté pour se rendre ; mais les fédérés, ne comprenant pas leur intention, tirent ; les chasseurs se sauvent, étonnés de cette réception moins que fraternelle. »

Ce sont ces bourdes que l'on raconte aux défenseurs de Paris qui les croient.

Le général La Cécilia visite la ligne de bastions de

(1) Voir à la note *E*.

la Muette au Point-du-Jour, et revient enchanté de son inspection.

Décret communal. — Décidément, Mᵉ Protot veut entièrement réformer la basoche, et la Commune de Paris décrète :

Art. 1ᵉʳ. — Les huissiers, notaires, commissaires-priseurs et greffiers de tribunaux quelconques, qui seront nommés à Paris à partir de ce jour, recevront un traitement fixe. Ils pourront être dispensés de fournir un cautionnement.

Art. 2. — Ils verseront tous les mois, entre les mains du délégué aux finances, les sommes par eux perçues pour les actes de leur compétence.

Art. 3. — Le délégué à la justice est chargé de l'exécution du présent décret.

Les mystères de Saint-Laurent. — Des faits mystérieux sont révélés au public par un article du *Cri du Peuple :*

On apprenait que des faits étranges se passaient dans l'église Saint-Laurent. Un officier d'état-major reçut la mission de s'y rendre et de les vérifier exactement.

A son entrée dans l'église, il vit différents souterrains ouverts, et grand fut son étonnement quand il aperçut un espace de plus de vingt mètres cubes remplis d'ossements humains.

Plus loin, quelques squelettes, remontant à une date plus récente, furent trouvés; après une minutieuse perquisition, on remarqua que ces squelettes appartenaient au sexe féminin. Un d'eux surtout avait encore une chevelure abondante d'un blond cendré.

On se souvient qu'il y a environ dix années, une histoire de séquestration de personnes pesa sur le curé de Saint-Laurent; un homme oublié et endormi dans l'église avait été réveillé par des gémissements.

L'affaire, rapportée dans la presse, souleva l'indignation générale; des rumeurs circulèrent, mais le parti clérical, aidé par les écrivains du trône et de l'autel, soudoya des médecins, qui firent passer le spectateur de cette scène pour un halluciné.

Il y a là un mystère qu'il faudra éclaircir, une série de crimes qu'il faudra dévoiler pour l'édification des timorés et la confusion des hypocrites et des gens de mauvaise foi, qui blâment la mesure relative à la fermeture des églises.

Le drapeau rouge à la Bourse. — Ce monument, élevé dans un des arrondissements les plus réactionnaires, c'est-à-dire des plus hostiles à la Commune, avait jusqu'à ce jour été préservé de l'ornement — *torchon radieux* (Victor Hugo) — adopté par ce gouvernement; puis la Commune prit possession de la mairie et procéda au désarmement des bataillons de cet arrondissement qui n'avaient pas encore voulu lui donner leur adhésion.

Alsace et Lorraine. — Pour ne pas qu'on en ignore, le délégué à la guerre fait publier l'avis suivant :

Les Alsaciens et Lorrains actuellement dans Paris ne pourront être contraints au service de la garde nationale. Ils auront à produire la preuve de leur origine.

Le délégué à la guerre espère que le bon sens populaire le dispensera d'entrer dans de plus amples détails sur les motifs de cette mesure.

Le bon sens populaire sait qu'Alsaciens et Lorrains ne sont malheureusement plus Français, et combien de Français voudraient être pour quelques jours Alsaciens et Lorrains !

Cette note fut imposée par les Prussiens.

Bon gré mal gré. — Sommation est faite par des gardes nationaux armés aux commis en nouveautés de la maison des *Trois-Quartiers* de quitter l'aune pour prendre le chassepot.

Pareille expédition aurait eu lieu aux cercles le Jockey et l'Union.

La Commune en séance. — Le citoyen Rigault, fort peu content du vote d'hier qui permet aux membres de la Commune de visiter les prisons, donne sa démission de délégué à la sûreté générale.

Grande discussion au sujet du secret auquel on soumet les prisonniers. Les uns l'approuvent; les autres le désapprouvent comme une chose immorale. Mais le secret est conservé, et le citoyen Cournet est élu par 35 voix sur 55, en remplacement du citoyen

Rigault, conservé cependant comme membre de la commission de sûreté générale.

Cour martiale. — Elle avait échappé aux contrôles et sous-contrôles de la Commune, dont le système de défiance fait prévoir la discorde prochaine; mais on répare le temps perdu, et la Commune nomme une commission de révision composée des citoyens Clément, Dereure, Longuet, Meillet et Vallès, chargée de statuer sur les jugements prononcés par la cour martiale.

Journée du 25 avril.

Suspension d'armes. — Une suspension d'armes pour que le village de Neuilly puisse être évacué est consentie entre Paris et Versailles, pour aujourd'hui, de neuf heures du matin à cinq heures du soir. C'est le seul délai qu'on ait pu obtenir des belligérants (1).

La Commune réquisitionne tous les appartements vacants pour les mettre à la disposition des habitants des quartiers bombardés.

Les Champs-Élysées et l'avenue de la Grande-Armée sont encombrés de voitures chargées de meubles, de charriots traînant des sœurs de charité et

---

(1) Voir à la note *F* les conditions de la suspension d'armes.

des petites filles avec leurs couchettes, de commissionnaires avec des malles, de femmes avec un paquet d'effets à la main (1).

Entre eux. — Deux membres de la Commune, MM. Vermorel et Félix Pyat, s'invectivent de la belle façon, l'un dans le *Cri du Peuple,* et l'autre dans le *Vengeur*.

Et comme toujours, la galerie s'amuse des champions.

Les Prussiens se fâchent. — Au bruit qui s'était répandu de l'évacuation des forts du nord et de l'est par l'armée allemande après le paiement d'un demi-milliard, le commandant du château de Vincennes fait armer les remparts de cette forteresse. Mais les Prussiens sont là et invitent la Commune à observer strictement la convention du 28 janvier.

La Commune obéit.

Législation. — *Protot*. — Me Protot, toujours pressé par le démon de la réforme, fait une loi basée sur trois principes :

Le jugement par les pairs ;
L'élection des magistrats ;
La liberté de la défense (2).

(1) Voir à la note G le récit d'une visite à Neuilly.
(2) Voir à la note H le décret *in extenso*.

D'après cette loi, le président ne résume pas les débats, ce qui d'habitude lui donne un faux air de ministère public, et les citations de témoins seront sans frais pour les accusés.

Cour martiale. — La commission de révision casse le jugement rendu par cette cour le 22, contre des officiers du 105e bataillon, ce qui amène la démission du président Rossel et la disparition de ce tribunal, qu'on avait redouté beaucoup plus qu'il ne le méritait.

La Commune et le Mont-de-Piété. — La Commune s'est imaginée de retirer gratuitement pour les déposants tous les objets mobiliers, d'habillement et de travail engagés jusqu'à la somme de 50 fr. Ce projet n'ayant pas été envisagé au point de vue de la pratique et de la raison, la discussion est renvoyée après plus ample examen.

Clémence de la Commune. — La Commune, en raison des antécédents de pure démocratie du condamné, commue la peine capitale prononcée contre le citoyen Girot, par la cour martiale, en dix ans de prison.

Cela lui aura, comme à tant d'autres, servi d'être démocrate.

Journée du 26 avril.

Dire et faire sont deux. — La *déclaration de la Commune au peuple français* dit : « Les droits inhé-« rents à la Commune sont : la garantie absolue de « la liberté individuelle, de la liberté de conscience « et de la liberté du travail, » et la mairie du 17e arrondissement fait afficher un arrêté signé par quatre des signataires de la *déclaration*, dans lequel il est déclaré que « tous les citoyens âgés de dix-neuf à qua-« rante ans qui ne se seront pas présentés dans les « quarante-huit heures seront considérés comme « réfractaires, recherchés et livrés à la cour mar-« tiale. »

Où est la liberté individuelle?

La Commune et la franc-maçonnerie. — Qui a poussé la franc-maçonnerie à se mêler au conflit élevé entre Paris et Versailles? Qui lui a suggéré l'idée de se poser en médiatrice entre les deux camps? Sans doute, les insinuations de quelques membres de la Commune, francs-maçons eux-mêmes, qui, par leur active propagande, ont réussi à se faire des partisans parmi les adeptes des loges de Paris, dans l'espoir que cet exemple serait suivi par la franc-maçonnerie entière. Le plan était certainement habile; mais la Commune n'en a pas retiré le résultat qu'elle en espérait, et l'intervention des francs-maçons dans ses affaires ne leur a fait faire ni un pas en avant, ni un pas en arrière.

A quatre heures, une députation franc-maçonnique se présente à l'Hôtel-de-Ville. Elle vient déclarer aux membres de la Commune qu'ayant épuisé, auprès de Versailles, tous les moyens de conciliation, la franc-maçonnerie avait résolu de planter ses bannières sur les remparts de Paris, et que si une seule balle les touchait, les F∴ M∴ marcheraient d'un même élan contre l'ennemi commun.

C'était certes beaucoup s'avancer, et une pareille déclaration, que nous ne voulons pas supposer avoir été consentie d'avance entre les francs-maçons et les communaux, devait produire sur ceux-ci et sur Paris un grand effet.

Le citoyen Jules Vallès, membre de la Commune, dans un élan d'enthousiasme, donne son écharpe au F∴ Thirifocq, l'orateur de la députation, qui lui assure que cet emblème restera dans les archives de la franc-maçonnerie.

Après s'être congratulés mutuellement, les francs-maçons et les communaux se quittèrent enchantés les uns des autres, et croyant fermement que leur entente va faire cesser la guerre civile.

Arbitraire. — Le général de Martimprey, gouverneur des Invalides, presque impotent, est arrêté.

Journée du 27 avril.

Hospitalité communale. — Sans doute pour compenser le scandaleux envahissement de la légation belge, dont les coupables n'ont jamais été punis ni même recherchés, le citoyen Paschal Grousset, délégué aux relations extérieures, ce qui, dans le moment actuel, est un titre pour rire, rappelle dans une note à l'*Officiel* que :

Les personnes et les biens des citoyens étrangers sont sous la garantie du droit des neutres et de l'hospitalité proverbiale de la France.

En conséquence, aucuns objets mobiliers, voitures, chevaux, etc., aucun appartement inscrit au nom d'un citoyen étranger, jouissant des immunités attachées au titre sacré d'hôte de la République, *ne peuvent et ne doivent être sujets à réquisition.*

Nominations. — Raoul Rigault est nommé procureur de la Commune.

Le citoyen Voncken (Adolphe), avocat près la cour d'appel de Paris, est nommé président chargé des référés, des conciliations en matière de séparations de corps et des légalisations de signatures.

Rapports militaires. — D'après l'*Officiel :*
Issy. — Feu violent.
Clamart. — Pas de pertes.

Montrouge. — Peu de dégâts.

Neuilly. — Prise d'une barricade.

Porte Maillot. — Un blessé.

Asnières. — Feu violent; bonne contenance.

Clichy. — Le bastion 42 démonte une batterie ennemie.

Assassinat d'un réfractaire. — Un ouvrier peintre en bâtiments, rue de Rennes, 141, est fusillé par quatre gardes nationaux qui venaient le forcer à marcher.

Par contre, l'*Officiel* raconte :

Ce matin, à la Belle-Épine, quarante hommes du 185e bataillon ont été menacés d'être enveloppés par deux compagnies de cavaliers versaillais. La plus grande partie des fédérés a pu se replier ; quatre gardes seulement, plus avancés que les autres, n'ont pu suivre le mouvement. Se voyant cernés, ils ont, sur l'injonction de l'officier commandant une des compagnies, mis bas les armes, et aussitôt, sur un signe de l'officier, ils ont été fusillés. L'un d'eux a pu, mourant, regagner les lignes.

La Commune et les religieux. — On a pu voir de quelle façon la Commune traitait tout ce qui avait un caractère religieux, catholique, ce qui ne l'empêche pas de publier cette note impudente et fausse :

Les frères et les sœurs des écoles chrétiennes ont abandonné leur poste.

Nous espérons que cette lacune sera bientôt comblée, et que chacun reconnaîtra que jamais occasion plus solennelle ne nous a été offerte d'inaugurer définitivement l'instruction laïque, gratuite et obligatoire.

L'ignorance et l'injustice font place désormais à la lumière et au droit.

Vive la Commune ! Vive la République !

Les maires suburbains. — Les maires des localités environnant Paris sont venus faire une démarche en faveur d'une conciliation quelconque, car ils savent bien, ces braves campagnards, que ce sont leurs localités qui supporteront le plus fort de la lutte.

Résultat nul.

Le général Bréa devant la Commune. — Le citoyen Léo Meillet propose le décret suivant :

La Commune de Paris,
Considérant que l'église Bréa, située à Paris, 76, avenue d'Italie (13e arrondissement), *est une insulte permanente* aux vaincus de Juin et aux hommes qui sont tombés pour la cause du peuple,

Décrète :

Art. 1er. — L'église Bréa sera démolie.
Art. 2. — L'emplacement de l'église s'appellera place de Juin.
Art. 3. — La municipalité du 13e arrondissement est chargée de l'exécution du présent décret.

Le citoyen Vésinier, croyant juste de s'occuper de la victime en même temps que du bourreau, présente l'amendement suivant :

La Commune déclare, en outre, qu'elle amnistie le citoyen Nourri, détenu depuis vingt-deux ans à Cayenne, à la suite de l'exécution du TRAITRE Bréa. *La Commune le fera mettre en liberté* LE PLUS TOT POSSIBLE.

Ce projet de décret, combattu par Arthur Arnould et J.-B. Clément, mais appuyé par le citoyen Johannard, mis aux voix, est adopté.

La Commune, consultée également sur l'amendement de Vésinier, décide sa prise en considération.

(Extrait de l'*Officiel* du 28 avril 1871.)

Cet hommage, publiquement et solennellement rendu à l'assassinat, souleva de toutes parts un mouvement de profond dégoût.

Nourri, l'assassin, transfiguré en sainte victime !

Le général Bréa, représenté sous les traits d'un bourreau !

Ces décrets n'étaient-ils pas comme la légitimation d'assassinats plus récents, les généraux Lecomte et Clément Thomas ?

Mais ce qu'il y eut de pénible pour cette Commune qui glorifiait l'assassin et condamnait la victime, c'est que la mère de Nourri vint à l'Hôtel-de-Ville réclamer son fils : on lui donna une pension.

Journée du 28 avril.

Deux millions, S. V. P.? — Le plus joli coup de filet qu'ait opéré la Commune, c'est sa réclamation, auprès des cinq grandes compagnies de chemins de fer, des impôts arriérés dus à l'État par ces compagnies.

Cette somme était répartie de la manière suivante :

La compagnie du Nord......	303,000 fr.
La compagnie de l'Ouest....	275,000
La compagnie de l'Est......	354,000
La compagnie de Lyon......	692,000
La compagnie d'Orléans.....	376,000
Total.......	2,000,000

Et encore, la Commune leur a-t-elle fait une bonification en raison des pertes qu'elles ont subies pendant la guerre avec l'Allemagne.

On n'est pas plus raisonnable!

Deux jours après la promulgation de cet arrêté, la compagnie du Nord apportait, à la Commune les 303,000 fr. pour sa quote-part.

Comme on a dû se frotter les mains à l'Hôtel-de-Ville!

Arrestations. — M. Lamontagne, notaire, rue Thérèse, 5, est arrêté, accusé d'être le notaire de M. le maréchal Mac-Mahon; M. Le Flem, professeur de littérature, rue de la Faisanderie, 24, est emprisonné sous l'accusation d'avoir fait des signaux au Mont-Valérien; rue Mansart, au n° 27, un appartement loué par le maréchal Bazaine est dévalisé par des gardes nationaux.

Pauvres pêcheurs! — La pêche, même à la ligne flottante, est interdite dans Paris.

La Commune, dans sa prévoyance, n'oublie rien.

Défense intérieure. — Une barricade se construit sous l'Arc-de-Triomphe de l'Étoile; les fédérés enlèvent leur batterie du Trocadero, qu'ils auraient aussi bien fait de ne pas élever, puisqu'elle ne leur a été d'aucune utilité.

La Commune en séance. — Le citoyen Courbet, dit le peintre d'Ornans, veut que le délégué aux relations extérieures adresse un manifeste aux puissances européennes pour réclamer la reconnaissance des fédérés comme belligérants. A cette aberration, le citoyen Paschal Grousset répond majestueusement : « Qui oserait nous contester la qualité de « belligérants? L'Europe est fixée maintenant, et « quoiqu'il soit peu décent de la faire intervenir « dans nos luttes intestines, elle sait que si le carac-

« tère de belligérants pouvait être refusé à l'un des
« deux partis, ce n'est pas à celui de la Commune,
« qui est celui de la loyauté. »

La Commune a bien décrété que le travail de nuit est supprimé pour les boulangers. Mais décréter et exécuter sont deux, et le travail de nuit continue toujours. Aussi, graves débats à ce sujet ; il semble qu'il s'agisse d'une importante question politique, et le citoyen Vermorel qui, sans doute, préfère le pain rassis au pain tendre, s'écrie qu'il serait injuste de laisser une classe intéressante de travailleurs séparée de la société au bénéfice de l'*aristocratie du ventre*. Devant cette suprême raison, qui fait songer aux Béotiens, la Commune maintient son décret, qui aura effet à partir du 2 mai, et le ventre verra ses aristocrates châtiés comme ils le méritent.

Les marchands de vin persécutés. — Ordre aux marchands de vin habitant Levallois, Clichy et Saint-Ouen, de fermer leurs établissements à partir de deux heures.

Faute de se conformer à cet ordre, l'autorité militaire se verrait dans l'obligation de sévir rigoureusement.

Journée du 29 avril.

Manifestation franc-maçonnique. — Dans cette fantasmagorie révolutionnaire à laquelle Paris assiste depuis déjà quarante-trois jours, cette manifestation n'est pas l'un des épisodes le moins curieux (1).

Ces trois mille francs-maçons revêtus de leurs insignes, marchant gravement, bannières au vent, et allant froidement, courageusement, planter leurs bannières sur des remparts que, tout le jour, des obus et des balles mitraillent, présentent un spectacle imposant ; aussi, la foule qui accourt sur leur passage les acclame-t-elle par les cris de : « Vive la République ! » auxquels se mêlent quelques « Vive la Commune ! » Chacun a confiance dans ces hommes qui vont exposer leur vie pour essayer d'épargner celle de leurs semblables, et on souscrit à l'espoir que la fin de la crise est prochaine. Vaine espérance, car les bannières des francs-maçons ont été, par Versailles, traitées comme le drapeau rouge de l'insurrection, et il ne pouvait en être autrement.

Arrivés à la porte Maillot, ils se divisent en deux groupes dont l'un, le principal, formé de quarante francs-maçons environ, s'avance par la route qui fait face au Mont-Valérien, marche jusqu'aux remparts et plante les bannières de cent mètres en cent mètres jusqu'à la porte Maillot.

Trois délégués seulement ont permission de passer les lignes versaillaises, où ils sont reçus par le

(1) Voir à la note *1* le récit publié par l'*Officiel* sur l'arrivée à l'Hôtel-de-Ville de la manifestation, et sur son départ pour la porte Maillot.

général Leclerc, qui les conduit au général Montaudon (F∴). Deux de ces délégués partent pour Versailles; le troisième revient à Paris, porteur de la *planche* suivante :

Courbevoie, 29 avril 1871.

MM∴ F∴,

M. le lieutenant-général nous envoie auprès de M. le chef du pouvoir exécutif, à Versailles. Jusqu'à ce que notre mission soit remplie, et jusqu'à notre retour, vous voudrez bien prévenir les citoyens membres de la Commune que l'autorité militaire entend qu'aucuns travaux ne soient exécutés du côté de Paris, comme aussi qu'on fasse bien attention de ne point ouvrir le feu, parce que, de son côté, elle ferait immédiatement tirer à son tour.

Les parlementaires délégués,
FABREGUETTE, THIRIFOCQ, LEVACQUE.

Contre-partie. — Pendant ce temps, la lutte est fortement engagée entre Issy, Vanves et Montrouge pour les fédérés, et Meudon et Châtillon pour les Versaillais; de chaque côté, les morts et les blessés augmentent. C'est le seul résultat obtenu de part et d'autre.

Réformes. — L'intendance générale est supprimée; mais comme la Commune a beaucoup d'amis à satisfaire, cette intendance sera remplacée par :

Un payeur général pour le service de la solde, un directeur de la Manutention pour le service des vivres, un directeur de l'habillement, un directeur du campement, un directeur des lits militaires, un directeur des hôpitaux, un directeur des approvisionnements. Un inspecteur général veillera à la prompte exécution des ordres.

Et fidèle à son système de défiance, la Commune nomme en plus une commission de contrôle.

Comme jusqu'à présent, sans doute, le système de la défense allait comme il voulait, sans règle comme sans ordre, le délégué à la guerre répartit les forces de la Commune en divisions et subdivisions, sous le commandement des deux Polonais généraux Dombrowski et Wrobleski.

Frère contre frère. — On arrête un jeune homme de vingt-six ans ; on l'entraîne au fort d'Issy, malgré ses supplications pour aller auparavant prévenir et embrasser sa mère, et surtout malgré ses réclamations, son frère étant actuellement soldat dans l'armée de Versailles.

Les sauvages sont moins féroces.

Neuilly n'avait pas encore assez souffert ! Le maire a reçu l'avis suivant :

PLACE DE NEUILLY.   Neuilly, 29 avril 1871.

État-Major.   QUARTIER GÉNÉRAL.

Au citoyen maire de Neuilly.

Citoyen,

Veuillez avoir l'obligeance d'annoncer aux habitants de

votre commune d'évacuer Neuilly dans les vingt-quatre heures.

Veuillez en même temps les prévenir que, faute par eux de se conformer à cette prescription, je me verrai forcé d'employer les moyens de rigueur.

Le général en chef,
DOMBROWSKI.

Journée du 30 avril.

Le fort d'Issy. — Enfin, un pas en avant est fait par les défenseurs du droit. Le fort d'Issy, bombardé à outrance les jours précédents, est évacué par les fédérés. Ceux-ci avaient essayé la veille de se fortifier un peu à l'abri de ce qui restait du rempart de cette forteresse; ils avaient placé une énorme pièce de marine entre les deux casernes. Mais ces ouvrages ne purent tenir sous les feux croisés des batteries de Châtillon, Meudon, Fleury et Clamart, auxquels répondaient en vain le Point-du-Jour et les bastions de Vaugirard.

Après un combat de deux heures, les fédérés se replient en désordre, laissant un grand nombre de morts; le 161e bataillon, de Ménilmontant, est écrasé. Cependant, les Versaillais n'occupent encore que les Moulineaux. Le feu continue, mais avec lenteur. Le commandant du fort disparaît; les fédérés sans chef se désespèrent. Quelques officiers essaient de prendre le commandement : ils ne sont pas écoutés. Des altercations s'élèvent : les uns veulent rester, les autres partir. On tient conseil, et il est décidé que les trois cents fédérés qui occupent le fort rentreront dans Paris. Ce qui fut fait. Quelques entêtés — l'entêtement, dans ces cas, devient de l'héroïsme! — restent néanmoins à leur poste, décidés à mourir plutôt que de fuir ou de se rendre. Mais, pour on ne sait quelle cause, les Versaillais n'occupent pas encore le fort d'Issy abandonné par sa garnison.

Arrestation de Cluseret. — Depuis le combat de Wissembourg, les Français n'ont pas pu subir un échec sans crier à la trahison. Les fédérés ayant quitté leur poste à Issy, rentrent dans Paris en disant :

— Nous sommes trahis! nous sommes trahis!

A six heures du soir, le délégué à la guerre, le général Cluseret, est arrêté, accusé de connivence avec Versailles, et emprisonné à Mazas, dans la même cellule occupée par Bergeret *lui-même,* ainsi que nous l'avons déjà dit.

Résultat de la manifestation franc-maçonnique. — A dix heures du matin, les francs-maçons sont réunis dans la salle Dourlans, boulevard de Wagram, pour entendre le rapport des deux délégués revenus de Versailles. Ce rapport est loin de présenter les conclusions que tout le monde en espérait : M. Thiers a déclaré aux délégués qu'il n'avait rien à ajouter à la réponse qu'il avait déjà faite à la précédente délégation francmaçonnique. Donc, la lutte va recommencer plus ardente que jamais.. Aussi, à cinq heures du soir, Paris est épouvanté par l'horrible canonnade qu'il entend : canons, chassepots, mitrailleuses font vibrer l'air de leurs mortelles détonations. Jamais les Versaillais n'ont mis plus d'acharnement dans l'attaque; jamais les fédérés n'ont mis plus de rage dans la défense. A neuf heures, le combat est à son apogée, et les habitants, terrifiés par le bruit du bombardement, contemplent avec stupeur le ciel teint d'une sinistre lueur rougeâtre. Des obus versaillais ont mis le feu en différents endroits : aux Ternes, rue des Acacias, derrière la rue de Presbourg, dans une carrosserie et à la barrière de l'Étoile. Vers minuit, le calme se fait un peu; fédérés et Versaillais s'arrêtent fatigués, et, comme de coutume, chacun est au même point qu'avant le combat.

Grand meeting. — Après la manifestation francmaçonnique, celle de l'*Alliance républicaine des départements,* qui a convié à un grand meeting les citoyens des départements actuellement à Paris. A deux heures, trois mille personnes sont rassemblées dans la cour carrée du Louvre (pavillon de Sully). Une estrade ornée de draperies rouges est placée au milieu de la cour, destinée aux membres du bureau de l'*Alliance républicaine.* Après la lecture du manifeste de la ligue départementale, et quelques discours dans lesquels on entend les mots de *Liberté, République, Commune*, M. Millière, président, donne connaissance d'un document par lequel l'*Alliance républicaine* adhère à la Commune. L'on décide ensuite que cette résolution sera portée immédiatement à l'Hôtel-de-Ville. Le cortége se met en marche, drapeaux rouges en tête ; les manifestants avaient le nom de leurs départements soit à leur casquette, soit au bout d'un parapluie (il pleuvait), et vont, en cet équipage, porter à la Commune le résultat, *préparé d'avance*, de la délibération.

Fédération artistique. — Après la fédération des artistes peintres, graveurs, dessinateurs, inventée par le citoyen G. Courbet, qui s'est nommé à la majorité absolue président des artistes, vient la fédération des artistes des théâtres et des concerts, dont le but est de donner des représentations au bénéfice des blessés, veuves et orphelins de la garde nationale. Six cents personnes font partie de ce bataillon qui sert la cause de la charité, tout en offrant un refuge contre les compagnies de marche à ceux qui préfèrent le commerce des muses aux drames de la tranchée et du champ de bataille.

La Commune dans le sel.

Le délégué au ministère de l'agriculture et du commerce donne avis aux boulangers qu'il tient à leur disposition, *au prix de vingt francs les cent kilogrammes*, le sel nécessaire à leur fabrication.

Le délégué au commerce et à l'agriculture,
VIARD.

La Commune dans l'embarras. — Les affaires intérieures n'ont jamais bien marché; mais ce qui est plus grave, les affaires militaires prennent une tournure tout à fait désavantageuse à ses intérêts.

Il faut vaincre ou mourir! C'est l'alternative de toutes les rébellions et de toutes les insurrections. La Commune, qui a perdu l'espoir de vaincre, en est à se convaincre que ses jours sont comptés, et que la défense de Paris ne saura pas être assez efficace pour la préserver d'une défaite totale.

Chez les plus enragés défenseurs de la capitale, il y a de la lassitude.

La province, indifférente au mouvement parisien, l'abandonne et se désintéresse de lui.

La Commune, décidée à voir des traîtres partout, entraînée par elle-même, ira jusqu'au bout, emprisonnant, exécutant ses serviteurs en lesquels elle aura mis toute sa confiance.

Un échec devient un crime.

Les membres de la Commune sont trop compromis pour quitter la partie qu'ils ont jouée et qu'ils sont en train de perdre.

Pas de conciliations! Ils n'en peuvent vouloir. Trop de sang est versé!

Des incapables, des fous, des ambitieux sans talent, des inconnus sans mérite, par-ci par-là quelques gens intelligents, voilà ce qu'a révélé pendant deux mois d'un pouvoir discrétionnaire l'assemblage des membres du Conseil communal.

L'ambition se comprend quand à côté d'elle on a l'inébranlable volonté de marcher devant soi ; mais quand des révolutionnaires insultent aux principes dont ils se disent les défenseurs, leurs amis eux-mêmes les prennent en pitié, et ils ne récoltent partout que le mépris public.

SITUATION FINANCIÈRE ET MILITAIRE
DE LA COMMUNE DE PARIS
au 30 avril,

D'APRÈS LES DOCUMENTS QU'ELLE A RENDUS PUBLICS.

LE BILAN DU CITOYEN JOURDE.

Le relevé des recettes et dépenses du ministère des finances comprend du 20 mars (date de l'entrée en fonctions de M. Varlin) au 30 avril inclus.

Il y a dans le courant de ce bilan quelques chiffres éloquents. Nous les ferons ressortir.

Ainsi, à première vue, on remarque que les recettes proviennent de deux sources également abondantes, puisqu'elles sont de même importance : ce qu'on reçoit et ce que l'on prend.

RECETTES.

Ce que l'on prend :

Sommes trouvées dans les caisses centrales du trésor public, formant un total de..................	4,658,112 fr. 21
Sommes provenant de la Banque de France...................	7,750,000 »
Produit des saisies ou *réquisitions*. — Archevêché (numéraire). — Communauté de Villers. — Argent *trouvé* chez les frères Dosmont ou Demore..	8,928 20
Chemin de fer.............	303,000 »
TOTAL de ce que l'on a pris..	12,720,040 fr. 41
Ce que l'on reçoit :	
Recettes des diverses administrations..	13,293,876 29
TOTAL des recettes....	26,013,916 fr. 70

Dans les dépenses, certaines sommes comparées seront une critique des actes de la Commune, bien plus mordante que des adjectifs incisifs et des phrases indignées.

DÉPENSES.

Délégation de la guerre...........	20,056,573 fr. 15
Délégation de l'enseignement......	1,000 »
Pour le service des ambulances.....	10,000 »
Délégation des relations extérieures (?).	112,129 96
Délégation de la justice..........	5,500 »
Bibliothèque nationale...........	30,000 »
A *reporter*..........	20,215,203 fr. 11

Report.	20,215,203 fr. 11
Aux vingt municipalités	1,445,645. 64
Pour les autres services	3,477,240 37
	25,138,089 fr. 12

D'où il résulte un excédant de recettes sur les dépenses, se montant à 875,827 fr. 58 c.

Comment va-t-on faire le mois suivant? — Quels seront ceux chargés de fournir au chapitre dévorant des dépenses? Les vases sacrés des églises? — Les perquisitions chez les gens riches coupables d'avoir rêvé un autre gouvernement que celui de MM. Jules Vallès et Courbet? — Les meubles de M. Thiers et les débris de la colonne Vendôme? — Quoi? — Qui donnera ces millions qu'il faut, et que l'on a trouvés?

LES CHIFFRES DU COLONEL MAYER.

ORGANISATEUR DE LA GARDE NATIONALE.

Quoiqu'il n'y ait que vingt arrondissements dans Paris, il y eut vingt-cinq légions formées *officiellement*. Je dis officiellement, parce que la 21e, la 22e, la 23e, la 24e et la 25e légion ne figurèrent jamais que sur le papier.

Voici le soi-disant relevé exact du nombre d'hommes et d'officiers présents sous les drapeaux de la Commune, d'après les chiffres du 30 avril :

NUMÉROS des LÉGIONS.	LÉGIONS DE MARCHE.		LÉGIONS SÉDENTAIRES.	
	Officiers	Troupes.	Officiers	Troupes.
1re légion	118	2,376	34	1,060
2e —	61	1,048	98	2,875
3e —	147	2,754	195	3,784
4e —	175	3,445	219	5,006
5e —	176	4,192	152	3,903
6e —	111	2,259	93	2,727
7e —	36	907	69	2,004
8e —	58	1,124	66	860
9e —	67	951	123	2,233
10e —	81	1,306	225	5,341
11e —	369	12,244	414	11,450
12e —	165	3,242	205	4,884
13e —	180	4,532	269	5,855
14e —	143	3,589	178	4,344
15e —	127	3,494	228	6,802
16e —	28	519	30	912
17e —	70	1,826	67	2,621
18e —	828	18,721	»	» »
19e —	201	4,426	202	6,062
20e —	110	2,516	227	4,942
Corps francs	111	3,356	»	» »
Artillerie	»	5,445	»	» »
Cavalerie	51	714	»	» »
	3,413	84,986	3,094	77,665

Ainsi, en rassemblant les chiffres de M. Mayer, c'est donc de 6,507 officiers et 162,651 hommes que se compose l'effectif *payé* des bataillons, car tous ceux qui recevaient leur solde n'étaient pas des communalistes enragés.

Il y avait beaucoup de gens qui, manquant d'ouvrage, faisaient la guerre à trente sous par jour, comme on fait un travail désagréable et mal payé, quand on a faim et que le chômage est grand.

La loi sur les hommes de dix-neuf à quarante ans avait moins pour but une levée considérable que l'incorporation générale des Parisiens dans l'armée communale.

Si on empêchait la fuite des réfractaires, c'était moins pour augmenter l'effectif que pour mettre toutes les personnes sans ressources à la disposition du Comité central, en les forçant, pour pouvoir manger et circuler librement, à endosser le costume des *bons citoyens*.

Si tout le monde était resté dans Paris, on aurait pu résister, former des centres d'action ; mais les premiers partis — et ils furent nombreux — laissèrent les autres à la merci des plus forts, contre qui toute résistance à main armée était inutile et fatale à ses auteurs.

La Commune, subissant les doctrines du Comité central à cet égard, légiféra tant et plus pour forcer les réfractaires à prendre du service ; la carte de civisme était le moyen extrême pour s'emparer des derniers récalcitrants.

Il ne faudrait pas croire que les chiffres ci-dessus — *d'hommes présents et en activité* — soient ceux de l'armée combattante. On a fait marcher la sédentaire en plusieurs cas ; mais par contre des compagnies de marche ont refusé de sortir.

Ce n'est que dans le 18e arrondissement (Montmartre) que tous les gardes étaient volontairement *de marche*.

Quelques chiffres en passant. Nous n'en sommes pas très-épris des chiffres; mais ils rentrent trop dans notre cadre pour que nous les négligions.

Donc, d'après les chiffres les moins élevés de l'effectif de M. Mayer, il y avait 162,651 hommes, recevant 1 fr. 50 par jour; cela faisait donc. . . . . 243,976 fr. 50

De plus, chaque femme, mariée ou non, recevait une indemnité de 75 cent. par jour, et chaque enfant 25. Pour une moyenne équitable, je compte la moitié des gardes comme étant mariés et ayant un enfant; c'est donc la moitié de 162,651 à multiplier par 1 fr., soit. . 81,325   50

Viennent maintenant les officiers au nombre de 6,507. En les comptant l'un dans l'autre à 5 fr. par jour, c'est bien le chiffre minimum. C'est ce que reçoit un sous-lieutenant en activité (un capitaine reçoit

A reporter. 325,302   »

Report.	325,302	»
7 fr. 50, et il y a autant de capitaines que de sous-lieutenants et de lieutenants), et en non activité 2 fr. Par ces motifs, nous prenons le chiffre de 5 fr. qui est plutôt au-dessous de la vérité..	32,535	»
Le rapport de M. Mayer accuse 3,821 hommes dans les hôpitaux, recevant 50 centimes. Je mets la moyenne des malades à 3,000 hommes, soit.	1,500	»
Il y a maintenant les états-majors de tous les généraux, le grand état-major de la place. Cela va bien, par jour, à.	2,500	»
En somme. . . .	364,837 fr.	»

Multipliez par quarante et un jours, du 20 mars (je ne pas le 18) au 30 avril, et vous avez un total de 14,835,317 fr.

Le crédit dépensé a été, dans la même période, de 20,056,573 fr. 15 c.

Or, je le demande à tout homme sensé, est-il possible que le service de la guerre ait, pendant ces quarante et un jours, alimenté les magasins de la manutention des vivres, passé des marchés de ravitaillement, de poudre, fait confectionner et payé des effets d'habillement et d'équipement, de manière à réhabiller à neuf — du képi aux chaussures — la plupart des bataillons de la garde nationale, avec la somme de 5,221,256 fr. 15 c.?

Et les chevaux? Je ne parle pas de leur achat, mais de leur nourriture. La guerre en accuse environ cinq cents à sa disposition; mais pour les transports, les services actifs et administratifs, il en faut au moins cinq mille. C'est encore, à 2 fr. par jour, 10,000 fr., multiplié par 41, qui font une dépense de 410,000 fr.

On a dû dépenser plus qu'on n'avoue, et l'on avait certainement moins d'hommes sous les armes que M. Mayer cherche à le faire croire. C'est ma conviction; et si je n'apporte pas à son appui une preuve irréfutable, il ressort des chiffres auxquels je viens de me livrer des présomptions très-fortes.

Si l'on m'objectait les provisions trouvées dans les magasins et les arsenaux, je renverrais les incrédules aux livres de l'intendance militaire du 18 mars. Il y avait pas mal, c'est vrai; mais on a beaucoup acheté aussi.

Et je dirai que dans les dépenses journalières je n'ai pas compté les *hautes paies* données aux artilleurs de la Commune et à quelques autres corps priviligiés. Et les déserteurs ou prisonniers de Versailles cantonnés à la caserne du Château-d'Eau? Qui les nourrissait? Ils étaient bien deux mille au moins. Et la marine, dont je n'ai pas parlé, qui a tant fait de bruit et si peu de besogne? — Et les ouvriers terrassiers employés aux barricades avec des fortes paies de 3 fr. 75 par jour?

Non, les chiffres de M. Mayer, comme ceux du citoyen Jourde, doivent être faux, aussi faux les uns que les autres.

PREMIÈRE PHASE DU COMITÉ DE SALUT PUBLIC: ROSSEL.

CHAPITRE VII.

Cluseret est mort: vive Rossel! — Rossel et Leperche. — Murger bombardé. — La SALLE du club communal Nicolas-des-Champs. — Le Comité de salut public fonctionne. — Félix Pyat mis en avant. — Paris port de guerre. — M. Longuet ne relit pas l'OFFICIEL. — Hécatombe de journaux. — Fanfaronnades de Paschal Grousset. — Le couvent de Picpus (horribles détails). — Le livre d'or de la commune. — Le Moulin-Saquet. — Rossel, Rossel, toujours Rossel! — Le colonel Boursier. — La citoyenne Prourouska. — Les chevaux traités comme les réfractaires. — Fournée de généraux. — La chapelle expiatoire de Louis XVI. — Jacobins et réactionnaires. — Dégagements gratuits au Mont-de-Piété. — Meurtre de Walligrane. — On ne débarbouille pas les nègres. — L'Alcazar POLITIQUE. — Les clubs de femmes. — Les caveaux de l'église Saint-Laurent. — Prise du fort d'Issy. — Mystérieuse affaire. — M. Thiers parle dans le vide. — Rossel demande Mazas et prend le chemin de fer. — Allix encellulé. — La musique de la Commune et l'Opéra de Paris.

De Comité central, nous étions tombés en Commune. De Commune, nous étions descendus en Commission exécutive sous diverses formes. De Commission exécutive, nous voici arrivés au *Comité de salut public.*

Les affaires prendront-elles une nouvelle tournure ? Non. On peut changer les hommes ; on ne change pas les forces.

Journée du 1er mai.

Remplacement de Cluseret. — Une fois le général Cluseret arrêté, il fallait songer à lui trouver un remplaçant. La Commission exécutive porta son choix sur le colonel du génie Rossel, ex-président de la cour martiale. Élève du prytanée de La Flèche et de l'École polytechnique, M. Rossel se trouvait, au moment de la guerre contre la Prusse, capitaine du génie détaché à Bourges. Il avait, à cette époque, l'intention de se faire journaliste, et avait déjà écrit au *Temps*, sous le pseudonyme de Randal, des articles stratégiques; après la bataille de Wissembourg, il publia un plan défensif dans le même journal. Mais, laissant la plume, il demanda un service actif et fut placé à Metz dans l'état-major du génie. Il s'évada de cette ville et alla offrir ses services à Tours, où on le fit colonel en le chargeant d'organiser un camp à Nevers. A la paix, il donna sa démission, en prétextant qu'il ne pouvait servir sous des généraux qui avaient capitulé.

De plus, Rossel était très-énergique. Un homme qui ne parle que de fusiller tout le monde devait plaire à l'Hôtel-de-Ville. On le nomma délégué provisoire à la guerre.

Entrée en fonctions de Rossel. — Pour inaugurer

dignement son arrivée aux affaires militaires, le successeur de Cluseret — qui en était le rival ambitieux — se crut obligé de produire quelque coup d'éclat. Aussi, le matin du 1er mai, voyait-on, sur tous les murs de Paris, d'immenses affiches avec ces mots en caractères énormes :

SOMMATION.

C'était une lettre du major de tranchées devant Issy, M. Leperche, sommant le fort d'avoir à se rendre dans un *délai d'un quart d'heure.*

Un peu plus bas, on lisait cette réponse... à tout casser :

RÉPONSE.

Paris, le 1er mai 1870.

Au citoyen Leperche, major des tranchées, devant le fort d'Issy.

La prochaine fois que vous vous permettrez de nous envoyer une sommation aussi insolente que votre lettre autographe d'hier, je ferai fusiller votre parlementaire, conformément aux usages de la guerre.

Votre dévoué camarade.

Signé : Rossel,
Délégué de la Commune de Paris.

Cet effet mélodramatique produisit l'impression désirée, et les fédérés augurèrent bien de l'avenir.

Issy. — Dans la nuit, la Commune avait envoyé des renforts à Issy, sous le commandement du général Eudes, pendant que Rossel faisait arrêter Mégy, commandant du fort, et le remplaçait par le capitaine Dumont, un homme, dit l'*Officiel,* sur l'énergie duquel on peut compter. On avait cru pouvoir aussi compter sur celle de Mégy !

Lorsque les Versaillais viennent sommer le fort d'Issy réarmé de se rendre, Eudes refuse, déclarant qu'il le ferait sauter plutôt. Aussi la canonnade recommence-t-elle furieuse contre cette position.

Barricades. — Le citoyen Gaillard père, cordonnier de profession, est chargé de la construction des barricades devant former une seconde enceinte en arrière des fortifications, et d'établir trois citadelles : au Trocadéro, aux buttes Montmartre et au Panthéon.

Les obus. — Les batteries assiégeantes se rapprochent tellement du côté de Clichy, que des obus tombent dans le cimetière Montmartre, à côté de la tombe d'Henri Murger, au moment où quatre convois de gardes nationaux y étaient conduits.

Personne n'est atteint.

La Commune à l'église. — Le citoyen Dereure, membre de la Commune, afin de montrer sa sollicitude pour les clubistes de son arrondissement, les autorise à tenir leur réunion dans l'église Saint-Bernard de La Chapelle.

Les Enfants du père Duchêne. — Le journal le *Père Duchêne* forme, à la mairie du 1er arrondissement, un bataillon de volontaires nommé les *Enfants du père Duchêne.* On y est admis depuis l'âge de dix-sept ans.

Le drapeau porte cette inscription triviale, qui fait, paraît-il, en 1871, le bonheur des *bons bougres* de patriotes :

VIVE LA COMMUNE!

FOUTRE!

En deux jours, trois hommes viennent s'enrôler, et encore c'étaient des compères!...

Autre création. — Un corps de francs-tireurs s'organise sous le nom d'*Éclaireurs-Bergeret.* Les officiers portent à la boutonnière des rosettes d'officiers de la Légion-d'Honneur, comme signe de ralliement.

Autre corps. — Les *Vengeurs de Flourens* sont formés avec des hommes sur lesquels la Commune peut compter pour toutes les missions difficiles. Ce sont des journaux *bien pensants* qui l'affirment.

Guerre aux journaux. — Suppression des journaux la *Paix* et l'*Écho du Soir,* sans mention à l'*Officiel.*

Les clubistes. — Les clubistes qui se réunissent à la *salle* Nicolas-des-Champs (église Saint-Nicolas-des-Champs) votent des propositions d'un radicalisme effrayant. Ainsi, un citoyen Sens — on ne peut pas mieux mentir à son nom — demande :

1º Le rétablissement de la loi des suspects *sur preuves morales;*

2º Des assises communales où les électeurs pourront *toujours* citer leurs mandataires ;

3º Que tout négociant qui suspendra son commerce par *manque de confiance en la Commune* perdra ses droits civiques, et ne pourra *plus jamais exercer sa profession;*

4º Que tout citoyen qui refusera de servir la République les armes à la main *sera fusillé.*

Et cela a été voté à l'unanimité par les assistants! de même, d'ailleurs, que la mort de l'archevêque de Paris!

Journée du 2 mai.

Comité de salut public. — Un décret de la Commune que rien ne faisait prévoir, que rien n'avait annoncé, apparaît à l'*Officiel :*

Un Comité de salut public, y est-il dit, sera immédiatement organisé. Il sera composé de cinq membres nommés par la Commune, et les pouvoirs les plus étendus sur toutes les délégations et commissions lui sont donnés. Il ne sera responsable qu'à la Commune.

C'est au citoyen J. Miot qu'on doit ce décret. Il n'a pas trouvé la Commission exécutive à la hauteur des circonstances; il la voit négligente, molle, reculant devant les mesures radicales et énergiques que réclame la situation.

Il déposa cette proposition à la séance du 28 avril, et pendant trois jours elle occupa la Commune, qui ne s'est jamais tant appesantie sur une même question, quoiqu'il s'en soit présenté qui eussent tout autant d'importance.

Ces mots : « Comité de salut public, » ont d'abord effrayé ; la Commission exécutive y a vu une mise en accusation indirecte; quelques membres ont déclaré la proposition impraticable ; d'autres y ont vu un inutile plagiat de 93. Comme toutes les propositions possibles déposées, celle du citoyen J. Miot engendre une foule d'amendements : l'un demande l'établissement d'un comité exécutif; l'autre, d'un comité directeur; un troisième le veut de trois membres; un quatrième, de neuf. Enfin, le projet mis aux voix donne, pour le vote au sujet du titre :

Comité de salut public. . . . . . 34 voix.
Comité exécutif . . . . 28 voix.

et pour l'ensemble, sur 68 votants (1) :

(1) Voir à la note *J* les curieux votes motivés de chacun des

```
Pour . . . . . . . . . . . . . . . 45
Contre . . . . . . . . . . . . . . 23
```

La Commune, ayant discuté cette grave question à huis-clos, ne voulait pas que les comptes-rendus de ces trois séances fussent rendus publics. Mais sur les observations qui lui furent présentées, elle se décida à revenir sur sa détermination, et l'*Officiel* des 3 et 4 mai donna le détail de ce qui s'était passé dans le *Sanctum sanctorum* des 28, 30 avril et 1er mai.

Sont nommés membres de ce comité de salut public les citoyens :

Antoine ARNAUD, Léo MEILLET, RANVIER, F. PYAT et Charles GÉRARDIN.

Comme on le voit, l'auteur de la proposition n'eut pas la récompense qu'il pouvait espérer, et on ne l'élut pas au *quinquemvirat*; en revanche, on y remarque F. Pyat, à qui ses collègues, pour le punir d'avoir dernièrement donné une démission regardée comme une désertion, ont joué le mauvais tour de le mettre tout à fait en avant.

Quand il sera au bout du fossé, comment fera-t-il pour éviter la culbute ?

La caisse s'emplit. — Les compagnies des chemins de fer de l'Est, d'Orléans et de Lyon versent entre les

membres de la Commune. C'est un document plein d'intérêt historique où chaque personne s'est un peu peinte elle-même.

mains du trésorier de la Commune les sommes qui leur ont été réclamées. Total de la recette du jour : 1,422,000 francs.

La compagnie du chemin de fer de ceinture, oubliée dans le premier arrêté, reçoit sommation d'avoir à s'exécuter comme les autres.

Bulletin de la guerre. — Occupation par les Versaillais du château d'Issy et de la gare de Clamart. Trois cents fédérés prisonniers.

L'abord des buttes Montmartre est gardé par des sentinelles. Les obus y tombent toujours.

Comment finit la manifestation franc-maçonnique. — L'*Officiel* du matin de ce jour contient cette note laconique :

Les francs-maçons de tous les rites sont convoqués mardi 2 mai, à deux heures très-précises, place de la Concorde, pour aller reprendre les bannières arborées sur les remparts de Paris, et que le feu de Versailles n'a pas su respecter.

Journée du 3 mai.

Paris port de guerre. — Le rêve de Paris a toujours été d'être *port de mer;* mais la Commune va plus loin : elle en fait un port de guerre. Ne croirait-on pas qu'il s'agit en effet d'une flotte formidable en lisant cet ordre du Comité de salut public :

Tous les marins, fusiliers et matelots incorporés dans les compagnies de la garde nationale se mettront dans les vingt-quatre heures à la disposition du délégué à la marine.

Les marins fusiliers seront immédiatement organisés en compagnies de débarquement.

Le délégué à la marine prendra dans les cadres des bataillons des marins de la garde nationale les officiers, sous-officiers et matelots capables, nécessaires à la composition des équipages de la flottille de la Seine.

Toujours pour la caisse. — Le citoyen Cournet, délégué à la sûreté générale, dans l'intérêt de l'approvisionnement *et des recettes communales*, réorganise ou plutôt désorganise le service du factage des halles, qui rentre désormais tout entier dans la direction des perceptions de la Commune.

L'artillerie en désarroi. — Le colonel Rossel a tellement à faire sans doute, qu'il néglige complètement le service de l'artillerie. Aussi, des contre-temps se produisent-ils à chaque instant dans ce service et dans celui des munitions. Le citoyen Avrial, directeur général du matériel, s'en plaint dans une affiche et rappelle les signatures sur le vu desquelles les pièces et les munitions doivent être livrées. Il ne se doute pas, le citoyen Avrial, que sa plainte dénonce au public le gâchis de l'administration communale.

Une intrusion à l'Officiel. — Le service de l'*Offi-*

ciel est aussi bien surveillé que celui de l'artillerie, et ce qui le prouve, c'est la note suivante :

Les citoyens May, l'un intendant général et l'autre intendant divisionnaire, révoqués pour motifs sérieux, ont trouvé moyen de faire insérer dans le *Journal officiel*, en l'absence du directeur, un panégyrique de leurs actes, qui est un faux d'un bout à l'autre.

Une enquête est ouverte.

*Le membre de la commission de la guerre,
chargé du contrôle de la manutention,*
G. TRIDON.

Il ne manque cependant pourtant pas de journalistes dans la Commune; mais chacun d'eux ayant son journal, se soucie fort peu de prêter ses lumières à la direction de l'*Officiel,* qui va comme il peut, c'est-à-dire très-mal.

Les ordres de Rossel. — Le délégué à la guerre voulant réprimer quelques licences que se permettaient les officiers fédérés avec les Versaillais, leur interdit toute communication avec l'ennemi ; et comme l'envoi d'un parlementaire peut servir à couvrir une ruse de guerre, il défend d'interrompre le feu pour le recevoir, quand même l'ennemi aurait interrompu le sien.

De plus, comme il ne veut pas que le public soit renseigné sur ce qui se passe aux remparts et aux forts, l'officier ou l'employé qui aura publié un document quelconque pouvant donner quelques éclaircissements sur les événement militaires sera révoqué et emprisonné.

Arrestations. — Piazza, chef de la 14ᵉ légion, est arrêté. On ne dit pas pourquoi. Piazza est celui qui fit le 22 janvier et qui donna ainsi le signal du mouvement qui se termina à l'Hôtel-de-Ville.

Trois correspondants de journaux anglais, en relations avec Cluseret, sont arrêtés.

Suppression de journaux. — Cette fois, c'est le tour de la *Nation souveraine*, un journal républicain qui a le malheur de critiquer la Commune.

Les boulangers en révolte. — Trois mille boulangers de la société dite de *Saint-Honoré* vont demander à l'Hôtel-de-Ville qu'on les laisse libres de discuter leurs intérêts.

« Et l'aristocratie du ventre! » leur répond Vermorel, lequel, comme on sait, a encore moins de ventre que d'aristocratie.

Chaire et tribune. — Ouverture, dans l'église de Saint-Michel, rue Saint-Jean, à Batignolles, du club de la *Révolution sociale*. Plusieurs membres de la Commune sont présents :

« Le bureau était disposé juste en face de la tribune : la chaire, naturellement. »
(Journal officiel.)

L'orgue ouvre la séance par l'air de *la Marseillaise*, chantée tout au long par les citoyens et les citoyennes. Une écharpe rouge est attachée à la chaire, « *transformée désormais en une tribune populaire.* »

Tribunaux. — Première audience tenue par M. Voncken, président des référés. Pas un avoué de présent. Plusieurs affaires sont jugées tant bien que mal.

Les juges d'instruction sont installés et préparent les affaires destinées au prochain jury d'accusation.

Accusés et témoins sont entendus par eux.

La Commune en séance. — Le citoyen Paschal Grousset est dans la jubilation. Il a reçu des nouvelles de la province : dans presque toutes les villes, la liste radicale a passé, et à Lyon l'insurrection est triomphante.

Enivré par ce triomphe, M. Paschal Grousset s'écrie : « L'Europe commence à comprendre le mouvement et *se prépare même à le soutenir.* »

Encore un peu, et il annoncerait à ses collègues que les rois et les empereurs ont abdiqué en faveur de la Commune. Aussi, il ne serait pas étonné « que, vu le résultat des élections, l'Hôtel-de-Ville ne reçût des communications de Versailles ; mais lorsque Thiers enverra ses parlementaires pour traiter, il faudra les renvoyer d'où ils viennent. Assez de conciliateurs comme cela ! »

Devant de pareilles fanfaronnades, on se demande si les membres de la Commune disaient de bonne foi toutes ces absurdités, ou si ce n'était pas une comédie qu'ils jouaient pour Paris.

La séance continue par un véritable pot-pourri, où on entremêle des discussions sur la pension à accorder à la *pauvre* mère de l'*innocent* Nourri; sur l'appropriation par la Commune des biens communaux; sur le Mont-de-Piété, sur les tabacs, sur le livre d'or, sur la saisie des pains, etc.

On va de l'une de ces questions à l'autre, pour revenir à la première, et discuter tout à coup la cinquième, sans ordre, sans raison; aussi, chacune de ces discussions finit-elle par être renvoyée à un jour meilleur, sauf une, celle ayant trait à la proposition du citoyen Andrieu, qui demande — pour éviter la confusion — la formation d'un registre sur lequel les propositions seront inscrites par ordre de date, pour être discutées ensuite.

Voilà une mesure dont le besoin se faisait furieusement sentir à l'Hôtel-de-Ville.

Les contre-chouans. — Versailles a ses *chouans*, dit l'Hôtel-de-Ville. La Commune aura ses contre-chouans: pantalon-jupon bleu, veste noire, képi noir avec liserés jaunes, et ceinture mi-rouge, mi-blanche. Ce bataillon est en partie composé de jeunes gens de dix-sept à vingt ans.

Le couvent de Picpus. — Trois sœurs séquestrées comme folles; instruments de tortures; traité d'avortement; squelettes : voilà ce que la Commune prétend avoir découvert ce jour dans le couvent de Picpus. De là, grand scandale que la Commune a tout fait pour propager, afin d'y trouver une excuse aux procédés arbitraires et terroristes qu'elle a employés vis-à-vis de tous les religieux, à quelque catégorie qu'ils appartiennent.

La rue Picpus devient un pèlerinage; chacun veut aller voir les vestiges *des crimes* qui ont dû s'y commettre.

Les commentaires circulent dans la foule : des religieuses ont été arrêtées; une instruction est commencée, et on saura bientôt *toutes les horreurs* qui se son passées dans ce couvent.

Les journaux publient à foison des articles sur ce sujet, et nous donnons à titre de documents la version du *Vengeur,* puis celle de l'*Univers,* ainsi qu'une lettre adressée au *National* par d'anciennes pensionnaires de Picpus.

Nous aurions bien renvoyé ces récits dans les documents placés à la fin du volume; mais l'intérêt tout de chronique de cet événement lui assigne sa place ici.

Les séquestrées de Picpus.

Récit du *Vengeur.*

Une femme âgée de cinquante ans, nommée en religion Bernardine, aurait été enfermée depuis dix ans dans une sorte de cage si petite, que lorsqu'elle laissait tomber son aiguille, elle ne pouvait se baisser pour la ramasser. Là on lui apportait sa nourriture, mais non tous les jours. On la frappait en outre fréquemment, et ce devait être la même personne qui lui infligeait les punitions, car la victime la désigne sous ce titre : *Elle*. Ce mot est d'ailleurs prononcé avec une terreur enfantine, et sœur Bernardine nous apprend, en imitant le mouvement de son bourreau, que l'exécution ne cessait que par suite de la fatigue de l'exécuteur.

L'interrogatoire qu'on a fait subir à cette religieuse avec toutes les précautions que réclame son état mental, et dans ses trop rares intervalles de lucidité, a établi que le principal motif de cette persécution était le désir de cette infortunée de revoir sa famille. Son père se nommait Antoine Fanger et demeurait à Bourg-Argental, près Saint-Étienne. La pauvre femme demande à tous les visiteurs des nouvelles de sa famille et de son pays.

Sur la promesse qu'elle n'avait rien à craindre des sœurs, elle finit par avouer qu'elle avait souvent pensé au mariage, surtout depuis son entrée au couvent, quand elle était encore jolie. C'est alors qu'elle avait connu un père Raphaël, qui paraît lui avoir inspiré un véritable amour. Et comme on lui demanda si cette affection était partagée. — Oh! oui, il m'aimait bien, répondit-elle.

A toute force, elle voulait quitter le cloître. Toutes les sœurs, après lui avoir vainement démontré que c'était une tentation du diable, lui dirent de s'en aller. On lui fit quitter ses vêtements monastiques ; on la fit sortir par une porte dérobée, passer par un jardin, et on l'enferma dans ce cachot, d'où les gardes du 73e bataillon l'ont délivrée.

On peut voir la prison, le chenil où trois femmes étaient

martyrisées par leurs compagnes depuis dix ans ; on peut se faire montrer la couronne de fer, le corset de fer *sans bourrelets aucuns*, enfin tout l'appareil digne d'une succursale de l'inquisition. Les perquisitions ont amené la découverte d'ossements, de deux cents robes et costumes de toute sorte, d'un souterrain communiquant avec un établissement de religieux de l'autre côté de la rue, du *Traité de l'avortement,* du père Bousquet, capucin, trouvé chez la supérieure, etc.

Eh bien ! une sœur a eu le triste courage de soutenir, avec le plus grand sang-froid, que ces instruments de torture étaient des instruments d'orthopédie ; que des trois sœurs enfermées, deux n'étaient que des misérables folles, et que la troisième, sœur Stéphanie, avait été justement punie : elle avait l'esprit d'indépendance.

Il y a dans ces maisons une faute qu'on ne pardonne jamais : c'est la désobéissance.

Récit de l'*Univers.*

Après s'être évertués à chercher sans succès des souterrains où douze à quinze mille chassepots ont, dit-on, été déposés, les gardes nationaux ont découvert dans un de ces établissements trois pauvres filles aliénées, mais inoffensives, auxquelles les religieuses donnaient leurs soins. Ayant besoin d'air et de liberté, ces aliénées habitaient un petit pavillon d'assez pauvre apparence, avec cave au-dessous et grenier au-dessus.

Ce pavillon est situé à l'extrémité d'un jardin, où elles pouvaient prendre l'air et l'exercice nécessaires à leur malheureux état. Afin d'empêcher qu'elles pussent se nuire ou se frapper la nuit, deux des lits étaient entourés d'une grille en bois sans clé.

L'une d'elles, au dire des citoyens, aurait témoigné le désir de sortir du couvent ; c'était, du reste, sa monomanie.

Après l'avoir interrogée, sans que les religieuses eussent le droit d'assister à cette séance, on a cru devoir l'emmener, et la conduire où ? dans une caserne du faubourg !..

Le lendemain, sans prévenir personne, et sans laisser aux religieuses la liberté de s'approcher des aliénées, on a réussi à en emmener une seconde ; la troisième s'est échappée deux fois, au moment où l'on allait lui faire franchir la porte du couvent, et s'est retirée, toute tremblante, dans l'intérieur de la communauté.

Pour intéresser le peuple en faveur de ces infortunées, que l'on a soustraites à leurs habitudes bien différentes de celles d'une caserne, après avoir défoncé la cave sur laquelle est situé le pavillon qu'elles habitaient, on a fait accroire aux visiteurs que c'est dans cette cave qu'elles vivaient depuis dix ans et plus. Pendant trois jours, une affluence considérable a violé le seuil de cette maison de retraite et de prière, pour aller voir ces prétendus cachots. Comme toute liberté a été donnée à la foule, elle est montée dans un grenier où l'on avait déposé, depuis quinze à vingt ans, des lits orthopédiques, employés par l'ordre des parents, pour le traitement de la taille de quelques élèves ; personne parmi la foule ne connaissant l'usage de ces lits, on a conclu et débité les choses les plus absurdes et les plus outrageantes.

Mardi 2, le concours du peuple, plus nombreux encore que les deux jours précédents, a envahi non seulement les jardins, mais l'établissement tout entier, sans que les gardes nationaux de faction pussent l'empêcher de forcer les portes et les fenêtres, et de se précipter par toutes ces ouvertures, avec un tumulte effroyable. Ce n'est pas sans peine que deux délégués de la Commune, arrivés au moment de l'envahissement, sont parvenus à faire évacuer.

Pour donner un nouvel intérêt à cette visite, on avait placé sur le passage du peuple deux têtes de mort, que les fouilles de la nuit précédente avaient fait découvrir dans un lieu qui a été autrefois un cimetière; elles pouvaient être enterrées depuis deux cents ans.

Lettre adressée au *National*.

En réponse à votre article du dimanche 7 mai, que vous terminez ainsi : « Il faut que la lumière se fasse sur tous les lugubres récits concernant le couvent de Picpus... » nous croyons devoir vous envoyer une protestation qui est déjà insérée dans le grand *Moniteur universel* d'hier ; et en y ajoutant quelques petits détails, nous vous prions de la reproduire dans votre honorable journal.

Les anciennes élèves du couvent de Picpus, présentes à Paris, protestent toutes contre les assertions calomnieuses émises par le *Mot d'Ordre* et le *Cri du Peuple* sur les religieuses dites « les Dames-Blanches. » Ces élèves sont prêtes à se porter témoins dans les informations de la justice.

Nous affirmons que les sœurs Victoire, Bernardine et Stéphanie étaient attaquées d'aliénation mentale depuis nombre d'années, et que c'est par suite d'accès réitérés qu'elles ont dû être séparées du reste de la communauté et placées dans un pavillon aéré, chauffé, de plus de 2 mètres 30 de hauteur sous plafond, et situé au milieu du jardin, où elles avaient un libre accès.

Quant aux instruments supposés de torture trouvés entassés dans un grenier au-dessus d'une chapelle dédiée à Sainte-Anne, nous les reconnaissons pour des lits orthopédiques, avec accessoires, sur lesquels ont été traitées nos compagnes affectées de déviation.

Pour le petit berceau trouvé dans le même grenier, ce n'est autre chose qu'un jouet d'enfant (d'environ 45 centimètres de longueur).

Les ossements exhibés proviennent de la portion de la propriété située sur l'emplacement d'un ancien cimetière. A différentes époques déjà, après des fouilles motivées par la réédification de la chapelle et autres travaux, nous avons vu extraire des ossements.

> Augustine GOURDELLIER, directrice d'institution, 22, rue Saint-Sauveur. — Marie LANGLOIS, femme LOZIER, 24, rue Folie-Méricourt. — Justine LANGLOIS, femme DROUET, même adresse. — Juliette THIBAULT, femme VASSEUR, même adresse. — Anaïs de SAINT-HILAIRE, institutrice, 78, rue du Faubourg-Saint-Honoré. — Lucy de SAINT-HILAIRE, institutrice, même adresse. — Hortense VAILLANT, institutrice, 16, boulevard des Filles-du-Calvaire. — Armandine MONNIER, modiste, 5, rue Neuve-Saint-Augustin. — Célina VIBIEN, femme CARBONNIER, 11, rue Neuve-Popincourt, etc.

Il résulte d'informations précises que le seul tort des sœurs de Picpus est d'avoir gardé dans leur couvent trois pauvres filles, au lieu de les avoir fait mettre dans des asiles d'aliénés, où c'était leur place.

La Commune n'a pas eu le temps de faire une instruction.

Journée du 4 mai.

Le Livre d'or de la Commune. — Un gouvernement démoc-soc ne peut pas songer à distribuer de vains hochets de gloire, comme dirait M. Prud'homme, à ceux qui se distingent à son service. Comme, d'un autre côté, la vanité humaine a besoin d'être caressée et le courage stimulé par l'amour-propre, la Commune décrète :

Un registre sera ouvert dans les mairies de chaque arrondissement.

Ce registre aura pour but l'inscription des noms de tous les citoyens qui se seront distingués en combattant pour la défense de la République et des libertés communales.

La Commune de Paris.

Ces registres n'ont jamais été ouverts, et cela n'a peut-être pas été un mal pour les citoyens inscrits, car les vaillants défenseurs de ce gouvernement sont les ennemis déclarés des autres, et de telles preuves peuvent motiver des représailles toujours rigoureuses.

Cependant, ce n'est pas seulement des inscriptions que la Commune a offert pour encourager ses défenseurs. Cluseret et Delescluze ont donné des révolvers d'honneur, et la Commune a voté sur la proposition de Mégy, commandant du fort d'Issy :

« L'offre d'un sabre d'honneur au courageux maréchal-des-logis Manuel. »

Toujours la Commune et les boulangers. — Les boulangers n'ayant pas tenu compte du décret de la Commission exécutive, interdisant pour eux le travail de nuit, la Commune arrête :

Art. 1er. — Toute infraction à cette disposition comportera la saisie des pains fabriqués dans la nuit, qui seront mis à la disposition des municipalités, au profit des nécessiteux.

Le commerce. — La Commune essaie de galvaniser le commerce parisien, qui n'existe plus qu'à l'état de souvenirs et de regrets :

Voulant, autant que possible, concilier les nécessités de la défense avec les intérêts commerciaux de la France et de l'étranger :

Art. 1er. — La sortie des marchandises de toute nature est autorisée à partir de ce jour.

Art. 2. — Sont exceptés de cette disposition les vivres, farines, liquides ou denrées alimentaires, les équipements militaires, armes et munitions de guerre.

On a prétendu aussi, nous devons tout dire, que cet arrêté avait été imposé par les Prussiens.

Le Muséum et la Bibliothèque. — Le délégué de

la Commune à l'enseignement, le citoyen Vaillant, lance les arrêtés suivants :

Le citoyen Ernest Moullé est délégué en qualité de commissaire administratif près le Muséum d'histoire naturelle.

Il s'entendra avec le directeur et les professeurs pour la prochaine reprise des cours, veillera à la conservation du matériel, des collections, etc., et prendra toute mesure utile destinée à garantir les intérêts du public et ceux de l'établissement.

Dans le plus bref délai, il devra présenter un rapport indiquant les améliorations à apporter dans le service.

—

Le Citoyen B. Gastineau, délégué à l'inspection des bibliothèques communales, est chargé de faire rouvrir la bibliothèque de l'Institut, dite Mazarine, et de la diriger.

Déguisement. — Plusieurs escadrons de cavalerie de la Commune sont habillés avec des uniformes de hussards bleus et de cavaliers de remonte trouvés dans les magasins de la guerre. Économie pour Paris, trompe-l'œil pour Versailles.

Transformation des huissiers. — Les avoués ayant brillé par leur absence à l'audience des référés, le délégué à la justice autorise les huissiers à les remplacer.

Changement de domicile. — L'*Officiel* publie l'avis suivant :

La Commune se transportera, aussitôt que possible, dans un local convenable, et admettra le public à ses séances. Les citoyens Billioray et Courbet sont chargés de trouver ledit local et de le proposer à la Commune.

Cet *aussitôt que possible* n'est jamais arrivé!

L'enseignement. — Si la Commune a de l'argent pour payer ses gardes nationaux, elle n'en a guère pour le paiement des instituteurs et des institutrices. Il est vrai que cette profession lui est moins utile pour le moment que celle d'artilleur. Ce sont les municipalités qui sont chargées du soin de rétribuer les instituteurs.

Rapports militaires. — L'*Officiel* continue à publier des rapports qui sont la joie des gardes nationaux sédentaires et la tranquillité de leur famille :

Asnières. — *Deux heures.* — Combat vif, ennemi repoussé.
Neuilly. — *Quatre heures.* — Combat d'artillerie; excellent succès pour les fédérés.
Vanves, Issy. — *Trois heures.* — Bombardement jusqu'à huit heures. Ruraux repoussés vigoureusement.
Montrouge, Bicêtre. — Attaque versaillaise côté Bagneux ; ennemi repoussé.

Le Moulin-Saquet. — Pendant que la population parisienne lit ces dépêches, les Versaillais s'emparent du Moulin-Saquet, redoute située à l'extrémité sud-est du plateau de Villejuif, et dominant toute la plaine jusqu'à la Seine.

D'après les journaux de Versailles, cette affaire est due à l'intelligence du général Lacretelle et à la bravoure de ses troupes; d'après les journaux de la Commune, comme tous les échecs qu'elle a subis, elle est le résultat d'une trahison (1).

Toujours est-il que les Versaillais, après avoir occupé le Moulin-Saquet, l'abandonnent par la raison que ce n'est pas une position tenable lorsque l'on n'est pas maître des forts, ce qui permet aux fédérés de le réoccuper avec le 133ᵉ bataillon, commandant Quiniou.

Cette affaire a coûté à la Commune deux cents hommes tués et trois cents prisonniers appartenant aux 55ᵉ, 20ᵉ et 177ᵉ bataillons, plus dix canons.

La vérité sur ce fait militaire, si tant est qu'on peut la débrouiller, serait que des gardes nationaux en libations dans le village de Vitry auraient livré le mot d'ordre qui, rapporté au capitaine du 74ᵉ d'infanterie, lui suggéra l'idée de surprendre, la nuit, la garnison de la redoute; cela réussit on ne peut mieux.

De ce jour, le colonel Rossel commence à être mis

---

(1) Voir à la note *K* les versions diverses de l'affaire du Moulin-Saquet.

en suspicion par le Comité central de la garde nationale, qui voyait avec déplaisir s'accroître l'autorité du délégué à la guerre.

Rossel prend les devants. — Est-ce habileté? Est-ce effet du hasard? Est-ce sincérité? Mais Rossel, le même jour de la prise du Moulin-Saquet, va, à cinq heures du soir, à la Commune dénoncer des ordres donnés par le Comité de salut public à des généraux et des officiers sous son commandement, afin de dégager sa responsabilité des conséquences qui pourraient en résulter.

En même temps paraît une lettre adressée au *Times* dans laquelle Rossel se défend d'avoir demandé un grade à M. Thiers.

Rossel à la Commune. — La Commune tenait sa séance en comité secret lorsque Rossel se présente. Admis à l'honneur de pénétrer dans le secret des dieux, il est soumis à un interrogatoire sévère, et, entre autres choses, on lui demande quels sont les motifs de son organisation de la garde nationale par régiment.

Il répond que la formation par régiment n'est nullement incompatible avec l'organisation par légion. La légion est une unité politique et administrative, correspondant à l'arrondissement. Ce n'est pas une unité tactique, et la preuve, c'est qu'il y a dans Paris une légion composée de sept bataillons et une autre composée de vingt-huit bataillons. Il a eu simplement en vue, en ordonnant la formation de régiments, le groupement d'un petit nombre de bataillons appartenant à la même légion, et formant ainsi, sous le nom de régiment ou demi-brigade, de véritables unités tactiques.

Malgré les bonnes raisons données par le citoyen Rossel, cette organisation ne s'est jamais effectuée.

Un odieux abus. — Ainsi commence un avis du ministère de la guerre, qui dénonce un trafic qu'on ne comprend guère, puisque les habillements et les équipements sont fournis par la Commune :

Un abus odieux, qui est un vol à la nation, a lieu trop souvent dans la cité.

Des hommes indignes du nom de gardes nationaux revendent, à des complices plus coupables encore, les équipements et les habits qui sont la propriété du peuple.

Nous avertissons ces effrontés trafiquants que leurs marchés sont nuls et non avenus, et que ceux qui s'y livrent s'exposent non seulement à voir saisir les objets illégalement achetés, mais à être poursuivis selon toute la rigueur des lois.

Les municipalités, les chefs de légion et de bataillon sont chargés de l'exécution du présent arrêté.

Les postes. — Les bureaux de tabac doivent se trouver en mesure de fournir à première réquisition des timbres-postes de un à vingt centimes.

Association de la défense communale. — Félix Pyat fait un rêve dans lequel il voit assuré le salut de la Commune. C'est la fusion des sociétés républicaines :

L'alliance républicaine, président Ledru-Rollin.

L'union républicaine, président Dupont de Bussac.

Les *défenseurs de la République,* président Bayeux-Dumesnil.

Le *Comité des vingt arrondissements,* président Briosne.

Le *Comité central de la fédération de la garde nationale,* en une vaste association dite *Association de la défense communale.*

Malgré toute l'envie du citoyen Pyat de voir réussir ce projet, cette fusion, dont la Commune eût certainement profité, n'eut pas lieu.

Nous dirons au lecteur que parmi ces sociétés, celle du *Comité des vingt arrondissements* existait depuis le 5 septembre 1870. Elle a fait le 31 octobre, l'*affiche rouge* le 22 janvier. Beaucoup des membres du Comité central de l'Hôtel-de-Ville et de ceux de la Commune de Paris en ont fait partie.

Autre association. — L'appel suivant est fait par les soins de la Commune, qui partout cherche des partisans :

Tous les BB∴ CC∴ FF∴ CHARB∴ des deux hémisphères, présents à Paris, sont invités à assister à la réunion qui aura lieu jeudi 4 mai, à sept heures et demie du soir, à l'école communale, 14, rue Volta.

Ordre du jour :

Des voies et moyens pour faire cesser la guerre civile.

Défense intérieure. — Les barricades se construisent avec ardeur. On ouvre une tranchée de la rue Pujet jusqu'au-delà du *Bal de la reine Blanche*. La barricade qui s'élèvera derrière cette tranchée commandera la rue Fontaine, la rue Blanche et la rue de Bruxelles.

Au rond-point d'Eylau, on installe une batterie qui aura pour objectif le Mont-Valérien.

Encore un innocent. — Le colonel Boursier, marchand de vins, commandant la 1re légion, est arrêté et emprisonné, et il ne connaît les causes de son arrestation que par le *Rappel*, auquel il adresse la lettre suivante :

De la prison militaire du Cherche-Midi, 4 mai 1871.

Citoyen rédacteur du *Rappel*,

J'apprends ce matin, par la voie de votre estimable journal, la cause de mon arrestation ; je l'ignorais. Je suis donc très-heureux qu'un peu de lumière se soit faite sur ma situation.

Ainsi, je suis accusé d'avoir fait évacuer le palais National par un bataillon de ma légion (le 196e) et d'avoir conduit ce bataillon à la caserne ci-devant Napoléon.

Je suis stupéfait que le Comité de salut public ait pu, sans autre forme de procès, mettre la main, sans lui demander la moindre explication, sur un des plus dévoués serviteurs de la Commune, sur un des hommes du 18 mars, qui, descendu de l'Hôtel-de-Ville le 26, suivant sa promesse au peuple de Paris, n'a cessé de donner le concours le plus absolu, le dévoûment le plus entier à la Commune de Paris, émanation de la plus belle révolution dont la population parisienne puisse se glorifier.

Il est très-vrai que j'ai donné l'ordre aux compagnies de marche du 196ᵉ bataillon d'aller occuper cette caserne; mais cet ordre, je l'avais reçu moi-même, et par deux fois, de l'autorité directe, c'est à dire de la délégation à la guerre.

J'espère donc qu'il n'y a qu'un malentendu, et que mes amis qui m'ont ainsi fait arrêter regretteront la mesure prise à mon égard.

Je vous salue fraternellement.

L. BOURSIER,
Colonel commandant la 1ʳᵉ légion.

Est-ce une mystification ? — Voici une lettre qui a couru tous les journaux comme ayant été adressée à la Commune. Mais il a couru tant de lettres fabriquées, que rien ne nous dit que celle-ci ne soit une plaisanterie :

Citoyen président,

Le patriote Gaillard père ayant demandé dans la soirée d'hier de transporter les rédacteurs, les actionnaires et les abonnés des journaux réactionnaires, je viens à mon tour demander que les royalistes et les bourgeois qui refuseront de s'abonner au *Père Duchêne,* au *Cri du peuple* et au *Vengeur* soient immédiatement traduits devant la cour martiale, fusillés dans les vingt-quatre heures, et leurs biens confisqués au profit de la Commune.

Salut fraternel.

Adeline PROUROUSKA,
96, rue Montmartre.

Libre Paris, le 34e jour de notre rénovation démocratique et sociale.

Au Club Nicolas-des-Champs cette mesure eût été votée à l'unanimité.

Incendie. — Le château d'Issy est incendié. Les Versaillais l'évacuent.

Journée du 5 mai.

Abolition du serment. — La Commune décrète l'abolition du serment politique et du serment professionnel.

Mesure excellente, mais peut-être superflue ; les gens qui tiennent leur serment politique sont rares aujourd'hui, quoiqu'il y ait d'honorables exceptions.

Encore le Comité central. — Rossel, ne se sentant pas assez soutenu par la Commune et voulant se faire un ami du Comité central dont il devine l'antipathie pour sa personne, cherche à se faire de ce Comité un appui en lui demandant son concours, non seulement pour l'administration, mais encore pour la plus grande partie des services d'organisation militaire.

En prévenant les généraux, colonels et chefs de service sous sa dépendance de cet accord, il a le soin de les avertir que cela pourra amener un changement dans le personnel; et il donne pour motif à cette disposition nouvelle les raisons suivantes, dont la dernière est certainement de la plus grande habileté :

L'impossibilité de recruter en temps utile le personnel administratif nécessaire au service;
La convenance de séparer absolument l'administration du commandement ;
La nécessité d'employer de la manière la plus efficace, non seulement la bonne volonté, mais la haute autorité révolutionnaire du Comité central de la fédération.

Rappel à l'ordre. — Le colonel commandant à Issy, le citoyen Wetzel, semble faire bien peu de cas de l'autorité du délégué à la guerre. Il demande des renforts à l'Hôtel-de-Ville, au commandant des marins, sans l'intermédiaire de ses chefs ; aussi le citoyen Rossel, qui ne plaisante pas, lui retire-t-il son commandement.

Ce pauvre fort d'Issy, en voit-il une suite de commandants !

Wetzel est tué trois jours après au même fort.

Les amis de l'ordre. — On a tort d'appeler les hommes anti-révolutionnaires les amis de l'ordre. Parbleu ! ceux de la Commune le sont aussi ; la note suivante de la commission de la guerre le prouve :

Afin d'accélérer les distributions d'effets d'habillement, d'équipement et d'armement nécessaires tant aux officiers qu'aux gardes, et *afin d'introduire l'ordre* et le contrôle dans ce service, il est établi une commission de quarante membres.

Décidément la Commune, sous quelque aspect qu'on la considère, ne présente que l'image du désordre, de la confusion et de la méfiance.

Embargo sur les chevaux. — Aucun cheval ne peut sortir de Paris, ni passer aux avant-postes, à l'exception cependant des chevaux d'officiers généraux et de porteurs d'estafettes munies d'ordres réguliers, ou traînant des convois de vivres, de munitions ou de matériaux.

Tout cheval de selle ou de trait qui cherchera à sortir de Paris entraînera pour son propriétaire une amende triple de la valeur du cheval.

Le cheval partage la captivité du Parisien.

Une brebis galeuse. — Le citoyen Blanchet, membre de la Commune, ne s'appelle pas Blanchet. Ce nom est un pseudonyme sous lequel se cache un certain Pourille, ex-capucin, ex-agent de police, ex-interprète au palais de justice à Lyon, ex-banqueroutier frauduleux dans la même ville. Il est reconnu par les délégués du conseil municipal de Lyon, lorsqu'ils sont reçus à l'Hôtel-de-Ville. Invité par ses collègues à s'expliquer, il avoue tout (1), et après cette confession il est écroué à Mazas, où il est resté oublié. Après cette exécution, les membres de la Commune ont dû se regarder... sans rire.

Les frères incorporés dans la garde nationale. — Un délégué de la Commune, accompagné des inévitables gardes nationaux, vient occuper la maison des frères, rue de Fleurus. On incorpore les frères dans les bataillons de la garde nationale pour les envoyer aux remparts, et leurs écoles sont livrées aux hommes de la Commune.

Journée du 6 mai.

Nouvelle organisation militaire. — Le Comité de salut public arrête :

ART. 1er. — La délégation à la guerre comprend deux divisions :
Direction militaire,
Administration.

(1) Voir à la note L l'intéressant procès-verbal de la séance de la Commune.

ART. 2. — Le colonel Rossel est chargé de l'initiative et de la direction des opérations militaires.

ART. 3. — Le Comité central de la garde nationale est chargé des différents services de l'administration de la guerre, sous le contrôle direct de la commission militaire communale.

et invite le colonel Rossel à répartir les différents commandements militaires.

Le directeur des opérations militaires, obéissant à cette invitation, publie l'ordre suivant :

Le général Dombrowski se tiendra de sa personne à Neuilly, et dirigera directement les opérations sur la rive droite.

Le général La Cécilia dirigera les opérations entre la Seine et la rive gauche de la Bièvre. Il prendra le titre de général commandant le centre.

Le général Wrobleski conservera le commandement de l'aile gauche.

Le général Bergeret commandera la première brigade de réserve.

Le général Eudes commandera la deuxième brigade active de réserve.

Chacun des généraux ci-dessus désignés conservera un quartier à l'intérieur de la ville, ainsi qu'il suit :

1º Le général Dombrowski, à la place Vendôme ;
2º Le général La Cécilia, à l'École militaire ;
3º Le général Wrobleski, à l'Élysée ;
4º Le général Bergeret, au Corps-Législatif ;
5º Le général Eudes, à la Légion-d'Honneur.

Un ordre ultérieur déterminera les troupes que le ministère de la guerre mettra à leur disposition.

Il semblait qu'après une telle réorganisation, l'ensemble et l'ordre étaient revenus dans l'administration militaire. Il n'en était rien : tout était aussi désorganisé que la veille, et le gâchis devait durer jusqu'à la fin. Le gouvernement communal a été plus que tous les autres le gouvernement des ambitions personnelles. Trop de gens se partageaient le pouvoir, et chacun d'eux n'avait qu'un désir : entraver son voisin et accaparer les commandements.

Les iconoclastes de Paris. — Non contents d'avoir ordonné la démolition de la colonne Vendôme et de l'église Bréa, la Commune ordonne encore la destruction de la chapelle expiatoire :

Le Comité de salut public,
Considérant que l'*immeuble* connu sous le nom de chapelle expiatoire de Louis XVI est une insulte permanente à la première révolution et une protestation perpétuelle de la réaction contre la justice du peuple,

Arrête :

Art. 1er. — La chapelle dite expiatoire de Louis XVI sera détruite.

Art. 2. — Les matériaux en seront vendus aux enchères publiques, au profit de l'administration des domaines.

Art. 3. — Le directeur des domaines fera procéder, dans les huit jours, à l'exécution du présent arrêté.

Paris, le 16 floréal an 79.

Le Comité de salut public :
Ant. Arnaud, Ch. Gérardin, Léo Meillet, Félix Pyat, Ranvier.

L'histoire doit conserver, pour les flétrir, le nom de ces hommes, qui n'ont eu aucun respect pour les choses les plus sacrées, qui n'ont reculé devant aucune profanation, aucun sacrilége, qui ont transformé les autels et les chaires en tribunes révolutionnaires où l'on décrétait la mort, et qui ont détruit ce qui rappelait aux générations futures les gloires des générations passées.

Les employés de chemin de fer. — Ils sont peu nombreux, ceux qui ont le privilége d'être officiellement exemptés de la garde nationale. Cependant, les employés et agents de chemins de fer sont de ce nombre; mais il faut que leur présence soit reconnue indispensable aux besoins de l'exploitation et de l'administration.

Le considérant de cet arrêté dit que le service des compagnies de chemins de fer est d'utilité publique, et qu'il importe de ne pas le désorganiser.

Ce n'est probablement pas cette dernière considération qui a fait agir la Commune; les chemins de fer sont imposés par elle, et s'ils ne *roulent* pas... les fonds non plus.

Toujours les Polonais. — Le citoyen Landowski est nommé commissaire de police de la navigation et des ports, à titre provisoire.

A titre provisoire! C'est admirable de naïveté ! Mais

d'où peut bien sortir encore ce Polonais? On les croyait tous généraux.

La Commune en séance. — Les quatre-vingts délégués de la garde nationale, devant former le jury d'accusation, sont tirés au sort.

Il est curieux de relater la proposition faite par le citoyen Miot, le membre de la Commune qui s'est le plus distingué par ses projets de décret :

Art. 1er. — L'emprisonnement cellulaire est supprimé.
Art. 2. — Les détenus seront renfermés pendant la nuit seulement.
Art. 3. — En cas d'emprisonnement préventif, le secret ne pourra durer plus de dix jours.
Art. 4. — A partir de la promulgation du présent décret, le temps d'emprisonnement préventif sera déduit de celui fixé par le jugement de condamnation.
Art. 5. — Toutes dispositions contraires au précédent décret sont abrogées.

J. Miot.

Cette proposition est renvoyée à la commission de justice, qui la met au panier, car elle n'a pas revu le jour.

La Commune revient à l'éternelle question du Mont-de-Piété.

M. Lefrançais s'est abouché avec M. André Cochut, directeur de cet établissement, et il en a obtenu, dit-il, les renseignements suivants :

En fixant jusqu'à 50 fr. le taux des dégagements gratuits, on aurait 1,200,000 articles à dégager, représentant une valeur d'engagement d'au moins 12 millions. On ne peut délivrer, quelque diligence qu'on y mette, que 4,000 articles par jour, ce qui pour les 1,200,000 ferait un laps de temps de douze mois. A 30 francs, on aurait un million d'articles représentant 9 millions et dix mois de travail.

La majorité des membres reconnaît qu'elle s'est engagée dans une mauvaise route en n'écoutant que la voix du cœur, mais puisque la Commune a promis un décret sur les dégagements gratuits, elle doit tenir sa promesse, en se limitant dans sa générosité trop légèrement engagée.

Suppression de journaux. — Les journaux le *Petit Moniteur*, le *Petit National*, le *Bon Sens*, la *Petite Presse*, le *Petit Journal*, la *France* et le *Temps* sont supprimés pour les raisons suivantes trouvées par le citoyen Cournet, délégué à la sûreté générale :

1º Attaques calomnieuses contre la population de Paris et la Commune ;

2º Immoralité publique en diffamant les défenseurs des droits de la Commune ;

3º Excitation à la guerre civile !

Les réacs ! — Le 15ᵉ bataillon de la garde nationale (quartier du Palais-Bourbon) est désarmé. Sur

1,500 hommes dont il se compose, *huit* seulement ont adhéré à la Commune.

Hôtel de M. Thiers. — On a arboré le drapeau rouge sur l'hôtel de M. Thiers ; et quelques jours après on démolissait l'hôtel.

Les Jacobins. — A huit heures du soir, ouverture du *Cercle des Jacobins,* dans le sous-sol de l'église de Vaugirard.

Pour les victimes. — Les membres de la Commune et le citoyen docteur Rousselle avaient organisé un concert au profit des blessés, des veuves et des orphelins. Ce concert eut lieu dans le palais des Tuileries, ouvert depuis deux jours au public, moyennant une rétribution de 50 centimes par personne.

Beaucoup de personnes n'ayant pu se placer et ayant refusé de reprendre leur argent, on leur a donné en compensation une cocarde rouge avec un bonnet phrygien en cuivre.

Le concert se donnait dans la salle des maréchaux. L'affluence de spectateurs était si grande, que la majeure partie n'a rien pu entendre, malgré l'heureuse idée de Mlle Agar, de réciter dans chacun des salons la *Lyre d'airain,* d'Aug. Barbier, et des chanteuses qui se mettaient à deux pour chanter la *Marseillaise.*

La recette fut de 12,000 fr.

Journée du 7 mai.

Décret sur les dégagements gratuits.

La Commune,

Décrète :

Art. 1er. — Toute reconnaissance du Mont-de-Piété antérieure au 25 avril 1871, portant engagement d'effets d'habillement, de meubles, de linge, de livres, d'objets de literie et d'instruments de travail, ne mentionnant pas un prêt supérieur à la somme de vingt francs, pourra être dégagée gratuitement à partir du 12 mai courant.

Art. 2. — Les objets ci-dessus désignés ne pourront être délivrés qu'au porteur, qui justifiera, en établissant son identité, qu'il est l'emprunteur primitif.

Art. 3. — Le délégué aux finances sera chargé de s'entendre avec l'administration du Mont-de-Piété, tant pour ce qui concerne le réglement de l'indemnité à allouer que pour l'exécution du présent décret.

Enfin, la Commune a tenu parole, et elle a mis au monde ce décret dont l'enfantement lui a coûté tan de mal et de séances.

Mais, pour bien des gens, il sera une mystification ou un mythe : le nombre des objets engagés jusqu'à 20 fr. est de 900,000, d'après les affirmations du directeur du Mont-de-Piété, et comme on ne peut en délivrer que 4,000 par jour, cette restitution demandait 225 jours !

Trop de réquisitions. — L'intendance se plaint : à chaque instant, ce sont des réquisitions d'habillement ou d'équipement ordonnées par des chefs de légion, de bataillon ou autres.

Aussi, le délégué à l'intendance interdit-il toutes opérations de ce genre.

Enseignement professionnel. — L'ouverture de la première école professionnelle est annoncée. Elle sera établie dans le local occupé précédemment par les Jésuites, rue Lhomond, 18 (5ᵉ arrondissement).

Les enfants y sont admis depuis douze ans, pour compléter l'instruction qu'ils ont reçue dans les écoles primaires et pour y faire, en même temps, l'apprentissage de la profession qu'ils auront choisie.

Désordre et artillerie. — A chaque instant surgit un nouveau témoignage du désordre qui règne dans l'administration. C'est maintenant le directeur général du matériel d'artillerie qui se plaint :

De graves abus, trop souvent répétés, se sont produits dans l'armement des officiers de la garde nationale. C'est ainsi qu'il a été distribué 50,000 révolvers sans que des états réguliers aient été fournis. Pareil état de choses ne peut se prolonger plus longtemps. A l'avenir, il ne sera plus délivré d'armes que sur état nominatif fait en double expédition, dont l'une restera au bureau de la légion.

Je rappelle aux chefs de légion que les demandes d'armes doivent être adressées aux chefs de compagnie, de bataillon ou de légion, qui les transmettront chaque jour au bureau de l'armement, rue Saint-Dominique, 86.

Le directeur général du materiel de l'artillerie,
AVRIAL.

Un meurtre. — Le colonel Walligrane, chef du 129e bataillon, quoique s'étant bravement conduit pendant le siége, fut révoqué après le 18 mars par le Comité central. Son bataillon protesta contre cette révocation en renommant Walligrane à la presque unanimité.

Aujourd'hui, à quatre heures du soir, place du Château-d'Eau, un commissaire de police vient arrêter le colonel attablé tranquillement dans une brasserie. Walligrane proteste, décroche son révolver; mais le commissaire le prévient, et dans la lutte, tire trois coups de feu. On accourt, on arrête le commissaire, et le malheureux colonel est conduit à l'hôpital.

Nous ne savons ce qu'est devenu le meurtrier.

Situation militaire. — Elle ne peut être mieux dépeinte que par les rimes suivantes, qu'on se passait publiquement dans certain café du boulevard, et qu'un journal imprima :

Ni Wroblewski
Ni Dombrowski
N'ont fait merveille.
L'un perd Issy;
L'autre, Neuilly.

Les persécutés. — Cinq prêtres sont arrêtés pendant la nuit (2ᵉ arrondissement). Ils sont accusés de servir d'espions aux Versaillais et de leur indiquer le mouvement des troupes de la Commune. Des papiers compromettants, ou soi-disant tels, auraient été trouvés cachés dans les vases sacrés à Notre-Dame-des-Victoires.

On ne débarbouille pas les nègres. — Revue de la 2ᵉ légion, composée des 8ᵉ, 10ᵉ, 11ᵉ, 92ᵉ, 100ᵉ, 148ᵉ, 149ᵉ, 181ᵉ et 227ᵉ bataillons de la garde nationale.

Cette revue est passée sur les boulevards Montmartre et Poissonnière, par les délégués de la municipalité du 2ᵉ arrondissement. Les trois premiers bataillons défilent en criant : « *Vive la République!* » les autres, en acclamant « *la Commune.* »

Après le défilé, un journaliste de mes amis s'approche des membres de la Commune en train de serrer leur écharpe rouge, et s'adressant au citoyen Johannard, le complimente sur la tournure martiale des hommes de la légion et sur leurs acclamations républicaines et communales.

« Allons donc, répond Johannard, ce sont tous des réactionnaires... mais, que voulez-vous? on ne débarbouille pas les nègres! »

Quelques jours après, les 8ᵉ et 11ᵉ bataillons étaient dissous et désarmés.

Les frères May. — Une note insérée à l'*Officiel* annonce qu'ils ont été relâchés et qu'ils vont être replacés à l'intendance.

A part les décrets, l'*Officiel*, quand il ne donne pas de fausses nouvelles, passe son temps à se démentir ou à être démenti. (Voir au 3 mai.)

La réunion de l'Alcazar. — Les représentants de l'*Alliance républicaine des départements*, de l'*Union républicaine centrale* et du *Comité des vingt arrondissements* sont réunis, mais en petit nombre, à l'Alcazar. Le citoyen Bayeux-Dumesnil, délégué au 9e arrondissement, préside la séance, assisté de MM. Ulysse Parent et Dujardin.

L'objet de la réunion est de statuer sur ce que pensent les électeurs parisiens de la conduite des députés de Paris qui continuent, dans la situation actuelle, à siéger à l'Assemblée de Versailles, et s'il y a lieu pour la réunion d'affirmer son adhésion à la Commune.

Le résultat de la discussion est la déclaration comme traîtres de tous les députés de Paris, et l'adhésion à la Commune des membres présents.

Ce résultat était prévu d'avance. Toutes les réunions de ce genre n'avaient chance de succès qu'autant qu'elles votaient les propositions les plus absurdes et les plus violentes.

Les clubs de femmes. — Pendant que les hommes

font le coup de fusil aux remparts, les femmes, qui n'ont rien de mieux à faire, s'occupent de politique, et à leur tour organisent des clubs. Et quels clubs !

Les citoyennes du 1er arrondissement se donnent rendez-vous dans l'église Saint-Germain-l'Auxerrois, et la résolution finale qu'elles adoptent est le rétablissement du divorce.

Dans l'église Saint-Ambroise, autre réunion. Le Comité de salut public avait prévenu la mairie du 11e arrondissement de s'y opposer; mais ce que femme veut...

Ici, ce n'est plus le divorce qu'on réclame, mais l'arrestation de tous les prêtres.

Une femme est cependant montée à la tribune et a eu l'audace de prendre éloquemment la défense de la religion. Quand elle a eu fini, elle a été arrêtée et conduite au poste.

Journée du 8 mai.

Justice. — Le Comité de salut public arrête :

Le citoyen président chargé des référés pourra donner mainlevée de toutes oppositions faites sans titre ni permission de juge.

Il donnera mainlevée de toutes celles qui auront été pratiquées en vertu de jugements rendus en violation des décrets, arrêtés ou décisions quelconques promulgués depuis le 18 mars dernier, notamment en matière de loyers et d'effets de commerce.

Rapports militaires. — Il semble que l'*Officiel* réédite les rapports qu'il a déjà donnés il y a quatre jours :

Vanves et Issy. — Nuit assez calme ; journée de même.
Bicêtre. — Journée entièrement calme.
Montrouge. — Versaillais réduits au silence.
Asnières. — Matinée calme.
Neuilly. — Nuit très-calme ; soirée calme sur toute la ligne.

Mesure de prudence. — Le fort d'Issy tient encore, malgré son état de délabrement ; il est toujours occupé par le capitaine Dumont, du 101e bataillon, et le citoyen Rist, ingénieur, répare les avaries avec une grande activité ; c'est, du moins, ce qu'annonce le délégué à la guerre qui, pour éviter une surprise dans le genre de celle du Moulin-Saquet, ordonne :

Il est interdit d'admettre plus de deux hommes à la fois dans l'enceinte des *forts* et *redoutes*, entre le coucher et le lever du soleil, à moins que ce ne soit une troupe annoncée et attendue ; encore doit-elle être soigneusement reconnue et tenue à distance jusqu'au moment où on lui accorde l'accès du *fort*.

Le comité central des femmes. — Non contentes de pérorer dans les clubs, les citoyennes de Paris veulent encore aller aux barricades et sur les remparts, si la réaction forçait les portes. Elles s'organisent en comités formant à leur tour un comité central.

Elles ont des écharpes rouges autour de la taille et publient des manifestes.

Pour elles, qui parle de conciliation est un traître et qui refuse son concours à la Commune est un traître.

Ce ne sont plus des femmes, ce sont des Euménides.

Postes. — Jusqu'à présent, sans doute, les lettres confiées à l'administration des postes étaient bien aventurées ; mais, à partir d'aujourd'hui, cet établissement rappelle au public qu'il a pris des mesures pour assurer le départ journalier des lettres non chargées à destination des départements et de l'étranger. Ces lettres peuvent donc — toujours d'après le délégué aux postes — en toute confiance être déposées dans les boîtes.

On ne se fie guère à cet avis si engageant, et chacun continue à s'adresser, pour le transport de sa correspondance, aux diverses agences établies et qui, moyennant prime, vont mettre les lettres à Versailles, Vincennes et Saint-Denis, et rapportent des réponses et des dépêches.

La Commune en séance. — Les discussions relatives aux faits et gestes du Comité de salut public seront-elles ou ne seront-elles pas publiées ? Les membres de l'Hôtel-de-Ville, qui aiment le mystère, votent *non*.

L'ordre du jour appelle :

1° Le rapport de la commission chargée de trouver un local pour les séances de la Commune ;
2° Une proposition d'Andrieu ;
3° La question Cluseret.

Mais, comme à son ordinaire, l'Assemblée s'égare et discute le nombre de séances que la Commune doit tenir par semaine, la publicité intégrale de ces séances, à propos d'un différend survenu entre le délégué des finances et l'administration de la guerre pour un bon émanant du comité central.

On prévoit un orage au sein de la Commune, dont les membres se séparent sans avoir rien conclu et sans s'être souvenus de l'ordre du jour pour lequel ils étaient rassemblés.

Les caveaux de l'église Saint-Laurent. — Ici, la découverte est plus... *horrible* qu'au couvent de Picpus, d'après les journaux de la Commune. Seize cadavres ont été trouvés enfouis dans la crypte de l'église Saint-Laurent, située sous l'*autel privilégié !* Seize cadavres ! treize de femmes et trois d'hommes, dont la mort remonte au plus à quinze années, au dire des médecins appelés à les examiner.

A cette découverte, on a rappelé le fait d'un homme

qui, s'étant endormi dans la même église, y passa la nuit et entendit des plaintes poussées par une voix de jeune fille. Ce fait, toujours d'après les journaux de la Commune, se serait passé il y a dix ans. Ces plaintes ont-elles été proférées par un des cadavres qui sont là ?.. On ne sait que répondre. L'instruction, commencée par la Commune, ne repose sur aucune base sérieuse ; mais les délégués à la mairie du 11e arrondissement ont, dans tous les cas, profité du scandale excité par cette découverte.

Journée du 9 mai.

Le citoyen Melliet à Bicêtre. — Par arrêté du comité de salut public, le citoyen Léo Melliet, *membre du même comité*, est nommé gouverneur du fort de Bicêtre, et le citoyen Thaller est nommé sous-gouverneur.

Étudier le droit et devenir homme de guerre, après avoir été un homme politique, voilà ce qui peut s'appeler être bon à tout faire.

Prise du fort d'Issy. — A deux heures du soir, on lisait sur les murs de Paris les dépêches suivantes :

COMMUNE DE PARIS.

Midi 1/2.

Le drapeau tricolore flotte sur le fort d'Issy, abandonné hier au soir par la garnison.

Le délégué à la guerre,
ROSSEL.

1 heure.

Le général Brunel, commandant au village d'Issy, est chargé d'occuper les positions du Lycée, en les ralliant au fort de Vanves.

Le délégué à la guerre,
Rossel.

Malgré les bulletins de victoire, malgré le feu éteint des Versaillais, malgré toutes les pertes subies par leurs ennemis, il est donc bien constaté encore cette fois que les fédérés sont battus.

En même temps qu'il faisait afficher cette nouvelle, Rossel envoyait sa démission à la Commune en demandant une cellule à Mazas (1).

Craignait-il qu'à son tour on l'accusât de trahison, après ce nouvel échec des fédérés ? ou Rossel se démettait-il de ses fonctions par suite des difficultés qu'il éprouvait à les remplir, difficultés suscitées par les trois pouvoirs en compétition et cherchant chacun à commander de son côté ?

Rossel est-il réellement traître à la Commune, comme on l'a dit ?

La fuite de Rossel (voir au 10 mai) n'indique peut-être pas une conscience bien tranquille.

Mais ce n'est pas de si tôt que nous saurons la vérité. Il faut attendre avant de juger.

(1) Voir à la note *M* la lettre de démission de Rossel, qui jette quelque jour sur tous les événements auxquels il a été mêlé.

Réquisition de chevaux. — La Commune trouvant qu'il n'est pas possible de former de la cavalerie sans chevaux, et trouvant également qu'il est fort coûteux d'acheter des chevaux, emploie le moyen plus économique de la réquisition.

Le pain. — La Commune de Paris arrête que le prix du kilogramme de pain sera maintenu à 50 centimes.

Loi somptuaire. — La commission de la guerre arrête :

Les officiers ne recevront plus désormais que l'habillement des gardes, plus un képi et les galons de leur grade.
Le galon d'argent est uniquement attribué aux officiers de la garde nationale et de légion.
Le galon d'or est exclusivement réservé à l'état-major des généraux et du ministère de la guerre.

Les membres de la commission de la guerre,
ARNOLD, AVRIAL, DELESCLUZE, TRIDON, VARLIN.

Mystérieuse affaire. — M⁰ Grillet, avocat, était depuis le 18 mars employé au ministère de l'intérieur, par la protection du citoyen Cournet. Il était intimement lié avec M. Félix Belly, ancien rédacteur de la *Presse*, qui pendant le siége de Paris s'était fait une sorte de célébrité amusante en voulant former le corps des amazones de la Seine. Or, M. Belly aurait eu la facilité de connaître des pièces compromettantes pour les hommes du gouvernement du 4 septembre, et aurait commis l'imprudence d'en emporter quelques-unes pour les montrer à diverses personnes, entre autres à Me Grillet.

Or, Me Grillet est appelé, il y a quelques jours, au dehors par une lettre urgente ; il sort, et au bout de quelques instants une dame vient prévenir sa fill qu'il est indisposé. On va dans un hôtel, rue Montmartre, et là on trouve Me Grillet mort, et à côté de lui un étranger. Celui-ci est arrêté, et l'affaire en reste là. Il faut constater aussi que M. Belly, l'ami de Me Grillet, a disparu depuis la mort de l'avocat.

C'est ce qu'a raconté le journal la *Justice,* et personne ne l'a démenti.

Proclamation de M. Thiers. — La proclamation de M. Thiers faisant appel aux hommes d'ordre pour lui livrer Paris, afin d'éviter la prolongation de la guerre civile, produit fort peu d'effet : on est trop abattu, et les fuyards sont trop nombreux. La Commune seule en profite pour surenchérir sur les injures qu'elle publie journellement contre le chef du pouvoir exécutif, ses ministres et ses soldats.

La Commune en séance. — Après le discours du citoyen Delescluze, dont nous donnons ici quelques curieux fragments, les membres demandent le comité secret.

Le citoyen DELESCLUZE. — Vous discutez quand on vient d'afficher que le drapeau tricolore flotte sur le fort d'Issy. Citoyens, il faut aviser sans retard.

. . . .

Je suis allé aujourd'hui à la guerre; j'ai vu le désespoir de Rossel.

. . . .

Déposez aujourd'hui toutes vos haines.

Il faut que nous sauvions le pays. Le Comité de salut public n'a pas répondu à ce que l'on attendait de lui. Il a été un obstacle au lieu d'être un stimulant. Je dis qu'il doit disparaître. Il faut prendre des mesures immédiates, décisives.

La France nous tend les bras ; nous avons des subsistances : faisons encore huit jours d'efforts pour chasser ces bandits de Versailles. La France s'agite ; elle nous apporte un concours moral qui se traduira par un concours actif.

. . . .

L'administration pure et simple de la guerre a été confiée au Comité central. Qu'en a-t-il fait ? Je n'en sais rien. Mais, enfin, si le Comité central, acceptant la situation qu'on lui a faite, veut aider le travail qui doit se faire maintenant pour réunir les éléments épars de la défense de Paris, que le Comité central soit le bienvenu. Votre Comité de salut public est annihilé, écrasé sous le poids des souvenirs dont on le charge, et il ne fait même pas ce que pourrait faire une simple commission exécutive.

Voici encore un membre du pouvoir qui constate le manque d'unité qui règne au sein du gouvernement communal, et qui se leurre en comptant sur le *concours actif* de la province.

Journée du 10 mai.

Arrestation et évasion de Rossel. — C'était inévitable : Rossel est déclaré traître à la République et renvoyé devant la cour martiale, que la Commune rétablit. A midi, Rossel est arrêté par les ordres du Comité de salut public et enfermé à la questure, où il est confié à la garde du citoyen Gérardin, du 17e arrondissement, membre de la Commune et du Comité de salut public. A cinq heures et demie, le prisonnier et son gardien ont disparu, et toutes les recherches pour les retrouver sont vaines, malgré le zèle que déploie le citoyen Bergeret.

La Commune n'a jamais fait le procès de Rossel ; elle a déclaré à satiété qu'il était un traître, vendu aux Versaillais ; ses journaux l'ont répété sur tous les tons, mais de preuves et de jugement, point.

Il parut quelques jours après un document : *Projet d'acte d'accusation Rossel,* signé Protot et Vermorel, que toutes les feuilles parisiennes et versaillaises reproduisirent, et dans lequel on démontrait que Rossel avait reçu de l'argent de Versailles pour livrer les forts et qu'il voulait en même temps faire un 18 brumaire. Le *Cri du peuple* déclare ce document apocryphe, en disant que ces détails paraissaient émaner d'un agent de Versailles, qui, dans son zèle de nouvelliste, aurait trahi lui-même le secret de ses maîtres *avant que la Commune l'ait découvert!*

Si la Commune ne connaissait pas les projets de Rossel, pourquoi le faisait-elle arrêter?

Autre arrestation. — Le citoyen Jules Allix, l'es-*cargot le plus sympathique de la Commune,* est arrêté sans qu'on sache le motif. Relâché deux jours après, il brise les scellés apposés dans sa mairie. Réemprisonné, il demande des juges; mais on lui envoie un médecin aliéniste, ce dont il a, paraît-il, le plus grand besoin.

Décisions de la Commune. — Le résultat du comité secret de la Commune dans la séance d'hier soir est :

1º De réclamer la démission des membres actuels du Comité de salut public et de pourvoir immédiatement à leur remplacement;

2º De nommer un délégué civil à la guerre qui sera assisté de la commission militaire actuelle, laquelle se mettra immédiatement en permanence;

3º De nommer une commission de trois membres, chargée de rédiger immédiatement une proclamation;

4º De ne plus se réunir que trois fois par semaine en assemblée délibérante, sauf les réunions qui auront lieu dans le cas d'urgence, sur la proposition de cinq membres ou sur celle du Comité de salut public;

5º De se mettre en permanence dans les mairies de ses

arrondissements respectifs, pour pourvoir souverainement aux besoins de la situation ;

6° De créer une cour martiale dont les membres seront nommés immédiatement par la commission militaire ;

7° De mettre le Comité de salut public en permanence à l'Hôtel-de-Ville.

L'Opéra de Paris. — M. Cournet touche à l'Opéra, et c'est pour supprimer son directeur titulaire.

Art. 1er. — Le citoyen Émile Perrin est révoqué.

Art. 2. — Le citoyen Eugène Garnier est nommé directeur du théâtre national de l'Opéra, en remplacement du citoyen Perrin, et à titre provisoire.

Art. 3. — Une commission est instituée pour veiller aux intérêts de l'art musical et des artistes ; elle se compose des citoyens Cournet, A. Regnard, Lefebvre-Roncier, Raoul Pugno, Edmond Levraud et Selmer.

Le délégué à la sûreté générale et à l'intérieur,
COURNET.

On a d'abord cru que M. Garnier était l'architecte de l'Opéra ; mais le protégé du citoyen Cournet n'est qu'un homme de bien moins d'importance : ténor de province, entrepreneur de tournées en province quand il trouve l'occasion d'exploiter quelques artistes de Paris. Mme Ugalde aurait été sa pensionnaire.

Loterie du Mont-de-Piété. — L'opération du dégagement gratuit des objets engagés au Mont-de-Piété étant presque inexécutable, on forme quarante-sept lots représentant chacun les objets engagés pendant une période de quinze jours. Ces lots seront tirés au sort à l'Hôtel-de-Ville (salle Saint-Jean), et les séries sortant seront annoncées par voie d'affiches.

Les dégagements se font rue des Blancs-Manteaux, ex-rue Bonaparte, actuellement rue du 31 octobre, et rue Servan.

Fédération artistique. — L'*Officiel* publie un long rapport de la commission fédérale des artistes (peintres, sculpteurs et graveurs en médailles, architectes, graveurs et lithographes, artistes industriels) au citoyen Vaillant, délégué à l'instruction publique, sur les réformes à apporter dans l'administration des beaux-arts.

Courbet triomphe!...

SECONDE PHASE DU COMITÉ DE SALUT PUBLIC : DELESCLUZE.

CHAPITRE VIII.

Nouveau Comité de salut public. — Avènement de Delescluze. — Un grand complot! — Suppression de journaux. — L'ivresse. — M. Ch. Beslay. — Mort d'Auber. — Motion Franckel. — Justice de M. Protot. — Vésinier à l'OFFICIEL. — Un exploit de Dombrowski. — Proclamation du Dr Rousselle. — Arrestations. — Second grand complot contre !... — Contradictions militaires. — Le club de la Révolution. — La flotte tombée dans l'eau. — Les citoyennes volontaires. — Les singes de 93. — Les cartes de civisme. — Encore des journaux de tués. — Les souricières : agences postales. — Paul Foucher. — Scission dans la Commune. — Cri de détresse à la province. — La propriété de M. Thiers. — Démolition de la colonne Vendôme. — Les commissaires civils. — La réquisition du pétrole. — La cartouchière Rapp. — Propositions à la Commune. — Les squelettes de Notre-Dame-des-Victoires. — Toujours des journaux supprimés. — La lutte du 19 mai. — Démolition de la chapelle expiatoire. — Préméditation incendiaire. — Rochefort en fuite. — Henri IV descendu. — Les brassards tricolores (complot). — Le jury d'accusation. — *Finis coronat opus!* — Dernier mensonge de la Commune. — Entrée de l'armée dans Paris.

Renouvellement du Comité de salut public.

Conformément à la décision de la Commune, il est procédé au renouvellement du Comité de salut public. Sont nommés les citoyens Ranvier, Antoine Arnaud, Gambon, Eudes, Delescluze.

Voilà entre les mains de qui est tombé le pouvoir dictatorial! Ils ne feront pas mieux que leurs devanciers.

Journée du 11 mai.

Pour les séances. — Les membres de la Commune ne peuvent être à la fois à l'Hôtel-de-Ville et à leur mairie. Aussi, pour que tout marche de front, la Commune ne se réunira-t-elle plus que trois fois par semaine en assemblée délibérante, sauf le cas d'urgence.

Le Comité de salut public, sur lequel elle se repose, restera en permanence à l'Hôtel-de-Ville.

Remplacement de Rossel. — M. Delescluze est nommé délégué civil à la guerre.

La Commune ayant vu ses affaires péricliter sous les ordres de deux militaires, espère qu'elles se relèveront entre les mains d'un journaliste.

Elle ne voit donc pas que le destin a marqué le terme de sa vie, et que ce terme approche à grands pas, malgré ses efforts désespérés pour l'éloigner, efforts qui naissent de l'illusion qu'elle se fait sur sa force, sa sagesse et sa raison!

Avènement de Delescluze. — Le nouveau délégué à la guerre célèbre son arrivée au ministère par deux proclamations, l'une à la garde nationale, l'autre à la Commune.

Dans la première, il fait appel au patriotisme des gardes nationaux, pour lui rendre facile l'accomplissement de sa tâche. Cet appel est de tradition. Il ne cache pas combien l'horrible guerre leur a déjà coûté de sang, et ne leur promet pas le succès au bout de leurs efforts :

« Lors même, dit-il, qu'il ne nous serait pas donné de récolter ce que nous avons semé, je saluerais avec enthousiasme la révolution du 18 mars, qui a ouvert à la France et à l'Europe des perspectives que nul de nous n'osait espérer il y a trois mois. » Et pour les encourager à courir aux remparts, il ennoblit leur tâche, il exalte la cause qui les arme :

« Vous combattez pour votre liberté et pour l'égalité sociale; si vos poitrines sont exposées aux balles et aux obus des Versaillais, le prix qui vous est assuré, c'est l'affranchissement de la France et du monde, la sécurité de votre foyer et la vie de vos femmes et de vos enfants. »

Dans la seconde proclamation, il rassure les citoyens membres de la Commune sur la situation militaire, leur annonce que la garde des remparts est suffisamment établie; que la position d'Issy n'a guère varié, et que celle du fort de Vanves a été un peu compromise; il avoue même qu'à un certain moment ce fort était évacué; mais, à quatre heures du matin, le général Wrobleski, à la tête des 105e et 187e bataillons, est entré dans le fort à la baïonnette, et en a délogé ceux qui l'avaient déjà occupé.

Tout semble donc aller pour le mieux, et la Commune, ainsi que ses partisans, se réjouissent d'avoir choisi un homme qui annonce des succès en compensation d'une défaite.

Réponse à la proclamation de M. Thiers. — Le Comité de salut public veut aussi signaler son entrée au pouvoir, et l'*Officiel* publie un inique arrêté, digne pendant de ceux qui ont ordonné la démolition de la colonne, de l'église Bréa et de la chapelle expiatoire de Louis XVI :

Vu l'affiche du sieur Thiers, se disant chef du pouvoir de la République française ;

Considérant que cette affiche, imprimée à Versailles, a été apposée sur les murs de Paris par les ordres dudit sieur Thiers ;

Que, dans ce document, il déclare que son armée ne bombarde pas Paris, tandis que chaque jour des femmes et des enfants sont victimes des projectiles fratricides de Versailles ;

Qu'il y est fait un appel à la trahison pour pénétrer dans la place, sentant l'impossibilité absolue de vaincre par les armes l'héroïque population de Paris,

Arrête :

ART. 1er. — Les biens meubles des propriétés de Thiers seront saisis par les soins de l'administration des domaines.

Art. 2. — La maison de Thiers, située place Georges, sera rasée.

Art. 3. — Les citoyens Fontaine, délégué aux domaines, et J. Andrieu, délégué aux services publics, sont chargés, chacun en ce qui le concerne, de l'exécution IMMÉDIATE du présent arrêté.

Paris, 21 floréal an 79.

Les membres du Comité de salut public.

Se venger d'un homme sur des pierres! — Quelle rage aveugle et impuissante!

Une fois déjà, la maison de M. Thiers avait été désignée par la foule pour être envahie et pillée. C'était à la suite de cette séance restée fameuse, où M. Émile Olivier déclara qu'il acceptait *d'un cœur léger* la responsabilité de la guerre que l'Empire allait entreprendre — guerre que M. Thiers avait toujours combattue; — des individus se portèrent vers la maison de la rue Saint-Georges, mais ils n'osèrent pas accomplir leur projet et se contentèrent de crier : *A bas Thiers!* et de le traiter de *prussien!*

Le proverbe : « Autres temps, autres mœurs, » a toujours raison; aujourd'hui, ils ont osé!

Appel aux hommes de cœur. — Toutes les fois que des appels semblables sont faits, on peut compter que la vengeance en est le fond, quelle que soit la forme de l'appel.

Il s'agit de la formation du corps des *zouaves de la*

République, et voici comment et avec quel programme on les recrute :

Aux hommes de cœur.

Citoyens,

Au moment où les gardes nationaux défenseurs de la République et de la Commune tombent sous le plomb des assassins de Versailles, malgré leur titre inviolable de prisonniers de guerre, nos cœurs ont bondi d'indignation, et nous jetons au milieu de vous, citoyens, notre cri patriotique : Vengeance !.. Aidez-nous à l'assurer complète.

Puis viennent les *cavaliers Bergeret,* faisant suite aux éclaireurs du même nom.

La Commune en séance. — Le citoyen Billioray est nommé membre du Comité de salut public, en remplacement de Delescluze, qui n'a pas voulu cumuler.

Lefrançais veut que la Commune ait seule le droit de nommer et de révoquer les délégations plutôt que le Comité de salut public ; mais le citoyen Régère lui réplique qu'il faut un pouvoir absolu à celui qui prend une responsabilité absolue.

L'assemblée passe à l'ordre du jour et laisse, par conséquent, tous pouvoirs au Comité de salut public pour agir comme il lui conviendra. Cette décision est le signal d'une scission telle parmi les membres de la Commune, que la manifestation ne s'en fera pas attendre.

Dégagements gratuits. — En exécution d'un décret communal, les quatre premières séries des articles à délivrer gratuitement par le Mont-de-Piété ont été tirées au sort dans la salle Saint-Jean, en séance publique, présidée par Lefrançais.

Ce premier tirage a donné les résultats suivants :

Objets à délivrer à partir du 12 mai 1871 :

1er lot. — Objets engagés du 1er au 15 novembre 1870 inclus.

2e lot. — Objets engagés du 16 au 31 mars 1870 inclus.

3e lot. — Objets engagés antérieurement au 15 juin 1869 inclus.

4e lot. — Objets engagés du 1er au 15 mars 1870 inclus.

Journée du 12 mai.

Au peuple de Paris. — C'est ainsi que commence la proclamation du Comité de salut public, qui ne veut pas être en reste avec le délégué à la guerre :

Au peuple de Paris.

Citoyens,

La Commune et la République viennent d'échapper à un péril mortel.

La trahison s'était glissée dans nos rangs. Désespérant de vaincre Paris par les armes, la réaction avait tenté de désorganiser ses forces par la corruption. Son or, jeté à pleines mains, avait trouvé jusque parmi nous des consciences à acheter.

L'abandon du fort d'Issy, annoncé dans une affiche impie par le misérable qui l'a livré, n'était que le premier acte du drame : une insurrection monarchique à l'intérieur, coïncidant avec la livraison d'une de nos portes, devait le suivre et nous plonger au fond de l'abîme.

Mais, cette fois encore, la victoire reste au droit.

Tous les fils de la trame ténébreuse dans laquelle la révolution devait se trouver prise sont, à l'heure présente, entre nos mains.

La plupart des coupables sont arrêtés.

Si leur crime est effroyable, leur châtiment sera exemplaire. La cour martiale siége en permanence. Justice sera faite.

Citoyens,

La révolution ne peut pas être vaincue; elle ne le sera pas.

Mais s'il faut montrer au monarchisme que la Commune est prête à tout plutôt que de voir le drapeau rouge brisé entre ses mains, il faut que le peuple sache bien aussi que de lui, de lui seul, de sa vigilance, de son énergie, de son union, dépend le succès définitif.

Ce que la réaction n'a pu faire hier, demain elle va le tenter encore.

Que tous les yeux soient ouverts sur ses agissements.

Que tous les bras soient prêts à frapper impitoyablement les traîtres. Que toutes les forces vives de la révolution se groupent pour l'effort suprême, et alors, alors seulement, le triomphe est assuré.

A l'Hôtel-de-Ville, le 12 mai 1871.

Le Comité de salut public.

Cette proclamation annonce bien que la Commune

et la République viennent d'échapper à un complot, et que les coupables sont arrêtés; mais quel est ce complot, et quels sont les coupables? La Commune ne l'explique pas.

Puisqu'elle le dit, cela doit être vrai, et toute curiosité est punissable.

Suppression de journaux. — Six journaux *seulement* sont frappés par la main inflexible du journaliste Cournet. Ces journaux sont : le *Moniteur universel*, l'*Observateur*, l'*Univers*, le *Spectateur*, l'*Étoile* et l'*Anonyme*.

Liberté des cultes. — Nous ne sommes plus à faire remarquer pour la première fois l'intolérance religieuse qui a régné sur tous les actes des délégations communales; aussi, en lisant l'*Officiel*, n'y a-t-il rien d'étonnant d'y rencontrer des notes dans le genre de celle-ci :

Bientôt l'enseignement religieux aura disparu des écoles de Paris.
Cependant, dans beaucoup d'écoles reste, sous forme de crucifix, madones et autres symboles, le souvenir de cet enseignement.
Les instituteurs et les institutrices devront faire disparaître ces objets, dont la présence offense la liberté de conscience.
Les objets de cet ordre qui seront en métal précieux seront inventoriés et envoyés à la Monnaie.

Avis. — On lit sur les murs du 4ᵉ arrondissement :

Tout officier ou sous-officier *ivre,* ou dont la troupe se repliera par sa faute, sera cassé de son grade et déféré, s'il y a lieu, au conseil de guerre.

Paris, le 11 mai 1871.

Le chef de la légion du 4ᵉ arrondissement,
ESGONNIÈRE.

Ceci se passe de commentaires.

Démission de Ch. Beslay. — Le doyen de la Commune, délégué à la Banque, le citoyen Beslay, n'approuvant ni l'envahissement de la Banque ni la démolition de la maison de M. Thiers, envoie sa démission à la Commune (1).

Cet envahissement de la Banque a été ordonné par le Comité de salut public, qui cherchait dans cet établissement des pièces relatives *au complot monarchique.* C'est le 208ᵉ bataillon qui a été chargé de cette besogne, et voici l'éloge burlesque qu'en fait le *Cri du Peuple :*

Le 208ᵉ a bien l'aspect le plus crâne, le plus décidé, le plus martial que nous ayons pu admirer. Tous les citoyens qui le composent ont l'âge viril, l'âge de la détermination ; pas de trop jeunes, pas de trop vieux. Le commandant et les officiers ont l'air d'avoir été trempés dans le Styx ; ils doivent être de la pâte dont on fait les héros.

(1) Voir à la note *N* la lettre motivant la démission de M. Beslay.

Tentative avortée. — Les journaux communeux ont fait courir le bruit d'une tentative d'assassinat sur Dombrowski : six coups de révolver lui auraient été tirés sur la place Vendôme ; il serait touché légèrement.

Mort d'Auber. — Un événement qui, dans les temps ordinaires, aurait produit une grande sensation dans le monde artistique, passe presque inaperçu.

Auber, le célèbre auteur de la *Muette*, du *Philtre*, du *Domino noir* et de tant d'autres chefs-d'œuvre, s'éteint à l'âge de quatre-vingt-neuf ans. Il était né à Caen, en 1782.

Son corps a simplement été déposé dans un caveau de l'église de la Trinité, l'enterrement du compositeur français ne devant avoir lieu qu'après la guerre civile.

Installation du directeur de l'Opéra. — La présentation aux artistes et au personnel du nouveau directeur de l'Opéra, par les délégués de la Commune, les citoyens Regnard et Levraut, a lieu dans le foyer du chant de ce théâtre. Des discours ont été prononcés, mais ils ne méritent pas d'être conservés à l'histoire.

Exécution militaire. — Un garde national nommé Thibault est fusillé à la redoute des Hautes-Bruyères, en présence de différents détachements de la garde nationale et des citoyens Amouroux, Dereure et Melliet, membres de la Commune. Il était accusé d'avoir entretenu des intelligences avec l'armée ennemie.

Le procès-verbal d'exécution est signé par Léo Melliet, *membre de la Commune, gouverneur de Bicêtre, président de la cour martiale.*

La Commune en séance. — Le citoyen Trinquet veut qu'on frappe d'une contribution de dix francs par jour les gardes nationaux qui, pour ne pas faire leur service, ont quitté leur établissement.

Le citoyen Franckel donne lecture d'un rapport au sujet des marchés pour l'habillement militaire, d'où il résulte que des industriels ont offert le prix de confection des vareuses et des pantalons à 3 fr. 75 et 2 fr. 50. Le citoyen Franckel trouve qu'avec ces prix, les ouvriers qui feront le travail ne pourront pas vivre.

« La question est ainsi posée, dit-il : des exploiteurs profitent de la misère publique pour baisser les salaires, et la Commune est assez aveugle pour prêter la main à de pareilles manœuvres.

« Et le travailleur est aux remparts ; il se fait tuer pour ne plus subir cette même exploitation.

« Nous ne devons pas oublier que la révolution du 18 mars a été faite *exclusivement par la classe ouvrière.* Si nous ne faisons rien pour cette classe, nous qui avons pour principe l'égalité sociale, je ne vois pas la raison d'être de la Commune. »

Journée du 13 mai.

Décret social. — A la suite de la discussion d'hier, du rapport Franckel, la Commune décrète :

ART. 1er. — La commission du travail et d'échange est autorisée à réviser les marchés conclus jusqu'à ce jour par la Commune.

ART. 2. — La commission du travail et d'échange demande que les marchés soient directement adjugés aux corporations, et que la préférence leur soit toujours accordée.

ART. 3. — Les conditions des cahiers des charges et les prix de soumission seront fixés par l'intendance, la chambre syndicale de la corporation et une délégation de la commission du travail et d'échange, le délégué et la commission des finances entendus.

ART. 4. — Les cahiers des charges, pour toutes les fournitures à faire à l'administration communale, porteront dans les soumissions desdites fournitures les prix minimum du travail à la journée ou à la façon à accorder aux ouvriers ou ouvrières chargés de ce travail.

Justice. — La Commune veut avoir l'air de songer à tout ; elle se croit universelle et taillée pour combattre comme pour légiférer. Il n'y a plus ni avocats !

ni avoués! ni juges! ni huissiers! Que lui importe?
D'un coup de plume, elle en crée! Exemple :

La Commune de Paris,
    Décrète :

Art. 1er. — Il sera procédé, par les soins du délégué à la justice, à l'organisation d'une chambre du tribunal civil de la Commune de Paris. Cette chambre statuera sur les affaires urgentes.

Art. 2. — La procédure dite *ordinaire* est abolie. Toutes les affaires seront instruites comme en matière sommaire. A défaut d'avoués, les huissiers occuperont pour les parties.

Art. 3. — Les parties pourront se défendre elles-mêmes.

Le Comité de salut public donne la main et arrête :

Le citoyen Voncken (Adolphe), président chargé des référés, est nommé président du tribunal civil de la Commune de Paris.

Sont nommés juges audit tribunal :

1º Le citoyen Leloüp (Félix), juge d'instruction près les tribunaux criminels de la Commune de Paris ;

2º Le citoyen Coppens, ancien préfet de la République.

Le citoyen Flamet (Jules), avocat à l'ex-cour d'appel de Paris, est nommé juge suppléant au tribunal civil de la Commune de Paris.

Autre décret de la Commune de Paris :

Article unique. — En matière de séparation de corps,

le président pourra allouer à la femme demandant la séparation une pension alimentaire, qui lui sera servie jusqu'à ce qu'il en ait été autrement décidé par le tribunal.

*Vésinier à l'*Officiel. — Par ordre du Comité de salut public, le citoyen Vésinier est nommé délégué au *Journal officiel,* pour les fonctions de rédacteur en chef.

> Avec ce rédacteur la feuille officielle
> Va prendre, dès ce jour, une face nouvelle.

Elle ne sera plus vendue que cinq centimes.

Cour martiale. — La première cour martiale eut une existence éphémère, mais ne laissa aucune trace de sang sur son passage; celle-ci ne vivra pas davantage, mais ses arrêts laisseront un plus triste souvenir.

Nommée par le Comité de salut public, elle est ainsi composée :

Colonel E. Gois, président ;
Colonel J. Collet, juge ;
Colonel Ledrux, juge ;
Lieutenant-colonel Razoua, juge ;
Commandant Ed. Levraud, juge ;
Commandant Lefebvre-Roncier, juge suppléant ;
Commandant Michevont, juge suppléant ;
Lieutenant H. Arnold, juge suppléant ;
Commandant A. Goullé, juge rapporteur.

Un haut fait de Dombrowski. — D'après un ordre du jour, le délégué à la guerre annonce que le général Dombrowski, à la tête du 128e bataillon, a chassé les Versaillais du parc de Sablonville. En récompense de ce fait d'armes, la Commune décrète à l'unanimité que le 128e bataillon a bien mérité de la République et de la Commune, et des révolvers d'honneurs sont distribués aux plus méritants.

Le révolver d'honneur est *l'étoile des braves* chez les fédérés.

Désordre. — Les généraux de la Commune s'adjugeaient des états-majors à leur volonté, ainsi que des chevaux et des équipages militaires, sans en tenir aucun compte vis-à-vis du ministère de la guerre.

Ce qui force le citoyen Delescluze à publier un ordre sévère à cet égard. Néanmoins, rien ne marcha avec plus de régularité, et les généraux continuèrent à ne suivre que leur bon plaisir.

Revue d'artillerie. — Le délégué à la guerre s'aperçoit que le nombre des artilleurs qui touchent la solde est énorme, tandis que le nombre de ceux qui servent est infiniment moindre.

Tous les artilleurs — excepté naturellement ceux qui sont au feu — sont passés en revue à quatre heures du soir, dans la grande cour de l'École militaire.

Delescluze, imitant son prédécesseur Rossel, qui avait fait transporter dans cet établissement toutes les pièces d'artillerie en non activité, y fait transporter à son tour tout le matériel appartenant aux compagnies de train.

Lorsque les troupes sont entrées dans la capitale, elles ont fait là une importante capture de bouches à feu.

Lettres et arts. — Le citoyen Anys-el-Bittar (quel nom!) est chargé de travaux spéciaux à la section des manuscrits (langues arabe et syriaque).

La citoyenne Parpolet, *professeur de modelage,* est nommée directrice de l'école de dessin de la rue Dupuytren, réouverte sous la dénomination d'*École professionnelle d'art industriel pour jeunes filles.*

Trois pour un. — La première tentative avait trop bien réussi pour qu'on ne donnât pas suite à l'idée d'organiser une série de concerts populaires aux Tuileries. C'est toujours le docteur Rousselle, inspecteur général des ambulances, qui est l'organisateur de ces fêtes; il a pris ses mesures pour éviter désormais l'encombrement de la première fois.

Dans la salle des Maréchaux, un concert;

Dans l'ancienne salle des théâtres, un concert;

Dans le jardin réservé, musique militaire.

Les artistes qui s'y sont fait entendre sont:

Mlle Agar, de la Comédie-Française ; Mlle et M. Caillot, du Théâtre-Lyrique ; Mlle Tesseire ; M. Daubé, violoniste ; M. Roussel de Méry, poète populaire (?), et Mme Bordas.

Le bouquet de la soirée a été cette proclamation du docteur Rousselle, affichée dans tous les salons *où circulait le public :*

« Peuple,

« L'or qui ruisselle sur ces murs, *c'est ta sueur!* Assez longtemps tu as alimenté de ton travail, abreuvé de ton sang ce monstre insatiable : *la monarchie.*

« Aujourd'hui que la révolution t'a fait libre, tu rentres en possession de ton bien ; ici, tu es chez toi. Mais reste digne, parce que tu es fort, et fais bonne garde, pour que les tyrans ne rentrent jamais.

« Dr Rousselle. »

Arrestations. — Le... *peuple* fait tellement bonne garde, qu'un lieutenant de la garde nationale, le citoyen Barrois, arrête aux Tuileries M. Schœlcher. La Commune ne l'a gardé dans ses prisons qu'un jour, sur les instances de la Ligue d'union républicaine, il fut relâché.

Le même jour, étaient arrêtés M. Glais-Bizoin, relâché aussi le lendemain, sous la condition de ne point quitter Paris et de *se présenter de temps en temps à l'Hôtel-de-Ville ;* M. Andréoli, rédacteur en chef de l'*Observateur*; deux bonnes de M. Paul Foucher au lieu de ce dernier, qu'on n'a pas trouvé; M. Chevriaux, proviseur du lycée de Vanves, ex-censeur au lycée Bonaparte, et gouverneur de l'Hôtel-de-Ville au 31 octobre 1870; enfin, M. Beaussire, professeur de philosophie au lycée de Charlemagne, coupable d'un écrit historique dans la *Revue des Deux-Mondes*.

Un complot. — La Commune a découvert un nouveau complot; c'est du moins ce qu'annoncent le *Vengeur*, le *Rappel*, le *Mot d'Ordre* et l'*Officiel* :
Quarante-six gendarmes, déguisés en gardes nationaux, sont découverts et arrêtés à la caserne des Minimes ; des brassards tricolores devant servir de signe de ralliement sont saisis dans plusieurs magasins, et trois individus sont arrêtés dans le 8ᵉ arrondissement, comme soupçonnés d'être les fauteurs d'un mouvement contre la Commune. Ces gendarmes, on l'a su depuis, étaient seulement au nombre de huit à dix, qui venaient porter à leurs femmes quelques vivres et de l'argent.

Visites domiciliaires. — Une perquisition est faite dans les bureaux de la Société générale, rue de Provence, 54. Les scellés sont apposés sur les caisses, et un poste est établi en permanence dans l'établissement.

Dans le 9ᵉ arrondissement, des perquisitions sont

faites pour rechercher les réfractaires. Tout l'arrondissement est cerné. On ne passe pas sans montrer aux sévères factionnaires qui gardent les issues que l'on est bon patriote, c'est-à-dire serviteur de la Commune.

Pendant que rien ne sort, on fouille dans les maisons, et tous ceux que l'on trouve ne paraissant pas avoir moins de dix-neuf ans ou plus de quarante sont internés dans l'église Notre-Dame-de-Lorette, transformée pour la circonstance en prison militaire.

Contradiction. — Une dépêche de la Commune s'exprime ainsi, en parlant du village d'Issy :

Le combat continue.
Nos pertes ne sont pas bien grandes.
Nous conservons nos positions.

Tandis que le colonel Brunel adresse aux membres de l'Hôtel-de-Ville la lettre suivante :

Citoyens,
Les troupes cantonnées au village d'Issy ont quitté hier leurs positions pendant que je me trouvais à Paris, appelé par le ministre de la guerre. Ces troupes sont rentrées à Paris.
Comme ce fait se rallie à une succession de causes qui se tiennent et sur lesquelles il est bon que le public soit

édifié, je demande à être mis en état d'arrestation et qu'une enquête soit commencée.

Recevez, citoyens, mes sentiments dévoués.

BRUNEL.

13 mai 1871.

De même que Rossel, Brunel se retire en demandant une cellule.

Bulletin militaire. — Les fédérés perdent le couvent des Oiseaux, à Issy, et évacuent le lycée de Vanves, ce que la Commune, dans ses dépêches, traduit par un succès pour elle et un échec pour les Versaillais.

Club de la Révolution. — Ce club, situé dans l'église Saint-Bernard, rue Affre (18e arrondissement), dans sa dernière séance vote les résolutions suivantes :

1º Suppression de la magistrature qui a précédé, et anéantissement des codes ;

2º Suppression des cultes, arrestation immédiate des prêtres, comme complices des monarchiens, cause de la guerre actuelle ; la vente de leurs biens, meubles et immeubles, ainsi que ceux des fuyards et des traîtres qui ont soutenu les misérables de Versailles, le tout au profit des défenseurs du droit ;

3º Retrait du décret sur le Mont-de-Piété, son remplacement ainsi qu'il suit : les objets déposés au Mont-de-Piété seront rendus gratuitement ; y auront seuls droit les défenseurs de la cité, ainsi que les citoyennes, mères, filles, sœurs, épouses et femmes des citoyens morts pour la défense de Paris, qui justifieront de leurs droits.

4° Tout porteur d'une reconnaissance achetée sera passible de l'amende ou de l'emprisonnement, et verra sa reconnaissance saisie.

5° Suppression des maisons de tolérance.

6° Les travaux et entreprises pour la Commune devront être donnés aux différentes corporations ouvrières.

7° *Exécution d'un otage sérieux toutes les vingt-quatre heures, jusqu'à la mise en liberté et l'arrivée à Paris du citoyen Blanqui, nommé membre de la Commune.*

Si on laissait faire ces gens là, où mèneraient-ils la nation ?

La Bibliothèque nationale. — M. Benjamin Gastineau n'y va pas de main morte. Sur ses indications, le membre de la Commune délégué à l'enseignement, Vaillant, taille, coupe et rogne:

Vu les avertissements qui à plusieurs reprises ont paru dans le *Journal officiel,*

Sont considérés comme démissionnaires, pour cause d'absence, les fonctionnaires et employés de la Bibliothèque nationale dont les noms svivent :

Aumoitte, d'Auriac, Belliffent, Bertal, Bréhant, Chabouillet, Chéron, Claude, Cortambert père, Cortambert (Richard), Courajod, Depping, Franck, Julien (Stanislas), Klein, Lacabane, Lavoix fils, Marchal, Noël (J.), Paris (Paulin), Roussaux, Soury, Thierry-Poux et Zottenberg.

25.

Il faut joindre à ces noms ceux contenus dans l'arrêté suivant :

Vu les avertissements qui ont paru au *Journal officiel*,
Sont considérés comme démissionnaires, pour cause d'absence, les fonctionnaires et employés de la Bibliothèque Mazarine dont les noms suivent :
De Sacy, Philarète Chasles, Jules Sandeau, Moreau, Daremberg, Cocheris, L. Larchey.

Journée du 14 mai.

La Commune et sa police. — Le membre du Comité de salut public, Billioray, reconnaissant l'utilité de la police, crée dans chaque mairie un commissaire central ; et les municipalités sont invitées à proposer au délégué à la sûreté générale les citoyens de leur arrondissement qui, *à leur connaissance, seraient aptes à remplir les fonctions de commissaire de police.*

Licenciement de la flotte. — Les Versaillais, avec le fort d'Issy, la batterie de l'île Saint-Germain et une batterie de mortiers, dirigèrent leurs coups avec tant de précision sur les canonnières, que bientôt l'une d'elles, l'*Estoc*, sombra. Les autres se retirèrent, et les marins qui s'étaient embarqués sont licenciés, après avoir été portés à l'ordre du jour, et envoyés aux remparts.

Fort de Vanves. — Pendant que les troupes nationales réduisent d'un côté au silence la flotte de la Commune, de l'autre elles prennent le fort de Vanves.

Mais si l'*Officiel* a annoncé le premier fait dans une note élogieuse, il se garde bien de parler du second, car le numéro du 15 porte en tête de ses *rapports militaires*, à la date du 14 mai :

Vanves.

Journée calme ; positions les mêmes.

Ce sont les mensonges du *Journal officiel* de la Commune qui sont toujours les mêmes.

Les citoyennes volontaires. — Sans doute, le 12e arrondissement ne compte pas beaucoup d'hommes dévoués à la Commune et dévorés du désir de s'enrôler sous le drapeau de la guerre civile ; mais il remplace ces défaillants par des bras moins mâles, mais plus énergiques. Qu'on en juge :

Aux gardes nationaux de la 12e légion.

Un grand exemple vous est donné : des citoyennes, des femmes héroïques, pénétrées de la sainteté de notre cause, ont demandé des armes au Comité de salut public pour défendre, comme nous tous, la Commune et la République.

Ce noble sentiment ranimera, je l'espère, le courage de certains hommes.

Le colonel commandant la 12e légion, heureux et fier

d'avoir à enregistrer un pareil dévoûment, a pris la décision suivante :

La 1re compagnie des *citoyennes volontaires* sera immédiatement organisée et armée.

Ces citoyennes marcheront à l'ennemi avec la légion. Et afin de stimuler l'amour-propre de quelques lâches, le colonel arrête :

1° Tous les réfractaires seront désarmés publiquement, devant le front de leur bataillon, par les citoyennes volontaires ;

2° Après avoir été désarmés, ces hommes, indignes de servir la République, seront conduits en prison par les citoyennes qui les auront désarmés.

La première exécution de ce genre aura lieu prochainement, avenue Daumesnil.

Vive la Commune ! Vive la République !

Le colonel commandant la 12e légion,
Jules Montels.

Journée du 15 mai.

Les travaux de destruction avancent; la maison de M. Thiers est dévastée peu à peu; on travaille à sa démolition avec continuité et lambinerie, comme si, prenant plaisir à la chose, on voulût la faire durer longtemps.

La colonne Vendôme devait être jetée à bas aujourd'hui. Une foule de badauds attendait cette chute pour y applaudir, comme elle applaudit à toutes les chutes; mais la *fête* est renvoyée à demain.

Il y a quelques jours, on réquisitionnait le pétrole et les huiles minérales; aujourd'hui, cela continue, mais ce sont d'autres produits :

Tous les détenteurs de soufre, phosphore et produits de cette nature sont tenus d'en faire la déclaration, sous trois jours, à la délégation scientifique, 78, rue de Varennes.

Le membre de la Commune, chef de la délégation scientifique,
PARIZEL.

Parodie de 93. — La Commune, depuis le complot qu'elle croit avoir découvert, voit des traîtres partout. Pour les reconnaître, elle édicte un arrêté qui rappelle les cartes de civisme qu'on délivrait sous la Terreur.

C'est le Comité de salut public qui a publié ce décret dont voici la teneur :

ART. 1er. — Tout citoyen devra être muni d'une carte d'identité contenant ses nom, prénoms, profession, âge et domicile, ses numéros de légion, de bataillon et de compagnie, ainsi que son signalement.

ART. 2. — Tout citoyen trouvé non porteur de sa carte sera arrêté, et son arrestation maintenue jusqu'à ce qu'il ait établi régulièrement son identité.

ART. 3. — Cette carte sera délivrée par les soins des commissaires de police, sur pièces justificatives, en présence de deux témoins qui attesteront, par leur signature, bien connaître le demandeur. Elle sera ensuite visée par la municipalité compétente.

Art. 4. — Toute fraude reconnue sera rigoureusement réprimée.

Art. 5. — L'exhibition de la carte d'identité pourra être requise par tout garde national.

Art. 6. — Le délégué à la sûreté générale, ainsi que les municipalités, sont chargés de l'exécution du présent arrêté dans le plus bref délai.

Hôtel-de-Ville, le 24 floréal an 79.

Le Comité de salut public.

Soit que les commissaires de police fussent introuvables, soit que la Commune reconnût qu'un fédéré ne pouvait être à la fois au feu et à retirer sa carte d'identité, il ne fut pas donné suite à cette mesure.

Nominations. — Le citoyen Louis Redon est nommé directeur de l'hôpital Beaujon, en remplacement du sieur Montesson, *qui a déserté son poste.* *(Officiel.)*

Le citoyen Joseph Rieder est nommé directeur de l'hôpital ci-devant appelé Sainte-Eugénie, et qui portera désormais le nom *d'hôpital des Enfants du Peuple.* *(Officiel.)*

Sus aux journaux. — Suppression du *Siècle,* de la *Discussion,* du *National,* du *Corsaire,* du *Journal de Paris.*

Beaucoup d'appelés, peu de venus. — Chaussée du Maine, Eudes et Piazza, relâchés par la Commune, passent une revue ; 8,000 hommes étaient convoqués : 2,000 hommes sont à peine présents.

Et la Commune proclamera le lendemain que tout Paris est pour elle.

Souricières nouveau modèle. — La Commune avait de trop bonne grâce autorisé les agences postales pour ne pas retirer quelque bénéfice de sa complaisance. Elle trouva que ces agences pouvaient, sans s'en douter, être d'excellentes souricières à suspects.

M. Paul Foucher envoyait sa correspondance à l'*Indépendance belge* par l'agence Gosselin, rue Saint-Honoré ; la Commune surprend ce détail, arrête le porteur de la lettre de M. Foucher, lettre dont elle s'empare, arrête une gouvernante qui vient demander des nouvelles du porteur, et va chez M. Foucher pour l'arrêter lui-même ; mais il avait été prévenu et avait quitté Paris.

Les artilleurs fédérés. — Les batteries établies à Montmartre ouvrent leur feu ; mais leur tir est si mal dirigé, que les obus vont tomber sur les fédérés, à Clichy. Cette maladresse coûte vingt-sept hommes à la garde nationale.

Division au sein de la Commune. — L'opposition qui s'était formée au sein de la Commune, à propos de la nomination d'un Comité de salut public, s'était réveillée au renouvellement de ce Comité, et avait pris une consistance définitive à la discussion des pouvoirs illimités que l'Hôtel-de-Ville lui conférait.

Deux partis naquirent de cet état de choses : la droite et la gauche, la majorité et la minorité.

Celle-ci, qui veut respecter les votes de la première, mais qui tient cependant à constater qu'elle ne les partage pas, fait publier par le *Cri du Peuple* une déclaration dans laquelle elle explique les motifs de sa dissidence, et annonce qu'elle se retire dans ses arrondissements respectifs (1).

L'intention de la minorité était, avant de livrer cette sorte de manifeste à la publicité, d'en donner lecture à l'assemblée communale du 15 mai. L'absence de presque tous les membres de la majorité empêcha l'ouverture de cette séance. Et, pour ne pas que l'opinion publique se méprenne sur le sens de cette division, les membres composant cette minorité se sont servis de la feuille de Jules Vallès.

Il faut dire que l'on s'est fort peu ému de cette division, qui, au milieu de toutes celles qui s'étaient déjà produites, n'avait aucune importance comme aucune signification.

En commentant les bulletins militaires de Versailles, qui annonçaient chaque jour la délivrance prochaine, les discussions intestines de l'Hôtel-de-Ville passaient

(1) Voir à la note *O* la déclaration de la minorité de la Commune.

inaperçues, malgré la réclame que leur faisait le *Cri du Peuple*, dont le rédacteur en chef appartenait à la minorité.

Arrestation. — Le colonel Masson, chef d'état-major du ministre de la guerre, est arrêté en vertu d'un mandat signé Ferré, délégué à la sûreté générale.
Motif non expliqué.

Journée du 16 mai.

Appel in extremis. — La Commune commence à sentir une vague inquiétude s'emparer d'elle. Elle n'a plus confiance dans ses seules forces ; avant de sombrer, elle s'accroche avec le courage du désespoir à sa dernière illusion : l'aide de la province.

Paschal Grousset, délégué aux relations extérieures, adresse un appel aux grandes villes de France, pour qu'elles volent au secours de Paris.

C'est le premier cri de détresse de la Commune, qui ne rencontrera aucun écho, ni dans Paris, ni au dehors.

AUX GRANDES VILLES.

Après deux mois d'une bataille de toutes les heures, Paris n'est ni las, ni entamé.

Paris lutte toujours, sans trêve et sans repos, infatigable, héroïque, invaincu.

Paris a fait un pacte avec la mort. Derrière ses forts, il a ses murs; derrière ses murs, ses barricades; derrière ses barricades, ses maisons, qu'il faudrait lui arracher une à une, et qu'il ferait sauter, au besoin, plutôt que de se rendre à merci.

Grandes villes de France, assisterez-vous immobiles et impassibles à ce duel à mort de l'avenir contre le passé, de la République contre la monarchie?

Ou verrez-vous enfin que Paris est le champion de la France et du monde, et que ne pas l'aider, c'est le trahir?

Vous voulez la République, ou vos votes n'ont aucun sens; vous voulez la Commune, car la repousser, ce serait abdiquer votre part de souveraineté nationale; vous voulez la liberté politique et l'égalité sociale, puisque vous l'écrivez sur vos programmes; vous voyez clairement que l'armée de Versailles est l'armée du bonapartisme, du centralisme monarchique, du despotisme et du privilége, car vous connaissez ses chefs, et vous vous rappelez leur passé.

Qu'attendez-vous donc pour vous lever? Qu'attendez-vous pour chasser de votre sein les infâmes agents de ce gouvernement de capitulation et de honte qui mendie et achète, à cette heure même, de l'armée prussienne, les moyens de bombarder Paris par tous les côtés à la fois?

Attendez-vous que les soldats du droit soient tombés jusqu'au dernier sous les balles empoisonnées de Versailles?

Attendez-vous que Paris soit transformé en cimetière et chacune de ses maisons en tombeau?

Grandes villes, vous lui avez envoyé votre adhésion fraternelle; vous lui avez dit: « De cœur, je suis avec toi! »

Grandes villes, le temps n'est plus aux manifestes: le temps est aux actes, quand la parole est au canon.

Assez de sympathies platoniques. Vous avez des fusils et des munitions : Aux armes ! Debout les villes de France !

Paris vous regarde, Paris attend que votre cercle se serre autour de ses lâches bombardeurs et les empêche d'échapper au châtiment qu'il leur réserve.

Paris fera son devoir et le fera jusqu'au bout.

Mais ne l'oubliez pas, Lyon, Marseille, Lille, Toulouse, Nantes, Bordeaux et les autres.....

Si Paris succombait pour la liberté du monde, l'histoire vengeresse aurait le droit de dire que Paris a été égorgé parce que vous avez laissé s'accomplir l'assassinat.

Le délégué de la Commune aux relations extérieures,
Paschal GROUSSET.

Une démission. — Le bataillon des barricadiers que commandait Gaillard père est dissous, et les hommes mis à la disposition du directeur du génie militaire.

Les chasseurs d'hommes. — Il y a une chose qui prime le commandement chez les officiers : c'est le *plaisir* de tirer sur les Versaillais. Nous n'inventons rien, et le citoyen Delescluze racontera lui-même ce que nous avançons :

Il est interdit aux officiers de tout grade de paraître à leurs bataillons avec des fusils.

Pour le plaisir de tirer sur les Versaillais, ces citoyens négligent d'exercer sur les hommes qu'ils commandent l'action que leur réserve leur grade.

De là vient un défaut de direction **regrettable** pendant le combat. Abandonnés à eux-mêmes, les gardes nationaux se battent à l'aventure.

Le délégué civil à la guerre rappelle aux généraux, colonels et chefs de bataillon de tenir la main à ce que le présent ordre soit scrupuleusement exécuté. Ils auront aussi à prendre les mesures nécessaires à l'effet de mettre à la disposition du ministère de la guerre les armes abusivement employées par les officiers, et qui, pour la plupart, sont des armes à tir rapide, dont nous avons si grand besoin pour les compagnies de marche.

Paris, le 15 mai 1871.

Le délégué civil à la guerre,
DELESCLUZE.

Un mal nécessaire. — Certaines maisons, que je ne veux pas qualifier, sont fermées par ordonnance de la délégation communale dans le 2e arrondissement, ainsi que dans le 10e. — Les femmes qui s'y trouvent en ce moment feront comme elles pourront pour vivre, tout en tenant une conduite très-réservée, faute de quoi elles seront emprisonnées.

La propriété de M. Thiers. — L'Hôtel-de-Ville dispose ainsi de ce qui a coûté à un homme tant de soins, tant d'intelligentes recherches, tant de sérieuses études :

ART. 1er. — Tout le linge provenant de la maison Thiers sera mis à la disposition des ambulances.

ART. 2. — Les objets d'art et livres précieux seront envoyés aux bibliothèques et musées nationaux.

Art. 3. — Le mobilier sera vendu aux enchères, après exposition publique au garde-meubles.

Art. 4. — Le produit de cette vente restera uniquement affecté aux pensions et indemnités qui devront être fournies aux veuves et orphelins des victimes de la guerre infâme que nous fait l'ex-propriétaire de l'hôtel Georges.

Art. 5. — Même destination sera donnée à l'argent que rapporteront les matériaux de démolition.

Art. 6. — Sur le terrain de l'hôtel du parricide sera établi un square public.

Paris, le 25 floréal an 79.

Le directeur général des domaines,
J. Fontaine.

Les troupes sont entrées assez à temps pour empêcher cette complète profanation : le mobilier n'a pas été vendu.

Il est resté de la maison le rez-de-chaussée et une portion du premier étage.

M. Thiers devrait ne pas toucher à ces ruines et les léguer, telles qu'elles sont, à la ville de Paris.

Démolition de la colonne Vendôme. — Le *Journal officiel* convoque la population parisienne à assister, à deux heures, à la chute de la colonne Vendôme. Cet acte de pur vandalisme avait déjà été chaudement demandé par le *Cri du Peuple,* dès le 4 avril, dans un article signé Henri Verlet.

A trois heures, un homme monte sur la colonne,

agite un drapeau tricolore, pour annoncer que la chute de ce monument entraînera celle du drapeau.

Aussitôt, la musique du 190e bataillon exécute la *Marseillaise* suivie du *Chant du Départ*, exécuté par la musique du 172e, pendant que quelques membres de la Commune s'installent sur le balcon du ministère de la justice, où du champagne leur est apporté.

A trois heures et demie, le clairon sonne. C'est un signal. On fait éloigner le public. On manœuvre le cabestan ; les trois câbles destinés à entraîner la colonne, sciée en sifflet à la hauteur du piédestal, se tendent Le cabestan casse, renversant les hommes attelés au moulinet. Grande émotion chez tous : un homme de tué.

A cinq heures, un nouveau cabestan est installé. Pendant ce long laps de temps, trois corps de musique charment l'impatience des spectateurs et des autorités par des fanfares et des airs tous plus patriotiques les uns que les autres.

A cinq heures et demie, un cri est poussé par toutes les personnes présentes, haletantes d'émotion. La colonne oscille un instant et tombe sur le lit de fumier qui lui est préparé, sans qu'aucune terrible secousse n'ait fait effondrer les maisons, ni casser une seule vitre, comme les habitants du quartier le craignaient tant.

En prévision d'un accident de ce genre, tous avaient

orné leurs vitres de morceaux de papier et s'étaient ingénié à reproduire les dessins les plus pittoresques.

La colonne, en tombant, s'est brisée en plusieurs endroits ; la tête de la statue est séparée du tronc, et un bras est cassé. Il s'est trouvé des hommes pour hurler : « Vive la Commune ! » D'autres cherchent à s'emparer d'un débris du monument.

Il s'est vendu de ces débris jusqu'à 100 fr. le morceau.

Les autorités discourent, et les gardes nationaux, à qui l'on a donné, vu la solennité de la circonstance, une double ration de vin, trinquent dans un répugnant épanchement.

Parmi les discours auxquels la chute de la colonne a donné lieu, nous avons recueilli ces deux extraits caractéristiques :

Discours Miot :

Le peuple est patient ; il se résigne à supporter le joug et l'humiliation, mais sa vengeance n'en est que plus terrible le jour où elle éclate. Malheur à ceux qui le provoquent et excitent jusqu'au bout son légitime courroux !

Jusqu'ici notre colère ne s'est exercée que sur des choses matérielles, mais le jour approche où les représailles seront terribles et atteindront cette réaction infâme qui nous mine et cherche à nous écraser.

Discours Ranvier :

La colonne Vendôme, la maison de M. Thiers, la chapelle expiatoire, ne sont que des exécutions matérielles.

Mais le tour des traîtres et des royalistes viendra inévitablement, si la Commune y est forcée !

C'est une chose bien remarquable, que toutes les fois que *nos maîtres* parlaient, ils ne pouvaient laisser échapper que des paroles haineuses et menaçantes.

Tel a parlé le Comité central à l'installation de la Commune, telle a parlé la Commune devant la chute de la colonne.

Deux complaintes. — Le renversement de la colonne a donné naissance à deux complaintes. Celle de l'*Officiel,* tragico-ridicule ; celle d'un chansonnier qui a gardé l'anonyme, comico-satirique.

COMPLAINTE DE L'*OFFICIEL*.

Le décret de la Commune de Paris qui ordonna la démolition de la colonne Vendôme a été exécuté hier, aux acclamations d'une foule compacte, assistant sérieuse et réfléchie à la chute d'un monument odieux, élevé à la fausse gloire d'un monstre d'ambition.

La date du 26 floréal sera glorieuse dans l'histoire, car elle consacre notre rupture avec le militarisme, cette sanglante négation de tous les droits de l'homme.

Le premier Bonaparte a immolé des millions d'enfants du peuple à sa soif insatiable de domination ; il a égorgé la République après avoir juré de la défendre ; fils de la Révolution, il s'est entouré des priviléges et des pompes grotesques de la royauté ; il a poursuivi de sa vengeance tous ceux qui voulaient penser encore ou qui aspiraient à être libres ; il a voulu river un collier de servitude au cou des peuples, afin de trôner seul dans sa vanité, au milieu de la bassesse universelle : voilà son œuvre pendant quinze ans.

Elle a débuté, le 18 brumaire, par le parjure, s'est soutenue par le carnage, et a été couronnée par deux invasions ; il n'en est resté que des ruines, un long abaissement moral, l'amoindrissement de la France, le legs du second empire commençant au Deux-Décembre pour aboutir à la honte de Sedan.

La Commune de Paris avait pour devoir d'abattre ce symbole du despotisme : elle l'a rempli. Elle prouve ainsi qu'elle place le droit au-dessus de la force, et qu'elle préfère la justice au meurtre, même quand il est triomphant.

Que le monde en soit bien convaincu : les colonnes qu'elle pourra ériger ne célébreront jamais quelque brigand de l'histoire, mais elles perpétueront le souvenir de quelque conquête glorieuse dans le champ de la science, du travail et de la liberté.

COMPLAINTE DU CHANSONNIER.
(Extrait.)
Air de *Fualdès*.

XVI.

On voit avec leurs insignes
Arriver nos r'présentants.
Ils ont tous l'air très-contents.
Faut dir' qu'c'est des gens bien dignes !
Ceux qui les insult'nt souvent
N'en pourraient pas faire autant !...

XVII.

Des orchestres très-conv'nables
Et qui jouaient en mê me temps,
Mais sur des airs différents,
Rendaient la fête agréable.
On s's'rait cru à l'Opéra,
Qui d'ailleurs n'est pas loin d'là.

XVIII.

Au signal du machiniste,
On vira le cabestan ;
Mais la cord' se tendit tant
Qu'on redoutait un sinistre.
L'appareil avait le tort
De n'pas être le plus fort.

XIX.

Enfin il faut qu'il succombe
A cinq heures trente-cinq....
Quel exempl' pour Henri Cinq !
La colonn' s'incline et tombe....
Et Napoléon Premier
S'abîme dans le fumier.

XX.
La foule se précipite
Pour ramasser les débris
De ce monstre qui l'a mis
Dans un état si critique ;
Chacun, en signe d'espoir,
Agite en l'air son mouchoir !

XXI.
Mais lorsque l'on examine
Cett' colonne de canons,
Ell' n'était fait' que d'moellons....
C'monument n'payait que d'mine.
D'bronze il n'y avait pas beaucoup :
On nous avait monté l'coup !

Les étrangers. — Pour donner un aperçu de la façon d'agir de ces Messieurs de la Commune, nous ne pouvons mieux faire que de reproduire la lettre écrite aux journaux par le correspondant du *Morning Advertiser,* retenu illégalement pendant quelques heures :

Monsieur le rédacteur,

Revenant hier soir du Gymnase, trois de mes amis et moi, nous nous sommes arrêtés au premier café encore ouvert.

A peine installés, — il était 11 heures 20 minutes, — nous, ainsi que toutes les personnes se trouvant à cette heure sur cette portion du boulevard, nous fûmes cernés par une troupe de cent à cent cinquante gardes nationaux.

Enfin, un garde me permit de monter l'escalier, ce qui me fournit l'occasion de voir des Messieurs avec *des écharpes rouges aux franges d'or,* soupant dans un cabinet avec plusieurs dames.

Je demandai s'il nous serait bientôt permis de partir.

« Attendez, me fut-il répondu. Les citoyens sont en train de souper. »

Vers trois heures et demie, on nous ordonne de sortir. Un membre de la Commune galopait autour de nous, disant : « Si quelqu'un, homme ou femme, cherche à détruire ou à laisser tomber un papier quelconque, ou à s'échapper, fusillez-le immédiatement : vous avez mes ordres. »

On nous conduisit à l'Hôtel-de-Ville ; vers cinq heures, nous demandons humblement quand on nous mettrait en liberté. — « Ces Messieurs les citoyens sont à déjeûner. » Je ne pus m'empêcher de faire cette réflexion, que l'appétit des citoyens était des plus satisfaisants, puisque, venant de souper, ils déjeûnaient déjà. On m'imposa silence.

Vers six heures, nous entendîmes : « Les étrangers ! » Le consul russe sort, accompagné du correspondant du *Times*, M. Dallas : nous les suivons de près. Je fais voir mon passseport. Un jeune monsieur me reçoit avec une écharpe rouge et un révolver. Il me demande de quel droit moi et mes c...... de compatriotes venons en France encourager la débauche.

Je répondis que je fumais tranquillement mon cigare avec trois de mes amis ; il n'y avait pas même une seule femme auprès de nous.

Je ne pus pas m'empêcher de lui faire observer que j'avais eu l'honneur de le voir, quelques heures auparavant, soupant avec des femmes dans un cabinet. Il me répondit brusquement « que ça ne me regardait pas, que je méritais de f..... *le camp dans mon sale pays*, et de ne plus remettre le pied en France. »

On ne répond pas à un homme qui, après avoir si bien soupé et déjeûné, a un révolver à ses côtés. Je me retirai. Au même moment où je passais sous les fourches caudines à la porte, et que je franchissais la grille, non sans un certain soulagement, un garde s'écria que s'il avait dépendu de lui, il m'aurait fusillé.

Enfin, entre six et sept heures, je fus libre, tout à fait libre.

Eylott BOWER,
Correspondant du *Morning Advertiser*.

Réforme. — Le *Journal officiel* ajoute en tête de son numéro d'aujourd'hui : *Liberté, Égalité, Fraternité*, avec la date empruntée au calendrier républicain : *26 floréal an 79*.

Le vrai courage. — Le *Journal de Paris* venait d'être supprimé ; il reparaît presque immédiatement sous le titre l'*Écho de Paris*, sans rien changer à sa disposition typographique, à sa rédaction, à son format. Sauf le mot *Écho* qui remplace le mot *Journal*, il y avait à se méprendre.

On doit rendre un hommage réel à la courageuse direction que M. Édouard Hervé sut donner à son journal. M. Henri Vrignault et lui ont certainement relevé le rôle de journaliste.

Journée du 17 mai.

La parodie continue. — La Commune ne veut pas de dictature de soldat, « qui, dit-elle, aboutit, tôt ou tard, à l'établissement d'une dynastie. » Pour empêcher cette primauté militaire, elle cherche un moyen déjà employé par les conventionnels, et nomme des commissaires civils attachés aux généraux :

Art. 1er. — Des commissaires civils, représentants de la Commune, sont délégués auprès des généraux des trois armées de la Commune.

Art. 2. — Sont nommés commissaires civils :
1° Auprès du général Dombrowski, le citoyen Dereure ;
2° Auprès du général La Cécilia, le citoyen Johannard ;
3° Auprès du général Wrobleski, le citoyen Léo Meillet.
Hôtel-de-Ville, le 26 floréal an 79.

Le Comité de salut public.

Ces commissaires n'exercèrent pas longtemps leur surveillance ; les Versaillais les ont promptement relevés de leur... faction.

Personne ne passe. — On avait, jusqu'à présent, cherché à établir le plus d'obstacles possibles pour empêcher la sortie de Paris ; aujourd'hui, le Comité de salut public établit une active surveillance à l'entrée :

Art. 1er. — Tous les trains, soit de voyageurs, soit de marchandises, de jour et de nuit, se dirigeant sur Paris par une ligne quelconque, devront s'arrêter hors de l'enceinte, au point où est établi le dernier poste avancé de la garde nationale.

Art. 2. — Aucun train ne pourra dépasser la limite précitée sans avoir été préalablement visité par l'un des commissaires de police délégués à cet effet.

Art. 3. — Les travaux nécessaires seront immédiatement exécutés à la hauteur de l'enceinte, pour être en mesure de détruire instantanément tout train qui essaierait de forcer la consigne.

Toujours la menace pour assurer l'exécution des mesures les plus arbitraires.

Le commencement de l'infamie. — Un arrêté dont on ne devait comprendre malheureusement que plus tard l'horrible portée paraît à l'*Officiel :*

Le membre de la Commune délégué aux services publics,

Arrête :

Tous les dépositaires de pétrole ou autres huiles minérales devront, dans les quarante-huit heures, en faire la déclaration dans les bureaux de l'éclairage, situés place de l'Hôtel-de-Ville, 9.

Paris, le 16 mai 1871.

Vu et présenté par l'ingénieur chef des services publics :

Ed. CARON.

Vu et dressé par l'ingénieur chef du service de l'éclairage et des concessions :

H. PEYROUTON.

Le membre de la Commune, délégué aux services publics,

Jules ANDRIEU.

Ce pétrole devait servir à incendier Paris! Et l'on disait que c'était pour éclairer la ville dans le cas où le gaz manquerait!!!

Arrestation. — M. Pons, le célèbre maître d'armes, capitaine, pendant le siége, du 1er bataillon de la garde nationale, est arrêté. On arrête également le prote et le concierge de l'imprimerie Dubuisson, ne pouvant arrêter le rédacteur du *Républicain*.

La Commune et les musées. — La Commune fait apposer les scellés sur tous les musées du Louvre ; elle en réorganise le personnel, et fait déménager les objets d'art qui se trouvent dans le palais des Champs-Élysées, pour les transporter au musée du Louvre.

La cartoucherie Rapp. — Vers six heures, Paris est mis en émoi par une formidable explosion. C'est la cartoucherie Rapp qui vient de sauter. Aussitôt la Commune s'empare de ce fait, résultat d'un accident, pour en accuser Versailles.

C'est Versailles qui a envoyé des agents pour mettre le feu à cette cartoucherie ; des hommes sont arrêtés qu'on dit avoir été vus s'échappant en tenant encore à la main des mèches enflammées.

Le Comité de salut public fait afficher, le lendemain, cette proclamation :

Le gouvernement de Versailles vient de se souiller d'un nouveau crime, le plus épouvantable et le plus lâche de tous.

Ses agents ont mis le feu à la cartoucherie de l'avenue Rapp et provoqué une explosion effroyable.

On évalue à plus de cent le nombre des victimes. Des femmes, un enfant à la mamelle ont été mis en lambeaux.

Quatre des coupables sont entre les mains de la sûreté générale.

Paris, le 27 floréal an 79.

Le Comité de salut public.

Détail curieux : presque toutes les pendules du quartier avoisinant la cartoucherie se sont arrêtées à six heures moins dix minutes.

L'état-major communal. — Pendant que les fédérés sont sur les remparts, les officiers d'état-major mènent une si agréable vie, que l'*Officiel* est obligé de la signaler dans une note de la façon suivante :

Des officiers d'état-major de la garde nationale, qui manquaient à leur service pour banqueter avec des filles de mauvaise vie chez le restaurateur Peters, ont été arrêtés avant-hier, par ordre du Comité de salut public. Ils ont été dirigés sur Bicêtre avec des pelles et des pioches pour le service des tranchées. Les femmes ont été envoyées à Saint-Lazare pour confectionner des sacs à terre.

Ces petites orgies amènent les rigueurs de la Commune sur le café Peters, dont la fermeture est ordonnée.

La Commune en séance. — La Commune, se trouvant sans doute bien de l'adoption des mesures qui rappellent 93, veut persévérer dans la même voie, et elle songe à de seconds massacres de septembre. Le citoyen Urbain communique un rapport d'un lieutenant Butin, de la 3e compagnie du 105e bataillon, dénonçant le viol et le massacre d'une ambulancière par les Versaillais, et demande, en compensation, que *dix des ôtages* de l'Hôtel-de-Ville soient fusillés dans les vingt-quatre heures. Cette sinistre proposition est appuyée par le citoyen J.-B. Clément.

Le citoyen Raoul Rigault veut qu'on réponde aux *assassinats* des Versaillais en frappant les coupables et non les premiers venus. « J'aimerais mieux, dit-il, laisser échapper des coupables que de frapper un innocent! » Que n'a-t-il fait ce qu'il disait! M. Chaudey vivrait encore!

Le citoyen Protot veut que les choses suivent le cours ordinaire : les prisonniers seront jugés.

Pour en finir, la Commune adopte l'ordre du jour suivant :

« La Commune, s'en référant à son décret du 7 avril 1871, en demande la mise à exécution immédiate. »

La séance continue par cette déclaration, en réponse à celle de la minorité :

La majorité de la Commune déclare :
1° Qu'elle est prête à oublier la conduite des membres de la minorité qui déclareront retirer leur signature du manifeste;
2° Qu'elle blâme ce manifeste, et passe à l'ordre du jour.

La séance se termine par le dépôt des propositions suivantes :

Proposition Vésinier :

1° Les titres de noblesse, armoiries, livrées, priviléges nobiliaires et toutes les distinctions honorifiques sont abolis.

Les pensions, rentes, apanages y afférents sont supprimés.

2° Les majorats de tous genres sont abolis ; les rentes, pensions et priviléges en dépendant sont supprimés.

3° La Légion-d'Honneur et tous les ordres honorifiques sont abolis.

Autre proposition Vésinier :

La loi du 8 mai 1816 est rapportée ; le décret du 21 mars 1803, promulgué le 31 du même mois, est remis en vigueur.

Tous les enfants reconnus sont légitimes et jouiront de tous les droits des enfants légitimes.

Tous les enfants dits naturels non reconnus sont reconnus par la Commune et légitimés.

Tous les citoyens âgés de dix-huit ans et toutes les citoyennes âgées de seize ans qui déclareront devant le magistrat municipal qu'ils veulent s'unir par les liens du mariage seront unis, à la condition qu'ils déclareront, en outre, qu'ils ne sont pas mariés, ni parents jusqu'au degré qui, aux yeux de la loi, est un empêchement au mariage.

Ils sont dispensés de toute autre formalité légale.

Leurs enfants, s'ils en ont, sur leur simple déclaration, seront reconnus légitimes.

Proposition Durand :

Je propose à la Commune de décréter qu'à l'avenir, nul

déménagement n'aura lieu qu'après avoir été surveillé à l'emballage par un douanier ou tout autre agent de la Commune.

Proposition du conseil de la 5ᵉ légion :

Considérant que tout citoyen honnête a le droit de combattre pour la liberté de son pays dans quelque camp que le hasard l'a placé,

Décrète :

Art. 1ᵉʳ. — Tout citoyen qui aura pris part à la défense des libertés communales et de la République aura droit à une pension de 300 fr., dont le premier trimestre sera payé trois mois après le jour où une victoire complète aura été remportée par l'armée des défenseurs de la République sur celle des royalistes versaillais.

Art. 2. — Tout soldat de l'armée versaillaise, à quelque corps qu'il appartienne, venant se ranger sous la bannière de la Commune et de la République, aura droit à la même retraite.

Art. 3. — Tout citoyen de la province qui prendra les armes pour défendre la République et les institutions communales aura également droit à la même retraite.

Art. 4. — Tout officier et sous-officier de l'armée de Versailles venant défendre le drapeau de la liberté aura le droit à la retraite, proportionnellement à son grade.

Les communards, comme toujours, en élucubrant leurs propositions, se souciaient fort peu de la désorganisation qu'ils allaient apporter dans la société, si elles allaient être prises au sérieux.

Intervention prussienne. —Depuis le traité de paix, il n'est bruit dans Paris que de l'intervention prussienne dans les affaires intérieures de la France. Les journaux annoncent des concentrations de troupes allemandes dans les environs de la capitale, dont elles se rapprochent. On va jusqu'à dire que si dans trois jours Paris ne s'est pas rendu, la Prusse imposera un vote plébiscitaire à la France, et que si Paris ne veut pas se soumettre à ce vote, les Prussiens le bombarderait sans merci.

Ces bruits seraient-ils devenus une réalité si Paris n'avait été aussitôt délivré? C'est ce qu'on ne peut dire; mais ce qu'il y a de certain, c'est que la Prusse, créancière de la France, n'aurait pas voulu laisser perdre son gage.

Les artistes fédérés. — Il est fait quelques nominations assez intéressantes :

Sur la proposition de la commission fédérale des artistes,

Le citoyen André Gill, dessinateur, est délégué comme administrateur provisoire du musée du Luxembourg.

Les citoyens Chapuy (Jean), sculpteur, et Gluck, peintre, lui sont adjoints pour l'assister dans ses fonctions provisoires.

Le citoyen Oudinot (Achille), architecte et peintre, est délégué comme administrateur provisoire des musées du Louvre.

Et les citoyens Héreau (Jules), peintre, et Dalou, statuaire, lui sont adjoints pour l'assister dans ses fonctions provisoires.

Journée du 18 mai.

Encore des squelettes. — Après Picpus, Saint-Laurent ; après Saint-Laurent, les Petits-Pères.

Des squelettes ont encore été découverts dans cette dernière église. Sur cette découverte, quatre prêtres de Notre-Dame-des-Victoires sont arrêtés.

Ces exhumations ont produit des exhalaisons tellement malsaines, que deux gardes nationaux, de faction dans l'église, se sont évanouis, et n'ont repris leurs sens qu'au grand air.

Craintes de la Commune — La Commune apercevant du découragement dans les gardes nationaux ou sentant arriver sa chute, croit devoir, pour ranimer le zèle de ses soldats, publier un manifeste où, exaltant la cause pour laquelle ils combattent, elle montre la perte des républicains et de la République, s'ils hésitent ou s'ils reculent.

Aux gardes nationaux.

Vos ennemis, ne pouvant vous vaincre, voudraient vous déshonorer. Ils vous jettent les épithètes de brigands et de pillards, en ajoutant ainsi la calomnie à la série de leurs crimes. Répondre par la force à leurs attentats contre la République, voilà le brigandage; lutter pour le triomphe des franchises communales, voilà le pillage.

Bonapartistes, orléanistes et chouans sont ligués contre vous et n'ont de lien commun que leur haïne pour la révolution. Ils rêvent de rétablir un trône qui servirait de rempart à leurs priviléges, et ils voudraient écraser la République, garantie de tous les progrès, sous l'ignorance des campagnes qu'ils égarent on corrompent.

Vous déjouerez leurs projets liberticides par votre discipline et votre héroïsme. Leurs trahisons nous ont empêchés de sauver l'intégrité de notre patrie; mais elles n'auront pas la puissance de nous rejeter sous le joug, même passager, d'une restauration monarchique.

Il faut que ces insurgés contre les droits du peuple en prennent leur parti : nous réaliserons le sublime programme tracé par nos pères en 92. L'ordre dans la République, la liberté, l'égalité, la fraternité, ne demeureront pas lettre morte. La lutte soutenue en France depuis quatre-vingts ans contre le vieux monde va toucher à son dénoûment.

Si vous remplissez vos devoirs, il n'est pas douteux : c'est Paris triomphant, ce sont les villes qui brûlent de suivre votre exemple, ce sont les campagnes élevées à la notion de leurs droits, c'est la République devenue inébranlable et affranchissant le peuple de l'ignorance et de la misère, c'est une ère nouvelle ouverte à tous les progrès.

Si, au contraire, vous hésitiez ou vous reculiez, ce serait Paris livré aux vengeances féroces des sicaires de Versailles et noyé dans des flots de sang; ce serait la dévastation et le carnage dans toutes les rues, l'égorgement et la déportation des républicains dans toute la France, le deuil de la République ajouté au deuil national, l'esclavage du citoyen greffé sur la patrie démembrée, une rétrogradation effroyable dans toutes les orgies du royalisme.

Gardes nationaux ! votre choix est fait : vous combattez pour la République, pour votre salut, pour la **plus noble** des causes, et vous vaincrez !

Vive la République !

Vive la Commune !

Paris, le 27 floréal an 79.
Le Comité de salut public.

Bulletin militaire. — Au moment où la Commune est sur le point d'expirer, il est curieux de relater les rapports militaires enregistrés journellement et toujours mensongers. Ainsi, celui du 17 dit que le fort de Vanves n'est pas occupé par les Versaillais ! que ceux-ci ont été repoussés à Neuilly ! etc. !...

Pas de demi-mesure. — Le colonel de la 8e légion n'y va pas de main morte contre les réfractaires. Il les menace de mort s'ils refusent de marcher :

Tous les citoyens de dix-neuf à quarante ans, faisant partie des 3e et 4e bataillons, qui n'auront pas rejoint *immédiatement* leur casernement à la caserne de la Pépinière, seront arrêtés et déférés à la cour martiale. *(La peine encourue est celle de mort.)*

Trois bataillons étrangers à l'arrondissement sont mis à la disposition de la légion pour faire exécuter cet ordre.

Un F∴ M∴ tué. — A l'ambulance du Grand-Orient, rue Cadet, était mort des suites de ses blessures un dignitaire de la franc-maçonnerie qui avait été un des instigateurs de la manifestation du 29 avril.

La Commune donna toute l'importance possible à cet enterrement, fort remarquable d'ailleurs par le nombre des maçons, l'éclat des ornements et la diversité des costumes.

Faits divers. — Au concert des Tuileries, Mlle Agar a encore dit la *Lyre d'airain*, de Barbier.

L'église de la Trinité est fermée pour cause de déménagement des vases sacrés à la Monnaie.

Le citoyen Janssoulé (Ferdinand) est autorisé par la Commune à former un corps franc qui s'appellera le corps des *Lascars*.

Jugement sommaire. — Les journaux communalistes annoncent « que les criminels émissaires de Versailles qui ont mis le feu à la cartoucherie de l'avenue Rapp ont été, dans la nuit du 18 mai, jugés et condamnés à mort. L'exécution doit avoir lieu dans les vingt-quatre heures, »

Parmi ces malheureux se trouve un Polonais, le comte Zamoyski, un homme du meilleur monde, dont la bourse a toujours été ouverte à ses compatriotes dans le besoin. Dombrowski est un de ceux surtout qui ont le plus abusé de la générosité du comte.

Représentations de bienfaisance. — La Commune est pleine d'humanité à ses heures. Aujourd'hui, jour de l'Ascension, des membres de la Commune ont organisé trois représentations aux Tuileries. Dans la salle des Maréchaux, à deux heures ; dans la galerie de Diane, à quatre heures ; dans la salle du Théâtre, à six heures. Partout foule nombreuse et empressée.

Journée du 19 mai.

La Commune et la presse. — Par arrêté du Comité de salut public, dix journaux sont supprimés : la *Commune*, l'*Écho de Paris*, l'*Indépendance française*, l'*Avenir national*, la *Patrie*, le *Pirate*, le *Républicain*, la *Revue des Deux-Mondes*, l'*Écho de Ultramar* et la *Justice*. Pour ne pas être obligé d'y revenir si souvent, la Commune arrête qu'aucun nouveau journal ou écrit périodique politique ne pourra paraître avant la fin de la guerre. Afin que l'on sache à qui l'on a affaire, les articles devront être signés par leurs auteurs ; les attaques contre la République et la Commune seront déférées à la cour martiale, naturellement.

Toujours des abus. — Il n'y a pas que d'honnêtes gens dans la garde nationale, car voici la note que le ministère des finances est forcé d'insérer dans l'*Officiel*, menaçant de cour martiale et encourageant la délation :

La solde de la garde nationale a donné lieu à de scandaleux abus.

Le délégué aux finances a constitué un service spécial de contrôle pour arrêter les détournements qui se commettent tous les jours.

Quant aux misérables qui ont osé profiter des difficultés de la situation actuelle pour tromper indignement la Commune, le service de contrôle est appelé à faire une enquête sévère sur ces délits qui, à l'heure présente, sont des crimes. Leur culpabilité établie, ils seront déférés à la cour martiale et jugés avec toute la rigueur des lois militaires.

La direction du contrôle, siégeant à la délégation des finances, recevra avec reconnaisance tous les documents de nature à l'éclairer.

Situation militaire. — On sentait que de jour en jour approchait l'action définitive, et malgré le peu de cas à faire des rapports militaires de la Commune sous les bonnes nouvelles qu'ils ne cessaient de donner, on cherchait toujours un indice de vérité.

C'est par les forts sud-ouest qu'il semble que l'armée entrera. L'*Officiel* dit :

Véritable bombardement toute la soirée, d'Auteuil, Passy et Point-du-Jour par les batteries de Montretout ; nous ripostons vigoureusement.

Définitivement, succès remporté par nos braves fédérés dans le bois de Boulogne.

Tout va bien ! Acculés entre deux barricades, mitraillés des deux côtés, ils diraient encore que tout va bien !

Non seulement tout va bien, mais on triomphe !

19 mai 1871, 1 heure 10 minutes.

Nous recevons dépêche d'Arc-de-Triomphe :
Plus de feu, plus d'attaque ; croyons les Versaillais repoussés.

DELESCLUZE.

Aussi, avec ce calme qui sied aux gens tranquilles sur le résultat, et sûrs de l'atteindre, se livrent-ils à *l'administration intérieure*.

Les travaux de démolition de la chapelle expiatoire sont commencés. Les ouvriers ont enlevé les chaînes en fer qui entouraient ce monument et ont descellé les pierres de taille qui entouraient la chapelle et formaient tout autour une sorte de trottoir.

Le Comité central partage entre tous ses membres les commissions de l'administration de la guerre :

Intendance. — Moreau.
Ordonnancement. — Piat, B. Lacorre.
Solde. — Geofroy.
Contrôle général et informations. — Gouhier, Prudhomme, Gaudier.
Commission médicale. — Fabre, Tiersonnier, Bonnefoy.
Infanterie. — Lacord, Tournois, Barroud.
Artillerie. — Rousseau, Laroque, Maréchal.
Armement. — Bisson, Houzelot.
Génie. — Brun, Marceau, Lévêque.
Cavalerie. — Chouteau, Avoine fils.

Examen disciplinaire, enquête et secours. — Navarre, Husson, Lagarde, Audoynaud.

État-major. — Hanser, Soudry.

Habillement, équipement, harnachement, campement. — Lavalette, Chateau, Valatz, Patris, Pougeret.

Train. — Millet, Boullenger.

Subsistances. — Bouit, Ducamp, Grêlier, Drevet.

Dans le 2e arrondissement, on fait des fouilles chez les boulangers qui continuent à travailler la nuit.

La préméditation incendiaire. — L'*Officiel* est pressant, les membres de la Commune aussi. Il faut des matières combustibles, incendiaires acharnées; il en faut beaucoup et tout de suite.

Les possesseurs de phosphore et produits chimiques qui n'ont pas répondu à l'appel du *Journal officiel* s'exposent à une saisie immédiate de ces produits.

Paris, le 18 mai 1871.

Le membre de la Commune, chef de la délégation scientifique,

Parizel.

La délégation scientifique acceptera tous les jours, de huit heures à onze heures du matin, les soumissions de sulfure de carbone qui lui seront faites.

Paris, le 19 mai 1871.

Le membre de la Commune, chef de la délégation scientifique,

Parizel.

Inutile de dire à quoi tous ces produits ont servi.

La sinistre menace de Jules Vallès a été mise en exécution :

« Si M. Thiers est *chimiste,* il me comprendra ! »

Séance de la Commune. — La première partie de la séance est longuement occupée par les récriminations des membres de la Commune. Ils se plaignent que l'*Officiel* dénature leur pensée et tronque leurs discours, met sous le nom de l'un ce qui est la folie de l'autre :

Le citoyen MORTIER. — Je viens protester contre une erreur des sténographes qui ont écrit Mortier pour Pottier. Je demande à ce que rectification du fait soit insérée à l'*Officiel.* Si la sûreté générale faisait évacuer ou fermer toutes les églises de Paris, elle ne ferait que prévenir mes désirs. Ce que je pourrais lui contester, ce serait la fermeture complète de ces maisons, car je désire les voir ouvertes pour y traiter de l'athéisme et anéantir par la science les vieux préjugés et les germes que la séquelle jésuitique a su infiltrer dans la cervelle des pauvres d'esprit.

La Commune déclare l'urgence de juger Cluseret, et prend plusieurs décisions qui seront à l'*Officiel* du lendemain.

A dimanche la suite des travaux de la Commune.

Le départ de Rochefort. — Ennemi des gens de la Commune, mais non du principe communal, M. Rochefort part dans la nuit du 19 au 20 mai, laissant une lettre dans laquelle il déclare que devant la situation faite aux journaux par la dernière mesure du Comité de salut public, il ne croit pas de sa dignité de faire paraître le *Mot d'Ordre*.

Il attendra des jours meilleurs. Ce départ fut un coup pour la Commune : si Rochefort partait, c'est que la situation n'était plus sûre. Le gouvernement l'arrêta à Meaux.

Journée du 20 mai.

La lutte. — Décidément la lutte a pris un caractère des plus sérieux. Du Point-du-Jour à Passy, il y a un engagement très-important. A Passy surtout, le combat semble prendre les proportions d'une bataille. D'après les forces qui sont concentrées sur ce point, on peut croire que Passy est devenu l'objectif des assaillants.

C'est donc là aussi qu'on prépare une grande résistance.

Les bulletins furent, comme toujours, les plus satisfaisants du monde :

Midi, Petit-Vanves.

Les garibaldiens ont mis en fuite les ruraux.
Nous avons encore eu l'avantage du côté de Clamart.

Neuilly, Auteuil.

Succès importants.

Fusillade intermittente.

Nos artilleurs sont pleins d'entrain, et l'esprit des troupes en général est excellent.

Neuilly.

Tout va bien: Les batteries de nos barricades font éprouver des pertes sérieuses aux Versaillais.

Minuit. — Reprise des hostilités jusqu'à six heures du matin; avantage aux fédérés.

Après-midi. — Nos bastions tirent de temps à autre et font cesser le feu ennemi.

Sur le boulevard, le bruit courait que le drapeau tricolore avait flotté un instant sur la porte d'Auteuil. Ce que l'on nous a raconté à ce sujet serait qu'un soldat, ayant escaladé les murs, aurait planté un tout petit drapeau tricolore sur le parapet des remparts.

Décrets. — La Commune lance décrets sur décrets. Elle veut faire voir qu'elle sait employer son temps.

1º Une commission supérieure de comptabilité, composée de quatre comptables nommés par la Commune, est instituée.

Elle sera chargée de la vérification générale des comptes des différentes administrations communales, et devra fournir à la Commune un rapport mensuel de ses travaux.

2º « Considérant que dans les jours de révolution,

le peuple, inspiré par son instinct de justice et de moralité, a toujours proclamé cette maxime : « Mort aux voleurs ! »

La Commune décrète :

Art. 1er. — Jusqu'à la fin de la guerre, tous les fonctionnaires ou fournisseurs accusés de concussion, déprédation, vol, seront traduits devant la cour martiale; la seule peine appliquée à ceux qui seront reconnus coupables sera la peine de mort.

Art. 2. — Aussitôt que les bandes versaillaises auront été vaincues, une enquête sera faite sur tous ceux qui, de près ou de loin, auront eu le maniement des fonds publics.

3º Il sera fait application aux parents des victimes de la cartoucherie de l'avenue Rapp du décret du 10 avril 1871, concernant les veuves et les orphelins.

4º Un recueil hebdomadaire de tous les actes officiels de la Commune est fondé; il prendra le titre de *Bulletin des Lois*.

Henri IV à terre. — Un échafaudage a été dressé hier matin devant la grande porte d'entrée de l'Hôtel-de-Ville. Quatre ouvriers s'y sont installés et ont commencé à enlever, morceau par morceau, la statue d'Henri IV qui orne le fronton demi-circulaire. Ce matin, la statue était complètement enlevée.

Les brassards tricolores. — Les mesures de la Commune étaient tellement attentatoires à la religion, à la liberté, à la famille et à la propriété, que l'on songeait sérieusement, pratiquement, à une diversion à l'intérieur. Pour se reconnaître, on devait avoir un brassard tricolore au bras gauche. Un officier d'état-major, qui était du *complot*, éventa la mèche, et l'affaire n'eut pas lieu.

Mais quand l'armée de l'ordre entra, les brassards revinrent, et l'on peut dire que les fédérés ne furent pas les derniers à se déguiser avec ce signe distinctif des *bons* gardes nationaux, qui était comme la carte de civisme de Versailles.

Mont-de-Piété. — Il est procédé à un second tirage au sort de quatre nouvelles séries d'objets engagés et devant être délivrés gratuitement.

Ce tirage a donné les résultats suivants :

1º Du 16 au 31 janvier 1870;
2º Du 16 au 31 novembre 1869;
3º Du 16 au 31 mai 1870;
4º Du 1er au 15 février 1871.

Seuls, les habitants de la Commune de Paris pouvaient bénéficier du droit du 6 mai, à la condition que chaque reconnaissance porte le cachet de la mairie, du commissaire de police, du juge de paix ou du conseil de famille du bataillon de l'arrondissement de l'emprunteur.

L'art lyrique. — M. Auber ayant été *remplacé* par M. Daniel Salvador qui, sous l'Empire, faisait la critique musicale à la *Marseillaise*, ce dernier voulut parler à ses... *sujets* de la danse et du chant :

Les citoyens et citoyennes artistes, attachés aux théâtres ci-après : Opéra, Opéra-Comique et Théâtre-Lyrique, et comptant à un titre quelconque dans le personnel du chant, de l'orchestre, des chœurs, de la danse ou de la régie, sont invités à se réunir dans la salle du Conservatoire, mardi 23, à deux heures, à l'effet de s'entendre avec le citoyen Salvador Daniel, délégué par la délégation à l'enseignement, sur les mesures à prendre pour substituer au régime de l'exploitation, par un directeur ou une société, le régime de l'association.

Le jury d'accusation. — Cette intervention des gouvernants parisiens, destinée à couvrir d'un masque de légalité les journées de septembre que préparait Raoul Rigault, fonctionne aujourd'hui pour la première fois.

La séance est ouverte à onze heures, et l'on passe à l'interrogatoire de quelques sergents de ville.

Pour l'histoire, qui refusera de croire à tout ce qui se passe à Paris, nous reproduisons aux documents l'interrogatoire d'un des *accusés* (1).

L'audience a compris plusieurs séries d'accusés, et presque tous furent retenus comme otages; c'était une menace de mort que d'être otage, et l'on meurt

(1) Voir aux documents la note *P*, qui rapporte les paroles du président et du substitut du procureur de la Commune.

vingt fois quand l'appréhension de la fusillade ne vous laisse aucun répit.

A cette séance, on donnait comme probable, pour le commencement de la semaine prochaine, mardi ou mercredi, la comparution de l'archevêque de Paris devant le jury d'accusation.

Journée du 21 mai.

Le dernier jour d'un condamné. — Lorsque les faits sont passés, on ne peut s'empêcher de rechercher et d'analyser la philosophie du hasard.

Qui de nous, des internés de Paris, aurait cru la délivrance si proche ? Qui de nous aurait pensé qu'au cadran de l'éternité la dernière minute de la Commune venait de sonner ?

Par une sorte de fatalité, c'était une belle journée de mai, pendant laquelle on a chanté, ri, décrété, terrorisé comme si, de longtemps, rien ne devait changer dans Paris.

C'est comme un fait exprès ! La mort vous saisit quand on y pense le moins, et l'on dirait que l'horrible fiancée s'arrange pour vous surprendre du côté où l'on ne regarde pas, car on fuirait de dégoût à l'approche de cette carcasse d'os blancs recouverts d'un suaire.

Mesures communales. — Dans le 14ᵉ arrondissement, on fait à la Commune des défenseurs par force. Qui ne *marche pas* est arrêté, et l'on arrête dans les rues.

L'intendance communale aura un nouveau costume.

Le corps des marins est dissous.

En présence des tentatives de corruption qui lui sont signalées de toutes parts, le Comité de salut public rappelle que tout individu prévenu d'avoir offert ou accepté de l'argent pour faits d'embauchage se rend coupable du crime de haute trahison et sera déféré à la cour martiale.

La Commune de Paris,
Conformément aux principes établis par la première République, et déterminés par la loi du 11 germinal an II,

Décrète :

Les théâtres relèvent de la délégation à l'enseignement.
Toute subvention et monopole des théâtres sont supprimés.
La délégation est chargée de faire cesser, pour les théâtres, le régime de l'exploitation par un directeur ou une société, et d'y substituer, dans le plus bref délai, le régime de l'association.

Les écoliers de la Commune. — Ce jour-là nous avons rencontré, rue des Martyrs, une bande d'environ deux cents bambins marchant en rang, précédés par un enfant qui battait du tambour et un autre qui portait un petit drapeau rouge. Ils chantaient à tue-tête la *Marseillaise.* Cette promenade grotesque fêtait l'ouverture d'une *école laïque* organisée par les soins de la Commune.

Encore une brebis galeuse. — Après avoir pris connaissance des pièces contenues dans le dossier du citoyen Clément et après ses déclarations, les membres de la Commune, Dupont et Chalain, firent un rapport qui concluait à ce que l'on maintînt l'arrestation de Clément, jusqu'à ce que de l'étude de quelques pièces résulte si oui ou non il a été agent de police secrète sous Napoléon III.

La Commune, qui ne peut pas laver son linge sale en famille, le fait en public, ce qui est loin d'attirer la confiance générale à des gens qui, dit-on, si on les épluchait tous, auraient probablement bien des peccadilles sur la conscience.

Le Comité central. — Cette note, qui parut à l'*Officiel,* souleva à la séance de la Commune un *tolle* général :

Les habitants de Paris sont invités de se rendre à leur domicile *sous quarante-huit heures ;* passé ce délai, leurs titres de rente et grand livre seront brûlés.

Pour le Comité central :
GRÊLIER.

Lefrançais alla jusqu'à demander l'arrestation du signataire de cette note.

Un peu de musique. — Il y avait grand concert à deux heures et demie, dans le jardin des Tuileries. Quinze cents musiciens de la garde nationale ont exécuté six morceaux. Il y avait bien six mille auditeurs.

Dernière séance de la Commune. — On se réunit à trois heures et demie de l'après-midi. Vallès présidait, ayant G. Courbet pour assesseur.

Cluseret, jugé, fut acquitté, et avant la fin de cette séance Paris échappait à la tyrannie de la Commune, qui est morte en mentant aux Parisiens, comme elle avait vécu en mentant aux principes qu'elle invoquait.

A cinq heures du soir, l'enceinte était forcée, et lundi matin le *Cri du peuple* publiait ces rapports militaires :

Montrouge, 21 mai.

Deux attaques sur Moulin-Saquet, barricade Villejuif, dix heures du soir et trois heures matin, repoussées sans pertes.

Moulin-Saquet.

A poussé une reconnaissance jusqu'à Choisy et n'a rencontré que des patrouilles de cavalerie.

Hautes-Bruyères et Cachan, calme.

Ivry tire sur Choisy vers onze heures.

Petit-Vanves.

Rien de nouveau.

Midi, 21.

Parc Béranger ouvre son feu sur Bécon.

Neuilly.

Tout va très-bien.

Oui, *tout va très-bien,* ni pour Neuilly, ni pour vous, mais pour la liberté et la France !

L'insurrection était vaincue.

Pyat et Grousset disparaissent.

Delescluze déménage au plus vite du ministère de la guerre et se réfugie à l'Hôtel-de-Ville, d'où il lance cette affiche qui ne trompa personne :

8 heures du soir.

On avait, dans la soirée, parlé de l'entrée de Versaillais dans la ligne des remparts.

L'observatoire de l'Arc-de-Triomphe nie l'entrée des Versaillais ; du moins il n'y voit rien qui y ressemble. Le commandant Renard, de la section, vient de quitter mon cabinet et affirme qu'il n'y a eu qu'une panique, et que la porte d'Auteuil n'a pas été forcée ; que si quelques Versaillais se sont présentés, ils ont été repoussés. J'ai envoyé chercher onze bataillons de renfort par autant d'officiers d'état-major, qui ne doivent les quitter qu'après les avoir conduits au poste qu'ils doivent occuper.

DELESCLUZE.

Et pendant ces événements si importants, le jury

d'accusation était convoqué pour le lendemain ; les théâtres, pleins de lumières et de rires, avaient peine à contenir la foule qui se pressait aux guichets, et dans un club obscur, le citoyen Gaillard père — qui avait repris ses fonctions de barricadier en chef — parlait avec jactance de la barricade qu'il ferait construire à l'Arc-de-Triomphe, de manière à permettre aux Parisiens de battre en brèche le Mont-Valérien, en empêchant à tout jamais les Versaillais d'entrer dans Paris.

Trop tard! — Le mot de toutes les révolutions.

L'AGONIE.

CHAPITRE IX ET DERNIER.

Le 22 mars et le 22 mai. — Le clairon d'alarme. — ILS SONT ENTRÉS ! — Appel de Delescluze aux combattants aux bras nus. — Les affiches du 22. — Barricades. — Les affiches du 23. — Les journaux du 23. — Prise de Monmartre. — L'incendie. — Les dernières affiches du 24. — Les pompiers. — L'exécution de Millière. — Les anciennes municipalités. — Le parc aux cerfs de Raoul Rigault. — L'écurie du général Eudes. — La batterie du Père-Lachaise. — Le sort des otages : Gustave Chaudey, Mʳ Darboy, le curé Deguerry et le président Bonjean. — La Ligue d'union républicaine. — Les prisonniers. — Le fort de Vincennes. — Conclusion et proclamation de Mac-Mahon aux habitants de Paris.

Le 22 MARS 1871, des hommes, des Français, des Parisiens, un ruban bleu à la boutonnière, portant un drapeau tricolore, — autour duquel se groupaient des marins, des soldats, des mobiles, des gardes nationaux et des francs-tireurs sans armes — faisaient, au nom de l'ordre, une manifestation pacifique.

Le Comité central leur répondit par des coups de fusil, et des balles brisèrent la hampe du drapeau national qui tomba.

Le 22 MAI — deux mois après, jour pour jour — ces mêmes hommes, les armes à la main cette fois, rentraient en vainqueurs dans ce Paris d'où ils avaient été chassés, et faisaient de nouveau flotter sur la ville le drapeau tricolore, qui est celui de la France.

Dans la nuit du 21 au 22, Paris fut réveillé dans tous ses quartiers par le bruit des tambours et des clairons. Le tocsin était sonné dans les églises; des troupes en armes allaient et venaient sur les boulevards. Dans les maisons tout le monde se levait en hâte, les fenêtres s'ouvraient, des têtes anxieuses s'y montraient.

Il faisait nuit; le clairon d'alarme piquait les échos de ses notes plaintives, et un bourdonnement inconnu, confus, inénarrable, s'élevait de la cité subitement troublée dans son repos.

A l'aube on vit des gardes nationaux remonter les boulevards par petits groupes; ils étaient exténués de fatigue, couverts de poussière, et leurs fusils suaient la poudre.

— Les Versaillais sont dans Paris! dirent-ils.

Cette nouvelle, quand elle fut certaine, fut pour les uns un coup de foudre, pour les autres un soupir de délivrance.

Deux mois de régime imposé par des gens qui se disaient les apôtres de toutes les libertés, et dont les actes répondaient si peu aux principes dont ils se paraient, avaient fait bien des désolations. Ceux qui n'avaient pu — ou qui n'avaient pas voulu — quitter Paris, en butte à des exigences de service actif, à des perquisitions, à des arrestations, voyaient arriver avec bonheur la fin de leurs craintes et de leur terreur. Les gens pour qui le travail est un devoir facile voyaient avec la fin de la guerre s'ouvrir une ère de paix.

Et ils semblaient heureux!

Les personnes qui n'osaient se montrer la veille sortaient, s'enquéraient; les réfractaires de la garde nationale allaient aux informations.

— Par où sont-ils entrés?

— Comment?

Les questions se croisaient, chacun racontait sa version; mais tout le monde était d'accord sur un point, et c'était le principal : l'entrée des troupes.

On se félicitait entre voisins. Et tout le monde disait : Enfin!..

Dans certains quartiers de la ville et des faubourgs, l'enthousiasme était plus contenu, car tout n'était pas fini, et les habitants des rues où s'élevaient des barricades se voyaient exposés à tous les risques des luttes sanglantes que l'attitude des fédérés et l'ardeur des troupes faisaient présager.

Les femmes surtout se montraient indignées de ce qu'elles appelaient « la lâcheté des hommes, » qui rentraient chez eux au lieu de combattre jusqu'au dernier. Cependant nombre de mères de famille allèrent sur les barricades chercher leurs maris, prirent leurs fusils et les ramenèrent ainsi au logis.

Quelques journaux parurent : le *Journal officiel*, le *Père Duchêne*, le *Cri du Peuple*, le *Rappel*, le *Vengeur*, le *Journal populaire* (édition du matin). — On se les arrachait.

L'*Officiel*, muet sur l'entrée des troupes dans Paris, ne donnait pas de nouvelles militaires. A la place où se trouvaient la veille les renseignements guerriers s'étalait l'annonce d'un marché passé avec un facteur d'instruments de musique, pour la livraison de cent clairons garnis, au prix de 13 fr., livrables le 25 mai.

Cependant cette proclamation en disait assez long pour ceux *qui savent lire :*

Au peuple de Paris. — A la garde nationale.

Citoyens,
Assez de militarisme, plus d'états-majors galonnés et dorés sur toutes les coutures !

Place au peuple, aux combattants, aux bras nus ! L'heure de la guerre révolutionnaire a sonné.

Le peuple ne connaît rien aux manœuvres savantes; mais quand il a un fusil à la main, du pavé sous les pieds, il ne craint pas tous les stratégistes de l'école monarchiste.

Aux armes ! citoyens, aux armes ! Il s'agit, vous le savez, de vaincre ou de tomber dans les mains impitoyables des réactionnaires et des cléricaux de Versailles, de ces misérables qui ont, de parti pris, livré la France aux Prussiens et qui nous font payer la rançon de leurs trahisons.

Si vous voulez que le sang généreux qui a coulé comme de l'eau depuis six semaines ne soit pas infécond, si vous voulez vivre libres dans la France libre et égalitaire, si vons voulez épargner à vos enfants et vos douleurs et vos misères, vous vous lèverez comme un seul homme, et devant votre formidable résistance, l'ennemi, qui se flatte de vous remettre au joug, en sera pour la honte des crimes inutiles dont il s'est souillé depuis deux mois.

Citoyens, vos mandataires combattront et mourront avec vous, s'il le faut. Mais au nom de cette glorieuse France, mère de toutes les révolutions populaires, foyer permanent des idées de justice et de solidarité qui doivent être et seront les lois du monde, marchez à l'ennemi, et que votre énergie révolutionnaire lui montre qu'on peut vendre Paris, mais qu'on ne peut ni le livrer ni le vaincre!

La Commune compte sur vous ; comptez sur la Commune !

Le délégué civil à la guerre,
Ch. DELESCLUZE.

Le Comité de salut public :

Ant. ARNAUD, BILLIORAY, E. EUDES,
F. GAMBON, G. RANVIER.

Il faudrait, pour répondre à cette sinistre proclamation, mettre en regard toutes les atrocités commises par ces gens affolés de rage, ivres de tout ce que les passions destructives peuvent offrir de plus désordonné !

Que les honnêtes gens qui ont cru en les hommes de l'Hôtel-de-Ville doivent regretter leur erreur et pleurer le concours — ne serait-il que moral — qu'ils peuvent leur avoir prêté !

Courbet finir ainsi?

Delescluze?

Ils ont fait appel *aux combattants aux bras nus,* et ils ont accompli ensemble les ravages par lesquels les barbares se sont signalés dans l'histoire : ils ont égorgé, pillé, assassiné, incendié. Ces hommes-là, incapables de quelque chose de grand, ont tout abattu à leur taille et n'ont laissé que des ruines.

Des mesures étaient prises pour faire marcher le bataillon de la fédération artistique.

Autre arrêté de leur *Officiel,* le dernier :

Le délégué civil à la guerre,
Attendu que le 7ᵉ bataillon refuse son concours à la défense de la République et de la Commune,
Vu le rapport du chef de la 9ᵉ légion,

Arrête :

Le 7ᵉ bataillon est dissous.

Les hommes de dix-neuf à quarante ans, tombant sous l'application de l'arrêté du 7 avril 1871, seront reversés dans d'autres bataillons.

Le colonel de la 9ᵉ légion est chargé de l'exécution du présent arrêté.

Paris, le 21 mai 1871.

Le délégué civil à la guerre,
Ch. DELESCLUZE.

De plus, le public est prévenu que les musées du Louvre seraient fermés, et que les sœurs avaient été remplacées par des citoyennes dans les services hospitaliers de Beaujon.

Le combat est partout engagé avec une extrême violence. Partout on élève des barricades.

Le feu prend au ministère des finances; toutes les archives sont atteintes depuis la rue du Luxembourg jusqu'à la rue Saint-Florentin. On fait courir dans le public le bruit que c'est le grand livre que la Commune fait brûler, et comme l'*Officiel* de ce matin a été très-peu lu, on ne sait pas que la Commune a désavoué le Comité central et la note signée Grêlier.

Des affiches couvrent Paris; les voici dans l'ordre suivant lequel elles ont été apposées :

RÉPUBLIQUE FRANÇAISE.

Liberté, — Égalité, — Fraternité.

Que les bons citoyens se lèvent !
Aux barricades ! L'ennemi est dans nos murs.
Pas d'hésitation.
En avant pour la République, pour la Commune et pour la liberté !
Aux armes !

Paris, le 22 mai 1871.

Le Comité de salut public :
Ant. ARNAUD, BILLIORAY, E. EUDES,
J. GAMBON, G. RANVIER.

COMMUNE DE PARIS.

DEUXIÈME ARRONDISSEMENT. — MAIRIE DE LA BOURSE.

Les monarchistes qui veulent anéantir Paris se croient sûrs de la victoire ; ils ne font que creuser leur tombe.

Aux barricades, frères, aux barricades !

Que chaque coin de rue devienne une forteresse, que les enfants roulent des pavés, que les femmes cousent des sacs à terre ! Aux armes, bataillons fédérés ! La province, éclairée, enthousiasmée, marche à notre aide. Aujourd'hui la lutte acharnée, demain la victoire définitive.

Debout ! Vous tenez en vos mains le sort de la Révolution.

Vive la Commune !
Vive la République !

La délégation communale:
Eugène Pottier, Auguste Serraillier,
Jacques Durand, Jules Johannard.

Paris, 22 mai 1871.

Les autres maires n'ont pas fait de proclamations.

RÉPUBLIQUE FRANÇAISE.

Liberté, — Égalité, — Fraternité.

COMMUNE DE PARIS.

Comité de salut public.

Le Comité de salut public autorise les chefs des barricades à requérir les ouvertures des portes des maisons là où ils le jugeront nécessaire.

A réquisitionner pour leurs hommes tous les vivres et objets utiles à la défense, dont ils feront récépissé, et dont la Commune fera état à qui de droit.

Paris, le 22 mai 1871.

Le membre du Comité de salut public,
G. Ranvier,

Il y a des barricades : rue de Rivoli, rue Duphot, rue de Luxembourg, rue Neuve-Saint-Augustin, rue de Monpensier, au coin du Théâtre-Français; à l'entrée de la rue du 4 septembre; faubourg du Temple, boulevard Voltaire, place du Château-d'Eau, sous la porte Saint-Martin, place du Nouvel-Opéra, presque toutes les rues adjacentes des deux côtés du boulevard, rue Richelieu, rue Vivienne, place de la Bourse, place Clichy, au milieu de la rue de Châteaudun (ex-Cardinal-Fesch), rue Saint-Marc.

Ce n'est encore rien.

Demain il y en aura davantage. Jamais l'expression : *se hérisser de barricades*, n'aura été plus juste pour Paris. Ce sont surtout des enfants qui les construisent, mais elles n'en servent pas moins aux combattants, parmi lesquels se distinguent les femmes.

Le général La Cécilia commande à Montmartre; le colonel Brunel, de la 10ᵉ légion, relâché de sa prison, commande à la place Vendôme.

Un journal affirme que d'une fenêtre d'une maison située au coin du boulevard Rochechouart, on a tiré sur des gardes nationaux.

Une perquisition, faite immédiatement dans cette maison, ayant amené la découverte d'individus armés, plusieurs auraient été, sur le champ, passés par les armes.

La susceptibilité de l'homme est encore excitée par sa défaite; aussi, ce fait n'a-t-il rien d'invraisemblable.

Dans l'après-midi, on a pu se procurer quelques journaux : l'*Avant-garde*, le *Salut public* et le *Journal populaire*.

A la nuit close, la situation n'a pas sensiblement changé depuis le matin.

Les Versaillais occupent la plus grande partie de la rive gauche, les quais, les Champs-Élysées, le faubourg Saint-Honoré et une partie des boulevards Malesherbes et Haussmann. Ils ont des mitrailleuses à Saint-Augustin, et des canons défendent la caserne de la Pépinière.

Au ministère des finances, on est parvenu à se rendre maître de l'incendie.

Le drapeau tricolore était arboré sur l'École militaire, où l'on a trouvé les archives de la société l'*Internationale*.

Le Comité de salut public fait afficher pour demain matin une nouvelle proclamation aux soldats de l'armée de Versailles. Toute la nuit on a construit des barricades, pendant que le canon tonnait et que la mitrailleuse grinçait (1).

(1) Voir à la note Q le programme des spectacles de Paris pour

Voici la proclamation :

COMMUNE DE PARIS.

COMITÉ DE SALUT PUBLIC.

Soldats de l'armée de Versailles,

Le peuple de Paris ne croira jamais que vous puissiez diriger contre lui vos armes, quand sa poitrine touchera les vôtres : vos mains reculeraient devant un acte qui serait un véritable fratricide.

Comme nous, vous êtes prolétaires ; comme nous vous avez intérêt à ne plus laisser aux monarchistes conjurés le droit de boire votre sang comme ils boivent vos sueurs.

Ce que vous avez fait au 18 mars, vous le ferez encore, et le peuple n'aura pas la douleur de combattre des hommes qu'il regarde comme des frères et qu'il voudrait voir avec lui au banquet civique de la liberté et de l'égalité.

Venez à nous ; nos bras vous sont ouverts.

Le Comité de salut public :
Ant. ARNAUD, BILLIORAY, EUDES, GAMBON, RANVIER.

On est réveillé le 23 de bonne heure par le bruit de l'artillerie.

— Où en est-on ?

— Au même endroit.

Déjà l'armée ne combattait plus seule. Quelques... — je n'ose plus dire *citoyens*, et pourtant ceux-là méritent bien la qualification dont tant d'autres ont si

le soir du 22 mai. Naturellement, les théâtres n'ont pas ouvert ce soir-là.

malheureusement abusé — quelques personnes se réunissent pour aider l'action de l'armée. M. H. Vrignault, joignant le courage militaire au courage de l'écrivain, fut un des premiers, le fusil à la main, à combattre dans la rue ceux qu'il avait combattus dans son journal.

Il y avait avec lui des hommes des 16e et 17e bataillons, et il y a tout lieu de croire qu'on leur doit d'avoir sauvé une partie du quartier Saint-Germain.

L'*Officiel* de la Commune ne paraît pas.

L'imprimerie Wittersheim est tournée; seulement, dans la journée, des affiches sont apposées :

COMITÉ DE SALUT PUBLIC.

Au peuple de Paris.

La porte de Saint-Cloud, assiégée de quatre côtés à la fois par les feux du Mont-Valérien, de la butte Montmartre, des Moulineaux et du fort d'Issy, que la trahison a livré, la porte de Saint-Cloud a été forcée par les Versaillais, qui se sont répandus sur une partie du territoire parisien.

Ce revers, loin de nous abattre, doit être un stimulant énergique.

Le peuple qui détrône les rois, qui détruit les bastilles; le peuple de 89 et de 93, le peuple de la Révolution ne peut perdre en un jour le fruit de l'émancipation du 18 mars.

Parisiens, la lutte engagée ne saurait être désertée par personne; car c'est la lutte de l'avenir contre le passé, de la liberté contre le despotisme, de l'égalité contre le monopole, de la fraternité contre la servitude, de la solidarité des peuples contre l'égoïsme des oppresseurs.

Aux armes !

Donc, aux armes !

Que Paris se hérisse de barricades et que, derrière ces remparts improvisés, il jette encore à ses ennemis son cri de guerre, cri d'orgueil, cri de défi, mais aussi cri de victoire ; car Paris, avec ses barricades, est inexpugnable.

Que les rues soient toutes dépavées : d'abord, parce que les projectiles ennemis, tombant sur la terre, sont moins dangereux ; ensuite, parce que ces pavés, nouveaux moyens de défense, devront être accumulés, de distance en distance, sur les balcons des étages supérieurs des maisons.

Que le Paris révolutionnaire, le Paris des grands jours fasse son devoir ; la Commune et le Comité de salut public feront le leur.

Le Comité de salut public :
Ant. Arnaud, E. Eudes, F. Gambon, G. Ranvier.

Le jeu des gouvernants de Paris était d'une duplicité redoutable. Tandis qu'ils exaltaient outre mesure la population contre l'armée, ils tendaient à celle-ci une main soi-disant fraternelle.

— Tuez tout ! Aux armes ! au feu ! Parisiens !

Tel était le langage des hommes de l'Hôtel-de-Ville qui, se retournant vers l'armée, disaient d'un air gracieux :

— Entrez chez nous ; *on vous y recevra bien.*

Les affiches suivantes et les extraits des journaux de la Commune rendront plus saisissant encore ce machiavélisme banal qui ne devait pas donner un soldat de plus à la Commune ni diminuer d'un seul homme l'armée de Versailles.

RÉPUBLIQUE FRANÇAISE.

Liberté, Égalité, Fraternité.

COMMUNE DE PARIS.

Fédération de la garde nationale.

COMITÉ CENTRAL.

Soldats de l'armée de Versailles,

Nous sommes des pères de famille.

Nous combattons pour empêcher nos enfants d'être un jour, comme vous, sous le despotisme militaire.

Vous serez un jour pères de famille.

Si vous tirez sur le peuple aujourd'hui, vos fils vous maudiront comme nous maudissons les soldats qui ont déchiré les entrailles du peuple en juin 1848 et en décembre 1851.

Il y a deux mois, au 18 mars, vos frères de l'armée de Paris, le cœur ulcéré contre les lâches qui ont vendu la France, ont fraternisé avec le peuple : imitez-les.

Soldats, nos enfants et nos frères, écoutez bien ceci, et que votre conscience décide :

Lorsque la consigne est infâme, la désobéissance est un devoir.

3 prairial an 79.

Le Comité central.

RÉPUBLIQUE FRANÇAISE.
Liberté, Égalité, Fraternité.

COMMUNE DE PARIS.

Le peuple de Paris aux soldats de Versailles.

Frères !

L'heure du grand combat des peuples contre leurs oppresseurs est arrivée !

N'abandonnez pas la cause des travailleurs !

Faites comme vos frères du 18 mars.

Unissez-vous au peuple dont vous faites partie !

Laissez les aristocrates, les privilégiés, les bourreaux de l'humanité se défendre eux-mêmes, et le règne de la justice sera facile à établir.

Quittez vos rangs !

Entrez dans nos demeures !

Venez à nous, au milieu de nos familles. Vous serez accueillis fraternellement et avec joie.

Le peuple de Paris a confiance dans votre patriotisme.

Vive la République !

Vive la Commune !

Le 3 prairial an 79.

La Commune de Paris.

RÉPUBLIQUE FRANÇAISE.

Liberté, Égalité, Fraternité.

COMMUNE DE PARIS.

Comité de salut public.

Le Comité de salut public arrête :

Art. 1er. — Les persiennes ou volets de toutes les fenêtres demeureront ouverts.

Art. 2. — Toute maison de laquelle partira un seul coup de fusil ou une agression quelconque contre la garde nationale sera immédiatement brûlée.

Art. 3. — La garde nationale est chargée de veiller à l'exécution stricte du présent arrêté.

Hôtel-de-Ville, le 3 prairial an 79.

Le Comité de salut public :
Ant. ARNAUD, BILLIORAY, E. EUDES,
F. GAMBON, G. RANVIER.

Deux journaux seulement sont criés dans les rues le matin : le *Vengeur* et le *Prolétaire*.

Le *Vengeur* paraît sur une seule feuille. Ce n'est pas un journal ; c'est une affiche où l'on dit :

Citoyens,

L'ennemi est dans nos murs!..

. . . .

Ils veulent vous opprimer après vous avoir vendus.

Ils n'échapperont pas à la colère de ce grand peuple qu'ils veulent asservir pour la seconde fois.

Déjà la généreuse population de Paris se lève indignée à leur approche; déjà la ville se hérisse de barricades; déjà des soldats de la ligne, poussés de force contre nous, ont quitté les rangs des royalistes, leurs oppresseurs, pour passer dans le camp des républicains, leurs libérateurs et leurs frères; déjà les implacables ennemis du peuple reculent et se troublent devant la sublime fureur de l'héroïque cité, qui retrouve dans l'excès de ses maux le secret de ses victoires.

Ceux qui ont conquis trois fois la République sauront la conserver.

Ceux qui auront fait la révolution du 18 mars sauront la défendre.

F. PYAT, A. ROGEARD, F. DECAUDIN,
C. CLODONG, F. BIAS.

Le *Prolétaire,* qui avait disparu, profite de la pénurie des journaux pour se remontrer, et insère un article signé David, dans lequel on lit :

Le moment est passé de monter la garde devant les comptoirs de marchand de vin.

. . . .

Femmes, enfants, aux barricades, et réfractaire ou lâche que vous verrez ne rien faire, fusillez-le; c'est votre droit et votre devoir; agissez, agissons, etc., etc.

Une attaque formidable a lieu sur les buttes Montmartre; elle a pour résultat de faire flotter le drapeau tricolore sur la tour Malakoff et sur le Moulin-de-la Galette, vers deux heures de l'après-midi.

On avance toujours dans Paris.

Rue d'Hauteville, il y a une barricade qui ne laisse pas que d'inquiéter fortement les habitants de ce quartier paisible.

Dans l'après-midi on a pu avoir quelques nouvelles par les intrépides, ceux qui osaient s'aventurer à cinq cents pas de chez eux.

On constate toujours la retraite des gardes nationaux harassés.

Quelques journaux paraissent le soir, et nous pouvons nous procurer le *Tribun du Peuple,* l'*Avant-Garde* et *Paris-Libre.*

Le *Tribun du Peuple* tint à parler en gros caractères :

Maintenant il ne s'agit pas seulement de résister, de renouveller Neuilly, qui ne put jamais être pris, mais de vaincre et vite.

Le plan Thiers est évidemment d'isoler les Batignolles et Montmartre, et d'occuper la butte. De là, avec les hauteurs du Trocadéro, on tient la plus grande partie de Paris.

Défendre la butte est élémentaire. Tout assaillant doit être non pas rejeté, mais précipité. Si l'on veille, un mouvement tournant n'est pas possible.

(C'est précisément ce que l'on venait de faire quand paraissait ce journal.)

On lancera probablement à l'assaut les sergents de ville

et les gendarmes. Avec un peu d'énergie, leur défaite est certaine. Reste la ligne !..

Souvenons-nous du 18 mars!

Au feu maintenant! Il ne s'agit plus de crier : Vive la République! mais de la faire vivre.

LISSAGARAY.

Paris-Libre excite de toutes ses forces à la guerre civile et à l'extermination. Il termine son article-affiche de tête par ces lignes impudentes et mensongères :

Déjà les soldats, nos frères, reculent devant le crime qu'on veut leur faire commettre.

Un grand nombre d'entre eux sont passés dans nos rangs.

Leurs camarades vont suivre en foule leur exemple.

Ces différents extraits des derniers journaux de la Commune, et qui sont comme le râle de la presse communaliste, donnent une idée de la tactique des chefs envers les fédérés. Ils leur disaient : « La ligne est avec nous. Tous ceux qui feront feu sur vous, ce sont des sergents de ville déguisés. Or, il n'y a que six mille sergents de ville, vous en viendrez à bout très-facilement. »

Ils ont ainsi poussé à des massacres inutiles, sachant bien que l'armée de la France ne pouvait pactiser avec les bandits de Paris.

Car ils commençaient à se montrer dans toute leur ignominie, eux qui osaient appeler des honnêtes gens *leurs frères,* et qui n'étaient que de misérables incendiaires.

Nous nous attendions bien à un désastre, mais non à une pareille catastrophe. La fin a été, on peut le dire, plus terrible encore qu'on n'avait pu la prévoir.

Dombrowski commande les forts de Belleville ; les forts du sud sont sous l'autorité de Wrobleski ; La Cécilia refuse de marcher contre Saint-Augustin, occupé par les Versaillais ; Lisbonne le suit.

Dans la nuit du 22 au 23, la troupe se reposa ; elle avait bien mérité son repos, mais il fut fatal à Paris. Sentant que la victoire n'était pas pour elle, la Commune résolut de se venger.

Le pétrole devint son agent le plus actif ; partout les *fuséens* en apportèrent, enduisant les maisons, jetant des matières explosibles dans les caves, donnant aux habitants, pour se retirer, moins de temps qu'il n'en fallait pour descendre des étages élevés.

Là, le drame est dans toute son horreur.

Paris brûle. Ce sont les Tuileries, le Palais-Royal, le ministère des finances, celui de la justice. La poudrière du Luxembourg saute, et si tout Paris n'a pas été incendié par les bandes de la Commune, la faute n'en est pas aux fédérés, et l'honneur en revient à l'armée qui, dans sa rapide marche en avant, a préservé des richesses artistiques et nationales que ne pouvaient apprécier les brutes françaises et cosmopolites qui tenaient le pouvoir dans Paris.

Le lendemain, la marche des troupes dans Paris s'accentue, et l'on commence à savoir où l'on en est. Dans les quartiers occupés, on se prépare à reprendre la vie habituelle ; mais dans ceux qui sont à prendre, plus la lutte se prolonge, plus la situation devient critique.

Ce jour-là, le 24, je dus rester chez moi : on se battait dans la rue et jusque dans la maison que j'habite. La maison fut tour à tour occupée par les fédérés et par la ligne. Les fédérés avaient voulu me *faire marcher* avec eux ; la ligne, à son tour, me fit subir un interrogatoire pour savoir si je n'avais pas… *marché*, et je puis dire que ce fut une journée d'émotion qui ne me laissa pas un instant pour suivre la marche victorieuse des troupes et la retraite constante des fédérés.

Un officier d'état-major m'apprit le résultat des combats : le général de Cissey s'était emparé du Panthéon ; à la même heure, l'Hôtel-de-Ville est enlevé par la brigade Daguerre ; le général de Ladmirault, après s'être avancé jusqu'à la barricade de la porte Saint-Martin, s'empare des gares du Nord et de l'Est.

De son côté, le général Douai occupe le Louvre.

C'est ce jour-là qu'aurait paru le dernier numéro

de l'*Officiel* de la Commune dont le *Figaro* a reproduit le contenu.

Voici les deux dernières affiches de l'autorité parisienne. La première, placardée le matin dans ce qui restait de Paris en la possession des insurgés, et la seconde dont nous n'avons rencontré qu'un seul exemplaire contre les murs de la caserne du Château-d'Eau (Prince-Eugène) :

N° 397.   RÉPUBLIQUE FRANÇAISE.

Liberté, — Égalité, — Fraternité.

FÉDÉRATION RÉPUBLICAINE DE LA GARDE NATIONALE.

Comité central.

Au moment où les deux camps se recueillent, s'observent et prennent leurs positions stratégiques ;

A cet instant suprême, où tout une population, arrivée au paroxysme de l'exaspération, est décidée à vaincre ou à mourir pour le maintien de ses droits,

Le Comité central veut faire entendre sa voix.

Nous n'avons lutté que contre un ennemi : *la guerre civile*. Conséquents avec nous-mêmes, soit lorsque nous étions une administration provisoire, soit depuis que nous sommes entièrement éloignés des affaires, nous avons pensé, parlé, agi en ce sens.

Aujourd'hui et pour une dernière fois, en présence des malheurs qui pourraient fondre sur tous,

Nous proposons à l'héroïque peuple armé qui nous a nommés, nous proposons aux hommes égarés qui nous attaquent la seule solution capable d'arrêter l'effusion du sang, tout en sauvegardant les droits légitimes que Paris a conquis :

1º L'Assemblée nationale, dont le rôle est terminé, doit se dissoudre ;

2º La Commune se dissoudra également ;

3º L'armée dite *régulière* quittera Paris, et devra s'en éloigner d'au moins 25 kilomètres ;

4º Il sera nommé un pouvoir intérimaire composé des délégués des villes de 50,000 habitants. Ce pouvoir choisira parmi ses membres un gouvernement provisoire, qui aura la mission de faire procéder aux élections d'une Constituante et de la Commune de Paris ;

5º Il ne sera exercé de représailles ni contre les membres de l'Assemblée, ni contre les membres de la Commune, pour tous les faits postérieurs au 26 mars.

Voilà les seules conditions acceptables.

Que tout le sang versé dans une lutte fratricide retombe sur la tête de ceux qui les repousseraient.

Quant à nous, comme par le passé, nous remplirons notre devoir jusqu'au bout.

4 prairial an 79.

Les membres du Comité central;
MOREAU, PIAT, B. LACORRE, GEOFFROY, GOUHIER, PRUDHOMME, GAUDIER, FABRE, THIERSONNIER, BONNEFOY, LACORD, TOURNOIS, BAROUD, ROUSSEAU, LAROQUE, MARÉCHAL, BISSON, OUZELOT, BRIN, MARCEAU, LÉVÊQUE, CHOUTEAU, AVOINE fils, NAVARRE, HUSSON, LAGARDE, AUDOYNAUX, HANSER, SOUDRY, LAVALLETTE, CHATEAU, VALATS, PATRIS, FOUGERET, MILLET, BOULLENGER, BOUIT, GRÉLIER, DRÉVET.

Cette affiche passa complètement inaperçue. Les endroits où elle était placardée, c'était le Paris de la

Commune, dans les quartiers dont elle était encore maîtresse, et quand les soldats enlevaient une barricade, ils avaient autre chose à faire qu'à lire les placards. Derrière eux, le public les lacérait.

Ces propositions, d'ailleurs, étaient absurdes et insensées.

Qui donc a pu croire qu'elles arrêteraient une armée triomphante et un pouvoir légal?

Dernière affiche. — N° 398.

RÉPUBLIQUE FRANÇAISE.
Liberté, Égalité, Fraternité.

COMMUNE DE PARIS.

Ordre.

Faire détruire immédiatement toute maison des fenêtres de laquelle on aura tiré sur la garde nationale, et passer par les armes tous ses habitants, s'ils ne livrent et exécutent eux-mêmes les auteurs de ce crime.

4 prairial an 79 (24 mai, 9 heures du soir).

La commission de la guerre.

Il n'y eut pas de numéro 399. — La Commune, suivie de tous ses comités, de salut public ou autres, avait fini de légiférer. En comptant le dernier jour de la lutte, l'insurrection a gouverné pendant soixante-douze jours, ce qui fait en moyenne cinq affiches et demie que la population était obligée de lire, d'apprendre et de retenir par vingt-quatre heures.

Plus de la moitié de Paris est repris, mais partout l'incendie (1).

Le masque est jeté!

Les *citoyens* mettent le feu à la ville; les *frères* se montrent sous leur vrai jour : tout brûle! Sous le prétexte de défendre les barricades ou d'en surveiller les alentours, les *fédérés* entrent dans les maisons, pillent, brûlent, volent; ce qui échappe aux hommes n'est pas épargné par les femmes, par les *pétroleuses*. La Révolution de 93 donna naissance aux *tricoteuses*, dont le nom est resté historique; 71, pendant de 93, a eu ses *pétroleuses*.

De chaque coin de la ville, d'épais nuages de fumée s'élèvent, et de longues langues de feu lèchent les monuments et les maisons qu'elles dévorent.

Paris! Paris!!!

En attendant les vrais pompiers, ceux qui accourront de partout; les pompiers en blouse de Nanterre, dont on ne rira plus, et ceux en habit de Londres; en attendant ces soldats du dévoûment civique, dont quelques-uns resteront malheureusement au champ d'honneur; en attendant les hommes dévoués auxquels Paris en flammes n'aura pas fait un inutile appel, de faux pompiers parcourent Paris,

(1) Voir à l'*Appendice* la liste des monuments brûlés, ainsi que des principales maisons particulières ou magasins importants.

lançant des jets de feu et des tonneaux de pétrole sur les maisons désignées aux vengeances socialistes. Ils raniment les brasiers à moitié éteints et augmentent la destruction.

Tandis que le feu est partout, on fusille dans toutes les rues, on se bat à chaque barricade. Les maisons que l'on a prises sont fouillées, la garde nationale est désarmée. Les poursuites contre quiconque a porté les armes se font avec une rapidité qui pourrait nuire à l'examen des cas, et l'on se demande avec épouvante si, dans ces jugements sommaires, dans ces exécutions précipitées, quelque honnête homme, quelque innocent ne paie pas la faute commise par d'autres.

La guerre est un fléau, et, comme tel, ne compte pas ses coups, ne choisit pas ses victimes, et, dans ces grands courants contraires — le courant vainqueur et le courant vaincu — on se demande où s'arrête le premier, quand commence le second.

Nous serons sobres et presque muets sur les prétendues exécutions de certains membres de la Commune et du Comité central, certains que nous sommes que la vérité n'est pas prête à sortir de ce fouilli de fusillades et d'arrestations auquel Paris est ou a été en proie; cependant, nous reproduirons le récit de l'exécution de Millière, qui a paru dans les journaux, sous la garantie de M. H. de Montaut, le dessinateur de talent :

Millière a été arrêté, jeudi matin, dans le palais du Luxembourg. On l'a trouvé caché dans les lieux. Millière a opposé une résistance des plus vives, car il a déchargé sur les soldats six coups de révolver.

Il était tête nue, pâle, effaré. Deux hommes le soutenaient par le bras ; on le conduisit chez le général de Cissey, où il répondit avec assez de fermeté aux questions qui lui furent posées.

En sortant, il avait retrouvé du calme.

Il fut dirigé vers le Panthéon. Quand il arriva sur la place, il était soutenu par un capitaine revêtu d'un caban.

En gravissant les marches du péristyle, cet officier lui fit remarquer des traces de balles ; c'était là que, l'avant-veille, il avait fait fusiller trente gardes nationaux qui refusaient de défendre les barricades.

Puis il gravit le reste des marches, et, arrivé sous le péristyle, comme il se tenait debout, faisant face aux soldats, un officier l'obligea à se retourner le visage vers la porte de l'église, en tournant le dos à la troupe ; mais, par ordre, sans doute, d'un officier supérieur, on lui fit reprendre sa position première, en le forçant à se mettre à genoux.

Millière découvrit sa poitrine, et, levant en l'air le bras droit, cria à haute voix : « Vive la République !... Vive le peuple !... Vive l'humanité !... Vive... »

Une décharge de chassepots lui coupa la parole ; il tomba inclinant sur le côté gauche.

Sa chemise était percée de balles à l'endroit du cœur, où apparaissait une large tache de sang. Une seule balle l'avait frappé à l'œil droit. Un officier s'approcha, se baissa sur le cadavre, et lui appliquant son révolver dans l'oreille, fit feu. Un sergent franchit à son tour les degrés et lui lâcha le coup de grâce dans la tête ; le crâne éclata en plusieurs morceaux, et Millière fut complètement défiguré.

Dans la journée du 25 on prit le fort de Montrouge.

La redoute des Hautes-Bruyères est surmontée du drapeau tricolore.

Les insurgés se concentrent à la barrière d'Italie. Leurs pertes sont considérables.

Le drapeau tricolore flotte à Notre-Dame.

Les insurgés sont constamment acculés dans les quartiers de Belleville et de Charonne.

On les chasse de chaque position.

A partir de ce moment nous ne voyons plus rien. La troupe, en s'avançant, empêche le public de traverser ses lignes. Il faut se contenter d'interroger les officiers et d'attendre le passage des prisonniers. Les récits les plus bizarres circulent et se propagent.

L'armée avance toujours.

Ce même jour, une affiche fait connaître qu'à partir de midi, la mairie du 7e arrondissement fonctionnera légalement; elle est signée Greymin.

Les incendies du Conseil d'État et de la Caisse des dépôts et consignations ont occasionné une véritable pluie de papiers brûlés sur lesquels on distingue parfaitement des comptes et des chiffres.

Ces papiers tombent à de grandes distances, même hors Paris.

Un seul journal est en vente sur les boulevards mornes et désolés : c'est la *Constitution* qui reparaît.

Le sort des otages enfermés dans la Conciergerie, à Mazas, préoccupe tous ceux qui s'intéressent aux personnes emprisonnées.

Qu'est devenu M$^\text{gr}$ Darboy ? le curé Deguerry ? Gustave Chaudey ? le président Bonjean ? et cent autres moins connus, mais tout aussi intéressants ?

Hélas ! on ne devait l'apprendre que trop tôt : — *assassinés !*

A ce sujet, notre ami Henri Delaage, qui a suivi au point de vue anecdotique et philosophique les phases des drames partiels de la Commune, nous communique le détail authentique suivant :

Dans la nuit du dimanche *21 mai*, Protot, Ferré et Rigault, venaient de passer la soirée au théâtre des Délassements-Comiques, — ce qui leur arrivait fréquemment — et, attablés dans le café du théâtre, ils venaient de commander un fin souper *pour six*. Trois des figurantes, dans les *Contes des Fées*, de M. François Oswald, devaient les rejoindre après s'être déshabillées. En les attendant, les membres de la Commune *faisaient la liste des otages qui devaient être fusillés le lendemain matin et jours suivants.*

Les événements de la nuit changèrent leur projet, mais la liste servit néanmoins. Il était curieux de faire connaître quand, où et comment elle avait été dressée.

Pour l'édification de nos lecteurs, nous rapporterons aussi la plaisanterie que le général Eudes s'était permise dans *ses écuries* — car il avait des écuries — où se trouvaient trois chevaux. Au-dessous des bocks, on lisait :

1ᵉʳ CHEVAL.	2ᵉ CHEVAL.	3ᵉ CHEVAL.
THIERS	Jules **FAVRE**	**DUCROT**
rue.	pousse.	mord.

N'est-ce pas que cela est galant? et cette appréciation chevaline d'hommes d'État n'est-elle pas *spirituelle*, de *bon goût*, et l'indice d'un esprit fin et distingué?

La résistance des derniers tronçons de l'armée communale augmentait forcément l'acharnement des combattants qui, dans leur exaspération d'être vaincus, auraient, s'ils en eussent eu le pouvoir, fait sauter la France entière.

Ces égoïstes matérialistes ne voyaient qu'eux. Que leur importaient les innocents et les inoffensifs? A la dernière heure tout le monde dut les servir, les étrangers comme les autres. En vain leur montrait-on des papiers en règle, des passeports timbrés, signés et visés; la bonne plaisanterie pour eux, ces gens hors la loi!

Pour que tout Paris porte la trace de leur colère, ils avaient installé sur les buttes Chaumont et sur la terrasse du cimetière du Père-Lachaise des batteries qui tiraient à toute volée sur la cité.

Les obus pleuvaient, trouant les toits, frappant les monuments, écrasant, tuant, brûlant n'importe où n'importe qui.

Leur rage aveugle ne leur laissait pas le loisir de pointer leurs pièces. Ils savaient que chaque coup portait... *dans le tas,* et tandis qu'ils couvraient Paris de fer, leurs émissaires venaient inonder les caves des maisons de matières inflammables qui devaient incendier l'immeuble et faire rôtir les habitants.

Si ces dévastateurs eussent possédé Montmartre, Paris n'eût été, avant la fin de mai, qu'un immense monceau de décombres; mais la direction militaire tenta un coup hardi et s'empara de ce point si important, dont la prise de possession était le signe évident de la défaite des fédérés.

En contemplant les ruines de Paris, en songeant aux événements qui viennent de s'accomplir, on se demande si réellement le mot *civilisation* n'est pas dénué de sens, et ne représente pas plutôt un rêve qu'une réalité !

Sur tous les tons on a dit que la France marchait à la tête de la civilisation moderne, et voilà le résultat !

Oui, nous avons trouvé l'électricité, la vapeur et tant d'autres choses ; mais il faut croire que l'homme est toujours le même, et que depuis Caïn rien n'est changé en lui, sinon l'enveloppe et l'apparence.

Le 26, reparurent plusieurs journaux victimes de la Commune : le *Paris-Journal,* la *Liberté,* le *Bien public* et le *Siècle.*

Seulement à ce moment, on a des détails authentiques sur le sort des otages détenus à la Conciergerie, à la Préfecture de police, et transférés à Mazas et surtout à la Roquette.

L'assassinat de M. Gustave Chaudey fut le premier connu. Il remontait au mardi 23 mai, et avait eu lieu à Sainte-Pélagie : Raoul Rigault commandait le peloton d'exécution.

Après Chaudey, on sut à n'en pas douter que Mgr Darboy et le vénérable curé Deguerry avaient subi le même sort, mais seulement le lendemain mercredi. Ces exécutions, dans lesquelles furent compris M. le président Bonjean, furent faites sous la direction de Ferré, délégué à la sûreté générale.

On a cité un détail horrible :

En revenant de l'exécution, l'un des assassins dit à un de ses camarades, en parlant de M. Bonjean :

— Tiens, ce vieux, as-tu vu comme il s'est relevé? il a fallu qu'on l'achève !

Le chef d'état-major du maréchal Mac-Mahon publie un rapport dont nous extrayons ces détails :

État des personnes notables fusillées par la Commune le mercredi 24 mai au soir, et **renseignements** sur leur exécution :

Mgr Darboy, archevêque de Paris ; MM. Bonjean, président de chambre à la cour de cassation ; l'abbé Deguerry, curé de la Madeleine ; Ducoudray, père jésuite ; Clerc, père jésuite ; Allard, père jésuite.

Total : six victimes fusillées le mercredi soir, 24 mai.

Dans la nuit de vendredi à samedi, du 26 au 27 mai, quelques autres personnes ont encore été fusillées. Ce sont :

MM. Bengy, père jésuite ; Caubert, père jésuite ; Ollivaint, père jésuite ; Petit, secrétaire de l'archevêque ; Gard, séminariste ; Polanchin, prêtre ; Seigneuray, séminariste ; Houillon, missionnaire ; Perny, missionnaire ; Sabathier, vicaire de Notre-Dame-de-Lorette ; Jecker, Américain, (Une autre dépêche l'appelle le banquier Jacquer.)

L'abbé Surat, grand vicaire de Paris, avait réussi à s'échapper, mais en traversant une barricade, un obus lui enleva la tête.

Les six premiers notables ont été fusillés dans la prison, et leurs corps transportés a l'ancienne mairie du 20e arrondissement. Les seize autres, avec un groupe de trente-huit gendarmes, ont été conduits au Père-Lachaise, dans la nuit, sous un prétexte de transfèrement, et fusillés.

Quatre autres, dont les noms sont inconnus, ont été fusillés samedi. Ils faisaient partie de la liste comprenant vingt noms.

Il y a donc un total connu de *soixante-quatre* victimes.

Dans la journée de samedi, les prisonniers restant allaient être fusillés par la Commune, lorsque, à l'instigation du gardien Pinet, de l'ancien personnel conservé par la Commune, ils se sont révoltés.

A cinq heures du soir, samedi 27, la Commune, prise définitivement de panique, s'est enfuie.

En résumé, il reste encore en ce moment à la prison :

1º Cent militaires sortant des hôpitaux, etc., qui ont refusé de participer aux prises d'armes décrétées par la Commune ;

2º Quinze ecclésiastiques ;

3º Cinquante-quatre sergents de ville, qui sont ainsi presque miraculeusement rendus à la liberté.

Les incendies continuent à la Villette ; les importants magasins généraux flambent, et de sinistres lueurs embrasent le ciel : l'horrible chose !

Le cœur est serré rien qu'en écrivant ces désastres ! Qu'on juge de la douleur de ceux qui ont vu ces événements d'assez près pour pouvoir se vanter d'avoir fait la chaîne à tous les incendies importants !

Nous avons quelque peu parlé de cette superbe *Ligue d'Union républicaine* à laquelle M. Bonvalet consacrait les loisirs que lui avait faits sa cuisine renommée au boulevard du Temple. Cette ligue a publié depuis un rapport, une *communication* au *Siècle*, datée du 26 mai, où elle cherche à prouver qu'elle a rendu les plus grands services, elle qui, sous l'égide de la Commune, dictait orgueilleusement des lois et menaçait de sa colère le gouvernement légal réfugié à Versailles :

Si l'Assemblée restait sourde aux instances de la Ligue, et refusait de reconnaître les droits de la capitale, Paris se lèverait tout entier pour les défendre.

Voir ce rapport aux documents (lettre *R*), duquel il résulte que cette ligue était sans force, ses membres sans décision, et ses hommes influents plus près de la Commune que du gouvernement légal.

Aussi, quand M. Bonvalet a voulu rentrer à la mairie du 3e arrondissement, a-t-il rencontré une opposition qui l'a forcé à se retirer au plus vite. Il en a été d'ailleurs de même de M. Tirard, le principal désorganisateur de la résistance au 23 mars.

Le 27 mai, la défense des derniers fédérés était concentrée dans Belleville même, et le 28 tout était terminé.

On n'évalue pas à moins de dix à douze mille le nombre des fédérés tués sur leurs barricades. Les prisonniers sont excessivement nombreux. Ils ont été en grande partie dirigés sur Versailles ou sur le camp de Satory, d'où ils sont transférés dans les prisons de l'État. Le nombre des femmes arrêtées est relativement considérable : beaucoup, prises les armes à la main, assassinant de préférence les officiers, empoisonnant les soldats et mettant le feu dans Paris, ont été passées par les armes.

Le fort de Vincennes, qui était resté entre les mains des insurgés, s'est rendu à discrétion le lundi 29, à trois heures de l'après-midi. La garnison de Vincennes prisonnière était de quatre cents hommes. On y a trouvé quinze fonctionnaires de la Commune. Un commissaire de police constata leur identité.

Ce sont les troupes du général Vinoy qui en ont pris possession. L'insurrection est donc complètement écrasée au dehors comme au dedans de Paris.

Ce n'est pas à cette place qu'il faut nommer et rechercher ceux qu'on a fusillés, ceux qu'on a emprisonnés ou qui ont réussi à s'enfuir.

Ceux qui sont morts ont rendu avec leur âme le terrible compte qu'ils devaient de leur conduite; ceux qui sont en prison auront à répondre devant la justice qui les tient, et ceux qui se sont dérobés aux poursuites iront dans quelque coin ignoré cacher leur individualité; mais aucun d'eux n'échappera à la punition, à la réprobation universelle qui accompagnera le nom de ces hommes qui n'auront reculé devant rien pour assouvir les passions fauves qu'ils ont excitées et soulevées.

La condamnation solennelle de leurs actes sera dans l'opinion publique, un revirement en faveur de tout ce qu'ils auront bafoué.

On sera plus religieux que jamais;

On sera plus Chauvin que jamais;

On respectera davantage la propriété;

On aimera plus la famille;

Et quand on parlera de la Commune de Paris de 1871, on ne dira pas:

— Alors on était libre!

Le gouvernement de la Commune a cessé dans Paris avec la prise de la dernière barricade par l'armée de Versailles. Le dernier coup de canon tiré des batteries fédérées du Père-Lachaise a été le dernier cri d'agonie des hommes du 18 mars, et c'est pour cela que nous fermons ici ce livre, au moment où le 28 mai, à cinq heures du soir, commençait pour Paris un nouveau gouvernement.

Le 29 au matin, les Parisiens pouvaient lire ceci sur tous les murs non brûlés de la ville :

    Habitants de Paris,

L'armée de la France est venue vous sauver.
Paris est délivré.
Nos soldats ont enlevé, à quatre heures, les dernières positions occupées par les insurgés.
Aujourd'hui, la lutte est terminée : l'ordre, le travail et la sécurité vont renaître.

Au quartier-général, le 28 mai 1871.

Le maréchal de France,
Commandant en chef,

Maréchal MAC-MAHON, duc DE MAGENTA.

FIN DE PARIS SOUS LA COMMUNE.

APPENDICE.

Les incendies. — Le mouvement de la presse pendant la Commune; journaux supprimés, parus sous différents noms, transformés ou s'étant eux-mêmes suspendus; avec le catalogue COMPLET de toutes les publications parues à Paris du 18 mars au 28 mai, suivi de la liste des journaux existant encore le 21 mai et formant l'ensemble de la presse parisienne au moment de la chute de la Commune. — L'armée de Paris. — L'armée de Versailles.

Les incendies.

Voici la navrante nomenclature des édifices publics détruits, en tout ou partie, par l'incendie :

Les TUILERIES, dont il ne reste que les gros murs.

Le PALAIS-ROYAL jusqu'à la galerie de Valois. Tous les anciens appartements du duc d'Orléans sont perdus.

Le PALAIS DE JUSTICE en partie détruit.

L'HÔTEL-DE-VILLE. Ce n'est plus qu'une ruine. Ce qu'il en reste ne pourrait guère plus resservir, si on le reconstruisait. Par une singularité remarquable, les statues de la façade, sauf deux, sont intactes.

La Chancellerie de la Légion-d'Honneur.

Le Conseil d'État, la Cour des Comptes. Ces deux bâtiments étaient contigus.

Le Ministère des Finances. Complètement détruit. Il y a des décombres à la hauteur d'un premier étage.

Le Théatre de la Porte-Saint-Martin. Ce théâtre, qui dans l'origine était tout à fait provisoire, a fourni une très-longue carrière. Le lendemain de l'incendie, il n'en restait plus qu'un mur.

Le Théatre-Lyrique. Une dévastation. L'extérieur n'est pas très-endommagé, mais l'intérieur est complètement vide. On dirait un cerveau sans cervelle.

La Caisse des dépôts et consignations.

Le Louvre (la bibliothèque). Pas un volume n'a été sauvé. Il y avait là des livres rarissimes et des exemplaires uniques. Ce ne sont plus que des cendres. Rien n'a été sauvé, mais le monument n'a pas trop souffert.

Les Docks de la Villette. Ces immenses magasins ont été le dernier incendie qui ait éclairé Paris de ses lueurs rougeâtres.

Le Théatre des Délassements-Comiques. Complètement détruit.

La Préfecture de police. N'est plus qu'un amas de décombres.

La Conciergerie. Une partie est incendiée.

L'église Saint-Eustache. Un commencement d'incendie produit par une bombe à pétrole. On est vite parvenu à s'en rendre maître. Le clocheton seul, broyé par les obus, est effondré.

Le Grenier d'abondance. Tout le long du quai Bourdon, ce n'est qu'une longue suite de ruines.

Parmi les propriétés particulières, voici l'énuméré des principaux incendies :

Tout le pâté de maisons entre la rue de Rivoli et la mairie du 1er arrondissement est en cendres.

Sont brûlés : les grands hôtels placés entre la rue de Castiglione et la rue d'Alger ;

Toute la partie gauche (numéros impairs) de la rue Royale, entre la rue Saint-Honoré et la Madeleine ;

Les numéros 24 et 26 de la même rue ;

Plusieurs hôtels du faubourg Saint-Germain, situés entre la rue de Bourgogne et le square Sainte-Clotilde ;

Les maisons qui forment la tête du boulevard du Prince-Eugène.

Le restaurant Deffieux a croulé avec le théâtre de la Porte-Saint-Martin.

En mettant le feu à l'Hôtel-de-Ville, les fédérés ont incendié toutes les maisons environnantes. Tout le quadrilatère formé par la rue de Rivoli, l'avenue Victoria d'une part, la place de la mairie du 4e arrondissement et le boulevard Sébastopol de l'autre, est devenu la proie des flammes. De grands magasins ne sont plus que des monceaux de ruines.

Au théâtre du Châtelet, un tout petit coin seulement est brûlé.

Une partie des rues du Bac, de Lille et de Verneuil, a été en flammes.

Au coin de la rue Thévenot et de la rue Saint-Denis, une maison a été brûlée.

Le TAPIS-ROUGE, grand magasin de nouveautés, rue du Faubourg-Saint-Martin est brûlé.

La maison rue Turbigo, n° 3, est abîmée par des obus.

L'incendie qui a consumé la magnifique maison de la rue Boissy-d'Anglas y a fait une victime chère aux amis des arts et de l'archéologie. L. Laurence, auteur et graveur d'un ouvrage : *Vieux Paris historique*, enfermé dans les flammes, et obligé de défendre sa vie, n'a rien pu sauver de son œuvre.

Incontestablement, la rue Turbigo est une des rues qui ont le plus souffert. Toutes les maisons comprises entre le boulevard Sébastopol et la pointe Saint-Eustache ont été atteintes par les balles et les obus.

Dans cette rapide énumération, nous devons faire de nombreuses omissions ; mais ce catalogue suffit pour démontrer toute l'horreur des forfaits commis.

Catalogue complet des journaux parus depuis le 18 mars (1),

PAR ORDRE DE DATE.

Ils sont nombreux, mais pour la plupart leur existence a été de courte durée.

La République nouvelle (20 mars), quotidien. Rédacteur en chef : Paschal Grousset. Journal communal.

---

(1) Il est bien entendu qu'il n'est pas question là-dedans des journaux supprimés par le général Vinoy, et qui ont profité des événements pour reparaître, à l'exception de *La Bouche de Fer*, par Paschal Grousset : *Le Père Duchêne*, *Le Cri du Peuple* (Vallès), *La Caricature* (Pilotell), *Le Mot d'Ordre* (Rochefort), *Le Vengeur* (Félix Pyat).

L'Ordre (20 mars), quotidien. Rédacteur en chef: Vermorel. (Journal communal.)

La Commune (21 mars), quotidien. Rédacteur en chef: Georges Duchêne.

Rigoletto (24 mars), hebdomadaire. (Journal illustré.)

Le Faubourg (26 mars), quotidien. Rédacteur en chef: G. Maroteau. (Journal communal.)

Le Mont-Aventin (26 mars), quotidien. Anonyme.

La Sociale (31 mars), quotidien. Anonyme. (Journal communal.)

L'Affranchi (2 avril), quotidien. Rédacteur en chef: P. Grousset. Suite de la *République nouvelle*. (Journal communal.)

La Montagne (2 avril), quotidien. Rédacteur en chef: G. Maroteau. (Journal communal.)

La Flèche (2 avril), hebdomadaire. (Journal illustré.)

La Révolution politique et sociale (2 avril). Hebdomadaire. (Journal de l'*Internationale*.)

La Mère Duchêne (3 avril). Sans périodicité fixe.

L'Action (3 avril), quotidien. Rédacteur en chef: Lissagaray. (Journal communal.)

Le Trait-d'Union (8 avril), quotidien. Rédacteur en chef: Z. Deplace. (Journal de conciliation.)

Le Grelot (9 avril). Journal hebdomadaire illustré. Texte par Arnold Mortier, dessins de Bertall. (Journal fort spirituel et réactionnaire.)

Le Bonhomme Francklin (10 avril), par Émile de Girardin. Sans périodicité fixe. (Anti-*pèreduchêniste*.)

Le Bonnet rouge (10 avril), quotidien. Rédacteur en chef: Secondigné. (Journal communal.)

Paris-Libre (12 avril), quotidien. Propriétaire: Vésinier (de la Commune); a publié le *Pilori des Mouchards*.

Caïn et Abel (15 avril), quotidien. Anonyme. (Journal conciliateur.)

La Nation souveraine (15 avril), quotidien. Rédacteur en chef : Alexandre Ray. (Journal républicain.)

Le Père Fouettard (18 avril). Sans périodicité fixe.

Le Réveil du Peuple (18 avril), quotidien. (Journal très-communal, avec les anciens rédacteurs du *Réveil*.)

Le Fils du Père Duchêne illustré (20 avril), bi-hebdomadaire. Charge très-réussie du *Père Duchêne*.

Le Livre rouge (22 avril). Cahier insignifiant. (Anti-versaillais.

L'Estafette (23 avril), quotidien. Rédacteur en chef : Secondigné. (Communal.)

L'Ami du Peuple (23 avril), quotidien. Rédacteur en chef : Vermorel (de la Commune).

Révélations d'un Curé missionnaire (23 avril), brochure bi-hebdomadaire. (Anti-religieuse.)

Lamentations de la Mère Duchêne (23 avril). Canard insignifiant.

La Scie, journal illustré paraissant quelquefois, par le dessinateur Moloch.

L'Écho du Soir (26 avril), quotidien. Directeurs : MM. Arnold Mortier et Georges Ebstein. (Anti-communal.)

La Fronde illustrée (27 avril). Journal hebdomadaire et communal.

La Paix (28 avril), ancien *Bien public*. (H. Vrignault.)

Le Bon Sens (29 avril), devant paraître quelquefois. (Anti-communal.)

La Némésis galante (29 avril), hebdomadaire, par Jules Choux.

Le Jacques Bonhomme (3 mai), quotidien, par E.-A. Spoll. (Nuance républicaine avancée.)

L'Union française (5 mai), quotidien, par E. de Girardin. (Journal fédéraliste.)

Le Journal du Soir (5 mai), quotidien. Annexe du journal *La Commune.*

L'Étoile (5 mai), quotidien. Suite de l'*Écho du Soir.*

Bulletin communal (6 mai), hebdomadaire. (Extra-communal.)

Le Corsaire (8 mai), quotidien. Suite du *Petit National.*

Le Spectateur (18 mai), quotidien. Suite de *La France.*

La Justice (10 mai), quotidien. Anonyme. (Nuance indécise.)

Le Prolétaire (10 mai), quotidien. Anonyme. (Communal.)

L'Anonyme (11 mai), quotidien. Suite de la *Paix* et du *Bien public.*

La Discussion (12 mai), quotidien. Rédacteur en chef : A. Gaulier, ex-rédacteur du *Temps*, supprimé.

Le Drapeau rouge (12 mai), revue hebdomadaire. (Communal.)

L'Indépendance française (13 mai), quotidien. Feuille de renseignements. (Journal sans nuance politique.)

Le Républicain (14 mai). Suite de *L'Anonyme*, de *La Paix* et du *Bien public.*

Le Régime constitutionnel (14 mai), quotidien. (Journal *orléanisto-d'aumaliste.*)

Le Bulletin du Jour (16 mai), quotidien. Ex-*Temps.*

Le Salut public (16 mai), quotidien. Gustave Maroteau.

Le Pirate (17 mai), quotidien. Suite du *Corsaire* et du *Petit National.*

La Rouge (17 mai), quotidien. Pour ainsi dire anonyme, tant ses rédacteurs sont inconnus.

Le Tribun du Peuple (17 mai), quotidien, par Lissagaray. (Journal communal.)

La Souveraineté du Peuple (17 mai), sans périodicité. (Journal d'idées sociales.)

La Politique (17 mai), quotidien. Ex-*Discussion*.

L'Écho de Paris (17 mai), quotidien. Ex-*Journal de Paris*.

Journal populaire (17 mai), quotidien. Ex-*National*.

La Constitution (18 mai), quotidien. Ex-*Régime constitutionnel*.

Le Fédéraliste (20 mai), quotidien. Rédacteur en chef: Odysse Barot. (Journal communal.)

Les Mémoires du Père Duchêne (20 mai), bi-hebdomadaire. (Communal et anonyme.)

Total : 61 journaux nouveaux en 65 jours, et 41 journaux de supprimés. Voilà beaucoup de besogne. De plus, 8 journaux ont été forcés de suspendre leur publication.

Liste des journaux supprimés par la Commune.

1er avril. — *L'Électeur libre*.

5 avril. — *Le Constitutionel*. — *Le Pays*. — *Le Journal des Débats*. — *Paris-Journal*. — *La Liberté*.

19 avril. — *La Cloche*. — *Le Soir*. — *L'Opinion nationale*. — *Le Bien public*.

1er mai. — *La Paix*. — *L'Écho du Soir*.

3 mai. — *La Nation souveraine*.

6 mai. — *Le Petit Moniteur*. — *La Petite Presse*. — *Le Petit Journal*. — *Le Petit National*. — *Le Bon Sens*. — *La France*. — *Le Temps*.

12 mai. — *Le Moniteur universel*. — *L'Observateur*.

— *L'Univers.* — *Le Spectateur.* — *L'Étoile.* — *L'Anonyme.*

15 mai. — *Le Siècle.* — *La Discussion.* — *Le National.* — *Le Corsaire.* — *Le Journal de Paris.*

19 mai. — *La Commune.* — *L'Écho de Paris.* — *L'Indépendance française.* — *L'Avenir national.* — *La Patrie.* — *Le Pirate.* — *Le Républicain.* — *La Justice.*

Et enfin, pour mettre le comble :
La Revue des Deux-Mondes. — *L'Écho de Ultramar.*

Se sont suspendus eux-mêmes les journaux ci-après :
Le Français. — *L'Ami de la France.* — *La France nouvelle.* — *Le Peuple français.* — *La Gazette de France.* — *L'Union.* — *Le Monde.* — *La Presse.*

Divers noms sous lesquels ont paru quelques journaux.

Le Bien public : *La Paix, L'Anonyme, Le Républicain.*

L'Écho du soir : *L'Étoile.*

Le Petit National : *Le Corsaire, Le Pirate, Journal populaire* (édition du matin à 5 centimes).

La France : *Le Spectateur.*

Le Temps : *Le Bulletin du Jour* et son cousin *La Discussion.*

La Discussion : *La Politique.*

Le National de 1869 : *Journal populaire.*

Journal de Paris : *Écho de Paris.*

Journaux existant le 21 mai 1871.

Après toutes les suppressions ordonnées par la Commune, le Comité de salut public et autres pouvoirs issus de la révolution du 18 mars, voici le nom des journaux paraissant encore :

JOURNAUX EXISTANT AVANT LE 18 MARS.

L'Officiel, naturellement. — *L'Avant-Garde*. — *Le Rappel*. — *La Vérité*. — *Le Temps* sous le titre de *Bulletin du Jour*. — *Le National* sous le titre de *Journal populaire*.

JOURNAUX FONDÉS DEPUIS LE 18 MARS.

Paraissant le matin :

Le Cri du Peuple (Vallès). — *Le Vengeur* (Pyat). — *Le Père Duchêne* (Vermesch, Humbert, Wuilliaume). —

Paraissant le soir :

Le Fédéraliste (Odysse Barot). — *L'Estafette* (Secondigné). — *Le Salut public* (Maroteau). — *La Constitution*. — *La Sociale*. — *Paris-Libre* (Vésinier). — *La Politique*. — *Le Tribun du Peuple* (Lissagaray). — *Le Réveil du Peuple*. — *La Rouge*.

L'armée de Paris.

Les troupes qui devaient garder Paris et qui l'ont laissé

aux mains de l'insurrection au 18 mars formaient un total de 40,000 hommes, partagés en quatre divisions :

La première, commandée par le général *Maud'hui*, ayant sous ses ordres les généraux Wolff et Henrion ;

La seconde, commandée par le général *Susbielle*, ayant sous ses ordres les généraux Paturel et Lecomte ;

La troisième, commandée par le général *Barry*, ayant sous ses ordres les généraux Bocher et Champion ;

La quatrième, commandée par le général *Faron*, ayant sous ses ordres les généraux de la Mariouse, Valentin, Daudel ; le général de la quatrième brigade de la quatrième division n'était pas encore désigné.

Le général Vinoy commandait en chef.

Les troupes étaient composées des 2e, 3e, 17e, 18e, 23e, 30e bataillons de chasseurs à pied ; 31e, 35e, 36e, 38e, 39e, 41e, 42e, 45e, 46e, 67e, 68e, 69e, 76e, 88e, 89e, 109e, 110e, 113e, 114e, 119e, 120e, 135e régiments de marche.

L'armée de Versailles.

Cette armée, réunie dans le but de vaincre la révolte de Paris, se composait de cinq corps, plus une armée de réserve sous le commandement du général Vinoy.

Voici le nom des généraux et les numéros des régiments qui ont pris une part active à cette guerre civile, la plus étonnante de l'histoire :

Maréchal MAC-MAHON, duc de Magenta, général en chef. — BOREL, général, chef d'état-major-général. — PRINCETEAU, général, commandant l'artillerie. — LE BRETEVILLOIS, général, commandant le génie.

PREMIER CORPS.

Le général DE LADMIRAULT, commandant. — Le général Saget, chef d'état-major. — Le général Lafaille, commandant l'artillerie. — Le général Dubosi, commandant le génie.

Divisions et brigades commandées par les généraux *Grenier* (1), Abatucci, Pradier, *de Laveaucoupet*, Wolff, Henrion, *Montaudon*, Dumont, Lefebvre.

Brigade de cavalerie : de Galifet, commandant.

DEUXIÈME CORPS.

Le général DE CISSEY, commandant. — Le général de Place, chef d'état-major. — Le général de Berckheim, commandant l'artillerie. — Le général de Rivière, commandant le génie.

Généraux commandants : *Levassor-Sorval*, Lian, Osmont, *Susbielle*, Bocher, Paturel, *Lacretelle*, Noël, Bonnetou.

TROISIÈME CORPS (CAVALERIE).

Le général DU BARAIL, commandant. — Le général Balland, chef d'état-major.

Avec les généraux *Halna du Frétay*, Charlemagne, de Lajaille, *Dupreuil*, Cousin, Dargentolle, *Ressayre*, de Bernis, Bechelier.

QUATRIÈME CORPS.

Le général DOUAY, commandant. — Le général Renson, chef d'état-major.

(1) Les noms en italiques sont ceux des généraux de division.

Les généraux *Berthaut*, Gaudil, Carteret, *L'Hérillier*, Leroy de Dais, Fournés.

CINQUIÈME CORPS.

Le général CLINCHANT, commandant. — Le général de Bouillé, chef d'état-major.

Les généraux *Duplessis*, de Gourcy, Blot, *Garnier*, de Brauer, Cottret.

Les cinq corps d'armée étaient composés des régiments suivants :

Régiments de ligne : 26e, 39e, 55e, 58e, 113e, 114e. — Régiments de marche : 10e, 31e, 36e, 38e, 39e, 41e, 45e, 46e, 48e, 51e, 67e, 68e, 69e, 70e, 71e, 72e, 76e, 82e, 85e, 87e, 135e. — Régiment de Bitche. — Régiment étranger. — Régiment de gendarmes à pied. — Bataillons de chasseurs : 2e, 4e, 10e, 17e, 18e, 19e, 23e, 30e. — Bataillons provisoires : 1er, 2e, 3e, 4e, 5e, 6e, 13e, 14e, 15e, 16e, 17e.

Artillerie. — 12 batteries de 4 ; 4 batteries de 7 ; 6 batteries de 12 ; 6 batteries à balles ou mitrailleuses.

Génie. — 7 compagnies.

Cavalerie. — Chasseurs : 6e, 7e, 9e, 11e, 12e. — Lanciers : 2e, 6e, 9e. — Hussards : 2e, 3e, 4e, 8e. — Dragons : 4e, 7e, 8e. — Cuirassiers : 3e, 4e, 8e. — Gendarmerie : 1er. — 2 batteries d'artillerie à cheval.

ARMÉE DE RÉSERVE (SIXIÈME CORPS).

Le général VINOY, commandant. — Le général de Vaildan, chef d'état-major. — Le général René, commandant l'artillerie. — Le général Dupouet, commandant le génie.

Divisions et brigades commandées par les généraux *Faron*, de la Mariouse, Derroja, Berthe, *Druat*, de Bernard de Seigneurens, *Vergé*, Daguerre, Grémion.

Les troupes étaient composées des : 22e et 46e bataillons de chasseurs; — 35e, 37e, 42e, 64e, 65e, 74e, 75e, 79e, 90e, 91e, 109e, 110e régiments de marche ; — 1er régiment d'infanterie de marine ; — 1er et 2e régiments de fusiliers marins.

Artillerie. — 6 batteries de 4; 2 batteries de 12; 2 batteries à balles. — 3 compagnies de génie.

DOCUMENTS ESSENTIELS

Note **A**. Arrêt réglant la procédure et les peines (COUR MARTIALE). — Note **B**. La police sous la Commune. — Note **C**. Liste des prêtres et des religieux arrêtés à Paris du 1er au 20 avril 1871. — Note **D**. Déclaration au peuple français. — Note **E**. Destitution de M. Pilotell. — Note **F**. La suspension d'armes. Affiches. — Note **G**. Neuilly pendant l'armistice. — Note **H**. La législation communale. — Note **I**. La franc-maçonnerie à l'Hôtel-de-Ville. — Note **J**. Votes motivés sur le Comité de salut public. — Note **K**. Affaire du Moulin-Saquet. — Note **L**. Procès-verbal de la séance de la Commune du 5 mai 1871. — Note **M**. La démission de Rossel. — Note **N**. Lettre de Ch. Beslay motivant sa démission. — Note **O**. Déclaration de la minorité de la Commune. — Note **P**. Séance du jury d'accusation pour les otages. Un interrogatoire. — Note **Q**. Programme des spectacles de Paris pour le lundi 22 mai. — Note **R**. Rapport de la Ligue d'union républicaine.

Note A (page 170).

Cour martiale.

N° 1. — ARRÊT RÉGLANT LA PROCÉDURE ET LES PEINES.

TITRE Ier. — *De la procédure devant la cour martiale.*

ART. 1er. — La police judiciaire martiale est exercée par tous magistrats, officiers ou délégués, procédant de l'élection, dans l'exercice des fonctions que leur assigne leur mandat.

ART. 2. — Les officiers de police judiciaire reçoivent en cette qualité les dénonciations et les plaintes qui leur sont adressées.

Ils rédigent les procès-verbaux nécessaires pour constater le corps du délit et l'état des lieux. Ils reçoivent les déclarations des personnes présentes ou qui auraient des renseignements à donner.

Ils se saisissent des armes, effets, papiers et pièces tant à charge qu'à décharge, et, en général, de tout ce qui peut servir à la manifestation de la vérité.

Art. 3. — Ils sont autorisés à faire saisir les inculpés, les font conduire immédiatement à la prison du Cherche-Midi, et dressent procès-verbal de l'arrestation, en y consignant les noms, qualités et signalement des inculpés.

Art. 4. — Les officiers de police judiciaire martiale ne peuvent s'introduire dans une maison particulière, si ce n'est avec l'assistance du juge de paix ou de son suppléant, ou du maire, ou d'un adjoint, ou du commissaire de police.

Art. 5. — Chaque feuillet du procès-verbal dressé par un officier de police judiciaire martiale est signé par lui et par les personnes qui y ont assisté.

Art. 6. — Les actes et procès-verbaux dressés par les officiers de police judiciaire martiale sont transmis sans délai, avec les pièces et documents, à la cour martiale.

Art. 7. — La poursuite des crimes et délits a lieu d'office, d'après les rapports, actes ou procès-verbaux dressés conformément aux articles précédents.

Art. 8. — La cour désigne pour l'information soit un de ses membres, soit un rapporteur qu'elle choisit; l'information a lieu d'urgence et sans aucun délai.

Art. 9. — L'accusé est défendu.

Le défenseur, choisi par l'accusé ou désigné d'office, a droit de communiquer avec l'accusé; il peut prendre, sans déplacement, communication des pièces de la procédure.

Art. 10. — Les séances sont publiques.

Art. 11. — Le président a la police des audiences; les assistants sont sans armes.

Les crimes ou délits commis à l'audience sont jugés séance tenante.

Art. 12. — Le président fait amener l'accusé.

Art. 13. — Le président fait lire par le greffier les pièces dont il lui paraît nécessaire de donner connaissance à la cour.

Art. 14. — Le président fait appeler ou amener toute personne dont l'audition paraît nécessaire; il peut aussi faire apporter toute pièce qui lui paraît utile à la manifestation de la vérité.

Art. 15. — Le président procède à l'interrogatoire de l'accusé et reçoit les dépositions des témoins.

Le rapporteur est entendu.

L'accusé et son défenseur sont entendus; **ils ont la parole les derniers.**

Le président demande à l'accusé s'il n'a rien à ajouter pour sa défense, et déclare que les débats sont terminés.

Art. 16. — La culpabilité est résolue à la majorité des membres présents; en cas de partage, l'accusé bénéficie du partage.

Art. 17. — L'arrêt est prononcé en séance publique.

Art. 18. — Tout individu acquitté ne peut être repris ou accusé à raison du même fait.

Art. 19. — Tous frais de justice sont à la charge de la Commune.

Art. 20. — Le rapporteur fait donner lecture de l'arrêt à l'accusé par le greffier, en sa présence et devant la garde rassemblée sous les armes.

Art. 21. — L'arrêt de condamnation est exécuté dans les vingt-quatre heures après qu'il a été prononcé, ou, dans le cas de condamnation à mort, dans les vingt-quatre heures après la sanction de la commission exécutive.

Art. 22. — Toutes assignations, citations et notifications aux témoins, inculpés ou accusé, sont faites par tous magistrats, officiers ou délégués procédant de l'élection, requis à cet effet par le rapporteur.

Titre II. — *Des crimes, des délits et des peines.*

Art. 23. — Les peines qui peuvent être appliquées par la cour martiale sont:

La mort,
Les travaux forcés,
La détention,
La réclusion,
La dégradation civique,
La dégradation militaire,
La destitution,
L'emprisonnement,
L'amende.

Art. 24. — Tout individu condamné à la peine de mort par la **cour martiale est fusillé.**

Art. 25. — La cour se conforme, pour les peines, au Code pénal et au Code de justice militaire.

Elle applique, en outre, la jurisprudence martiale à tous faits intéressant le salut public.

Fait à Paris, le 17 avril 1871.

L. Boursier, Collet, Chardon, Roux, P. Henry.

Note B (*p.* 173).

La police sous la Commune.

Suppression du Bien public et de l'Opinion nationale.

C'est M. Pilotell, dessinateur caricaturiste, homme de lettres, qui est venu hier soir procéder, au nom de la Commune, à la saisie du *Bien public* et de *l'Opinion nationale.*

Mais déjà la plupart des exemplaires tirés avaient été emportés par les marchands, et M. Pilotell dut se contenter de quatre ou cinq cents numéros.

Toutefois, la saisie du *Bien public* ne s'est pas seulement faite à l'imprimerie : on a été chez les vendeurs, dans les kiosques ; on a arrêté les crieurs. Le butin n'a pas été grand : l'éveil avait été donné, et tout ce monde qui vit de la presse était sur ses gardes.

Les agents ont mis en œuvre, sans plus de succès, un procédé fort ingénieux : chacun d'eux prend une petite fille à qui il donne 1 fr. ou 1 fr. 50, et la conduit devant le kiosque ; l'enfant demande le journal pour son papa ; la marchande, sans défiance, tire un numéro ; l'agent survient et saisit tous les autres.

Le zèle de ces agents les a même emportés à des façons tout à fait... impériales. L'un d'eux, sur le boulevard Montmartre, s'est avisé d'arracher le *Bien public* à un passant. Mais la foule s'est amassée, et comme l'individu était en bourgeois, on l'a conduit au poste de la rue Drouot, où il a dû exhiber une commission d'agent. Il continuait **le métier dont il** avait l'habitude sous l'Empire.

Note C (*p.* 173).

Liste des prêtres et des religieux arrêtés à Paris du 1ᵉʳ au 20 avril 1871.

La liste que nous publions a été faite d'après les renseignements que nous avons pu nous procurer; elle est exacte, mais incomplète.

1ᵉʳ *avril.* — M. Blondeau, curé de Notre-Dame de Plaisance.

2 *avril.* — M. Crozes, aumônier de la prison de la Roquette.

3 *avril.* — Le R. P. Ducoudray, jésuite, recteur de l'école Sainte-Geneviève. — Les RR. PP. Clair, Chauveau Tailhan, de Régnon, Biot, Guilhermy, jésuites. — Les RR. PP. Dominicains présents au couvent de la rue Saint-Jean-de-Beauvais, gardés à domicile.

4 *avril.* — Mgr Darboy, archevêque de Paris. — Mgr Sura, grand-vicaire, archidiacre. — M. Lagarde, grand-vicaire, archidiacre. — M. Jourdan, grand-vicaire, archidiacre. — M. Petit, secrétaire-général de l'Archevêché. — MM. Pelgé et Schapfer, secrétaires.

5 *avril.* — M. Deguerry, curé de la Madeleine. — M. Moléon, curé de Saint-Séverin. — Le R. P. Olivaint, supérieur de la maison des Jésuites, rue de Sèvres; le P. Caubert, économe.

6 *avril.* — M. Icard, supérieur du séminaire Saint-Sulpice. — MM. Roussel et Hogan, directeurs. — M. Simon, curé de Saint-Eustache. — M. Regnault, vicaire.

7 *avril.* — M. Bertaux, curé de Saint-Pierre de Montmartre. — M. Olmer, vicaire, et les autres vicaires faits prisonniers au presbytère.

8 *avril.* — Le R. P. Bousquet, supérieur de la congrégation de Picpus; onze pères et un frère.

9 *avril.* — M. Bayle, vicaire général, promoteur diocésain.

10 *avril.* — M. Miquel, premier vicaire de Saint-Philippe-du-Roule.

11 *avril.* — Le F. Calixte, premier assistant des frères de la doctrine chrétienne. — M. Sabathier, premier vicaire de Notre-Dame-de-Lorette.

13 *avril.* — M. Lartigue, curé de Saint-Leu, et tous les vicaires de la paroisse. — M. Bécourt, curé de Notre-Dame-de-Bonne-Nouvelle.

14 *avril*. — M. Millaut, curé de Saint-Roch. — M. Chartrain, second vicaire. — M. Corrier, prêtre habitué.

15 *avril*. — Un vicaire de Saint-Bernard-la-Chapelle.

16 *avril*. — M. de Geslain, curé de Saint-Médard. — M. Rossignol, premier vicaire, et plusieurs autres vicaires. — MM. Dumas, Normand, Cazaux et de Marcy, vicaires de Saint-Vincent-de-Paul. — M. Orse, premier vicaire de Notre-Dame-de-Plaisance. — Un vicaire de Saint-Jacques-du-Haut-Pas. — M. Sire, professeur au séminaire Saint-Sulpice.

19 *avril*. — Expulsion de chez elles des sœurs de Saint-Vincent-de-Paul.

20 *avril*. — MM. Perny et Mouillon, prêtres des Missions étrangères.

Il faut ajouter les supérieurs, directeurs et professeurs du séminaire d'Issy, retenus prisonniers dans leur maison; sept séminaristes du séminaire de Saint-Sulpice, écroués à la Conciergerie; plusieurs Pères jésuites gardés dans leurs maisons des Moulineaux et de Vaugirard; un bon nombre de prêtres arrêtés individuellement dans la rue, ce qui porte à deux cents au moins le nombre des prêtres et des religieux arrêtés en l'espace de vingt jours. Sur ce nombre, les uns ont été relâchés; les autres, en grande majorité, sont actuellement incarcérés dans les prisons de la Conciergerie, de Mazas et de la Santé.

Note D (*p.* 176).

Déclaration au peuple français.

Dans le conflit douloureux et terrible qui impose une fois encore à Paris les horreurs du siége et du bombardement, qui fait couler le sang français, qui fait périr nos frères, nos femmes, nos enfants écrasés sous les obus et la mitraille, il est nécessaire que l'opinion publique ne soit pas divisée, que la conscience nationale ne soit point troublée.

Il faut que Paris et le pays tout entier sachent quelle est la nature, la raison, le but de la révolution qui s'accomplit. Il faut enfin que la responsabilité des deuils, des souffrances et des malheurs dont nous sommes les victimes retombe sur ceux qui, après avoir trahi la France et livré Paris à l'étranger, poursuivent avec une aveugle et cruelle obstination la ruine de la capitale, afin d'enterrer, dans le désastre de la République et de la liberté, le double témoignage de leur trahison et de leur crime.

La Commune a le devoir d'affirmer et de déterminer les aspirations et les vœux de la population de Paris ; de préciser le caractère du mouvement du 18 mars, incompris, inconnu et calomnié par les hommes politiques qui siègent à Versailles.

Cette fois encore, Paris travaille et souffre pour la France entière, dont il prépare, par ses combats et ses sacrifices, la régénération intellectuelle, morale, administrative et économique, la gloire et la prospérité.

Que demande-t-il ?

La reconnaissance et la consolidation de la République, seule forme de gouvernement compatible avec les droits du peuple et le développement régulier et libre de la société ;

L'autonomie absolue de la Commune étendue à toutes les localités de la France, et assurant à chacune l'intégralité de ses droits, et à tout Français le plein exercice de ses facultés et de ses aptitudes, comme homme, citoyen et travailleur.

L'autonomie de la Commune n'aura pour limites que le droit d'autonomie égal pour toutes les autres communes adhérentes au contrat, dont l'association doit assurer l'unité française.

Les droits inhérents à la Commune sont :

Le vote du budget communal, recettes et dépenses ; la fixation et la répartition de l'impôt ; la direction des services locaux ; l'organisation de sa magistrature, de la police intérieure et de l'enseignement ; l'administration des biens appartenant à la Commune ;

Le choix par l'élection ou le concours, avec la responsabilité, et le droit permanent de contrôle et de révocation des magistrats ou fonctionnaires communaux de tous ordres ;

La garantie absolue de la liberté individuelle, de la liberté de conscience et la liberté du travail ;

L'intervention permanente des citoyens dans les affaires communales par la libre manifestation de leurs idées ; la libre défense de leurs intérêts ; garanties données à ces manifestations par la Commune, seule chargée de surveiller et d'assurer le libre et juste exercice du droit de réunion et de publicité ;

L'organisation de la défense urbaine et de la garde nationale, qui élit ses chefs et veille seule au maintien de l'ordre dans la cité.

Paris ne veut rien de plus à titre de garanties locales, à condition, bien entendu, de retrouver dans la grande administration centrale, délégation des communes fédérées, la réalisation et la pratique des mêmes principes.

Mais, à la faveur de son autonomie, et profitant de sa liberté d'action, Paris se réserve d'opérer comme il l'entendra, chez lui, les réformes administratives et économiques que réclame sa population ; de créer des institutions propres à développer et propager l'instruction, la production, l'échange et le crédit ; à universaliser le pouvoir et la propriété, suivant les nécessités du moment, le vœu des intéressés et les données fournies par l'expérience.

Nos ennemis se trompent ou trompent le pays quand ils accusent Paris de vouloir imposer sa volonté ou sa suprématie au reste de la nation, et de prétendre à une dictature qui serait un véritable attentat contre l'indépendance et la souveraineté des autres communes.

Ils se trompent ou trompent le pays quand ils accusent Paris de poursuivre la destruction de l'unité française, constituée par la Révolution, aux acclamations de nos pères, accourus à la fête de la fédération de tous les points de la vieille France.

L'unité, telle qu'elle nous a été imposée jusqu'à ce jour par l'Empire, la monarchie et le parlementarisme, n'est que la centralisation despotique, inintelligente, arbitraire ou onéreuse.

L'unité politique, telle que la veut Paris, c'est l'association volontaire de toutes les initiatives locales, le concours spontané et libre de toutes les énergies individuelles en vue d'un but commun, le bien-être, la liberté et la sécurité de tous.

La révolution communale, commencée par l'initiative populaire du 18 mars, inaugure une ère nouvelle de politique expérimentale, positive et scientifique.

C'est la fin du vieux monde gouvernemental et clérical, du militarisme, du fonctionnarisme, de l'exploitation, de l'agiotage, des monopoles, des priviléges, auxquels le prolétariat doit son servage, la patrie ses malheurs et ses désastres.

Que cette chère et grande patrie, trompée par les mensonges et les calomnies, se rassure donc !

La lutte engagée entre Paris et Versailles est de celles qui ne peuvent se terminer par des compromis illusoires : l'issue n'en saurait être douteuse. La victoire, poursuivie avec une indomptable énergie par la garde nationale, restera à l'idée et au droit.

Nous en appelons à la France !

Avertie que Paris en armes possède autant de calme que de bravoure ; qu'il soutient l'ordre avec autant d'énergie que d'enthousiasme ; qu'il ne s'est armé que par dévoûment pour la liberté et la gloire de tous, que la France fasse cesser ce sanglant conflit !

C'est à la France à désarmer Versailles par la manifestation solennelle de son irrésistible volonté.

Appelée à bénéficier de nos conquêtes, qu'elle se déclare solidaire de nos efforts ; qu'elle soit notre alliée dans ce combat qui ne peut finir que par le triomphe de l'idée communale ou par la ruine de Paris !

Quant à nous, citoyens de Paris, nous avons la mission d'accomplir la révolution moderne, la plus large et la plus féconde de toutes celles qui ont illuminé l'histoire.

Nous avons le devoir de lutter et de vaincre !

Paris, le 19 avril 1871.

La Commune de Paris.

Cette pièce a été rédigée par M. Pierre Denis, collaborateur au journal le *Vengeur* et au *Cri du Peuple*.

Note E (*p.* 181).

Destitution de M. Pilotell.

Le public s'est ému de certaines irrégularités qui auraient accompagné l'arrestation du sieur Polo.

Ce citoyen, arrêté en vertu d'un mandat régulier, sur présomptions graves de relations avec Versailles, a été mis en liberté, après instruction, pour insuffisance de preuves.

La mise en disponibilité du citoyen Pilotell a été motivée par des négligences de formes qui n'entachent en rien l'honorabilité de ce citoyen.

Le délégué à la commission de sûreté générale,
Raoul RIGAULT.

NOTE 1ʳᵉ (p. 185).

La suspension d'armes.

(Affiche rouge placardée dans Paris.)

SUSPENSION D'ARMES POUR L'ÉVACUATION DE NEUILLY PAR LES NON-COMBATTANTS, LE MARDI 25 AVRIL 1871, DE NEUF HEURES DU MATIN A CINQ HEURES DU SOIR.

Un armistice, en faveur de Neuilly, pour le mardi 25 avril 1871, de neuf heures du matin à cinq heures du soir, est consenti dans les conditions suivantes :

Les troupes de Versailles et de Paris conserveront leurs positions respectives.

D'avance et en temps utile, les populations de Neuilly seront informées qu'il y aura une suspension d'armes pendant laquelle elles pourront abandonner le terrain de la lutte commune, pour aller résider où bon leur semblera, sans toutefois passer par le pont de Neuilly et l'intérieur des lignes des troupes de Versailles.

Les personnes résidant dans lesdites lignes, et qui ne seraient pas admises à entrer dans Paris, se dirigeront vers Saint-Ouen et Saint-Denis. La route leur sera rendue praticable par la cessation du feu sur toute la ligne, depuis Neuilly jusqu'à Saint-Ouen.

Il est entendu que, pendant l'armistice, aucun mouvement de troupes ne se fera, soit du côté de Paris, soit du côté de Versailles.

Si, par impossible, il en était autrement, si des mouvements ou reconnaissances se produisaient, la retraite serait battue par les troupes de Versailles, et réciproquement à Paris.

Les citoyens Loiseau-Pinson et Armand Adam, présents sur la limite occupée par les troupes de Versailles et de Paris, et qui y resteront pendant tout le temps de l'armistice, seraient dans ce cas prévenus que tout mouvement d'émigration est suspendu et que les hostilités vont recommencer.

Les citoyens Bonvalet et Hippolyte Stupuy, présents sur la même limite occupée par les troupes de Paris et de Versailles, et qui seront venus de Paris, seraient à leur tour immédiatement prévenus par les citoyens Loiseau-Pinson et Adam.

Ces conditions sont approuvées et acceptées par le général commandant le premier corps d'armée et la Commune de Paris.

24 avril 1871.

Les délégués près l'armée de Paris :

J. BONVALET, ex-maire du 3e arrondissement;
H. STUPUY, homme de lettres.

Les délégués près l'armée de Versailles :

Armand ADAM;
LOISEAU-PINSON, ex-adjoint au 2e arrondissement.

De son côté, la Commune faisait afficher les deux placards que voici :

Une suspension d'armes de quelques heures a été convenue pour permettre à la malheureuse population de Neuilly de venir chercher dans Paris un abri contre le bombardement sauvage qu'elle subit depuis vingt-deux jours.

Le feu cessera aujourd'hui mardi, 25 avril, *à neuf heures du matin.*

Il sera repris aujourd'hui, *à cinq heures de l'après-midi.*

Paris, 25 avril 1871.

La commission exécutive :

Jules ANDRIEU, CLUSERET, FRANCKEL, JOURDE, Paschal GROUSSET, PROTOT, Raoul RIGAULT, VAILLANT, VIARD.

AU PEUPLE DE PARIS.

Citoyens,

Il y a sept mois à peine, nos frères de Neuilly venaient demander aux remparts de Paris un abri contre les obus prussiens.

A peine revenus dans leurs foyers, c'est par les obus français qu'ils en sont chassés pour la seconde fois.

Que nos bras et nos cœurs soient ouverts à tant d'infortunes.

Cinq membres de la Commune ont reçu le mandat spécial d'accueillir à nos portes ces femmes, ces enfants, innocentes victimes de la scélératesse monarchique.

Les municipalités leur assureront un toit.

Le sentiment de la solidarité humaine, si profond chez tout citoyen de Paris, leur réserve une hospitalité fraternelle.

Paris, le 25 avril 1871.

La commission exécutive :

Jules ANDRIEU, CLUSERET, FRANCKEL, JOURDE, Paschal GROUSSET, PROTOT, Raoul RIGAULT, VAILLANT, VIARD.

NOTE **G** (*p.* 186).

Neuilly pendant l'armistice.

Ce n'est qu'à neuf heures précises que les obus de Courbevoie et du Mont-Valérien ont cessé de pleuvoir sur les quartiers des Ternes et des Champs-Elysées. Un des derniers projectiles lancés tombe sur le château de l'Étoile et y met le feu. L'incendie se développe avec rapidité. La foule regarde avec tristesse ce spectacle de désolation. Les habitants de Neuilly sont là en nombre ; ils attendent l'ouverture des portes pour faire une dernière visite à leurs maisons dévastées, brûlées, détruites. L'annonce de la suspension d'armes, le beau soleil qui brille au ciel, la rencontre faite de voisins et d'amis qu'une même espérance réunit — c'est ainsi que le *Journal de Paris* raconte sa visite à Neuilly — avaient jeté quelque consolation dans cette foule où la gaîté était presque revenue ; l'incendie allumé par cet obus malencontreux ramène la tristesse dans toutes les âmes. On se presse vers les portes pour sortir plus tôt. Neuf heures sonnent ; les portes restent closes.

Vainement essaie-t-on de parlementer ; les gardes nationaux sont inflexibles : on ne passe pas. L'armistice existe bien cependant ; mais si l'on permet aux habitants restés à Neuilly de venir se réfugier à Paris, on ne permet pas aux Parisiens de sortir.

Les malheureux habitants restés depuis trois semaines dans les caves des maisons bombardées sont pour la plupart des êtres faibles : des vieillards, des malades, des femmes, des enfants. Les hommes valides se sont échappés au milieu des balles et sont en sûreté depuis longtemps. Il faut aux faibles créatures encore emprisonnées un secours étranger pour pouvoir profiter du répit qui leur est accordé. Ce secours leur est refusé : chacun doit se suffire à soi-même. Malgré les refus inexorables qu'on oppose à toutes les prières, le plus grand nombre reste dans le voisinage des portes. Repoussé à la porte des Ternes, repoussé à la porte de Villers, on passe enfin par la porte Bineau. Hors des murs, la foule est peu considérable. Ce côté a peu souffert. Les maisons de l'avenue Borghèse sont presque toutes entières, et les fédérés y ont établi leurs ambulances. La dévastation devient à chaque pas plus complète. Ici, une maison a perdu son toit ; là, tout un pan de muraille s'est écroulé. Partout, l'incendie et la ruine.

La foule est devenue plus nombreuse. On sort maintenant par la porte des Ternes. Des Messieurs portant une carte rouge au chapeau, tout comme aux courses, dans l'enceinte du pesage, se promènent d'un air important.

La porte Maillot est impraticable. Le bombarment l'a entièrement détruite. On travaille avec ardeur à la réparer, ce qui est peut-être peu d'accord avec les conditions d'un armistice.

M. Xavier Eyma, ainsi que le dessinateur M. Hadol, purent sortir de leurs caves.

N'importe ! Cette journée était triste, quoique la plupart des spectateurs de ces ruines et de ces misères obéissaient plus à la curiosité qu'à un sentiment de pitié.

Note H (p. 186).

La législation communale.

Sur la proposition du citoyen Protot, délégué à la justice,
La Commune de Paris,
Considérant que si les nécessités de salut public commandent l'institution de juridictions spéciales, elles permettent aux partisans du droit d'affirmer les principes d'intérêt social et d'équité, qui sont supérieurs à tous les événements :

Le jugement par les pairs ;
L'élection des magistrats ;
La liberté de la défense,

Décrète :

Art. 1er. — Les jurés seront pris parmi les délégués de la garde nationale élus à la date de la promulgation du décret de la Commune de Paris, qui institue le jury d'accusation.

Art. 2. — Le jury d'accusation se composera de quatre sections, comprenant chacune douze jurés tirés au sort, en séance publique de la Commune de Paris, convoquée à cet effet. Les douze premiers noms sortis de l'urne composeront la première section du jury. Il sera tiré en outre, pour cette section, huit noms de jurés supplémentaires, et ainsi de suite pour les autres sections. L'accusé et la partie civile pourront seuls exercer le droit de récusation.

Art. 3. — Les fonctions d'accusateur public seront remplies par un procureur de la Commune et par quatre substituts, nommés directement par la Commune de Paris.

Art. 4. — Il y aura auprès de chaque section un rapporteur et un greffier, nommés par la commission de justice.

Art. 5. — L'accusé sera cité à la requête du procureur de la Commune ; il y aura au moins un délai de vingt-quatre heures entre la citation et les débats.

L'accusé pourra faire citer, même aux frais du trésor de la Commune, tous témoins à décharge. Les débats seront publiés. L'accusé choisira librement son défenseur, même en dehors de la corporation des avocats. Il pourra proposer toute exception qu'il jugera utile à sa défense.

Art. 6. — Dans chaque section, les jurés désigneront eux-mêmes leur président pour chaque audience. A défaut de cette élection, la présidence sera dévolue par la voie du sort.

Art. 7. — Après la nomination du président, les témoins à charge et à décharge seront entendus. Le procureur de la Commune ou ses substituts soutiendront l'accusation. L'accusé et son conseil proposeront la défense. Le président du jury ne résumera pas les débats.

Art. 8. — L'examen terminé, le jury se retirera dans la chambre de ses délibérations. Les jurés recevront deux bulletins de vote portant, le premier ces mots : « L'accusé est coupable ; » le second ces mots : « L'accusé n'est pas coupable. »

Art. 9. — Après sa délibération, le jury rentrera dans la salle d'audience. Chacun des jurés déposera son bulletin dans l'urne; le scrutin sera dépouillé par le président ; le greffier comptera les votes et proclamera le résultat du scrutin. L'accusé ne sera déclaré coupable qu'à la majorité de huit voix sur douze.

Art. 10. — Si l'accusé est déclaré non coupable, il sera immédiatement relaxé.

Art. 11. — Toutes citations devant le jury et toutes notifications quelconques pourront être faites par les greffiers des sections du jury d'accusation. Elles seront libellées sur papier libre et sans frais.

Paris, le 22 avril 1871.

Note I (*p.* 197).

La franc-maçonnerie à l'Hôtel-de-Ville.

Hier 29, la ville de Paris présentait une animation à laquelle on n'était plus accoutumé depuis longtemps : on savait que les francs-maçons devaient essayer leur dernière démarche pacifique en allant planter leurs bannières sur les remparts de Paris, et que s'ils échouaient, la franc-maçonnerie tout entière devait prendre parti contre Versailles.

Dès neuf heures du matin, une députation des membres de la Commune sortit de l'Hôtel-de-Ville, musique en tête, se dirigeant vers le Louvre, à la rencontre de la manifestation franc-maçonnique.

A onze heures, la députation était de retour, et les francs-maçons faisaient leur entrée dans la cour d'honneur de l'Hôtel-de-Ville, disposée à l'avance pour les recevoir. La garde nationale faisait la haie.

La Commune tout entière s'était placée sur le balcon, du haut de l'escalier d'honneur, devant la statue de la République, ceinte d'une écharpe rouge et entourée de trophées des drapeaux de la Commune.

Les bannières maçonniques vinrent se placer successivement sur les marches de l'escalier, étalant aux yeux de tous les maximes humanitaires, qui sont les bases de la franc-maçonnerie et que la Commune s'est donné à tâche de mettre en pratique.

Une bannière blanche entre toutes les autres a frappé notre attention. Elle était portée par un artilleur, et on y lisait en lettres rouges : « Aimons-nous les uns les autres ! »

Dès que la cour fut pleine, les cris : « Vive la Commune ! vive la franc-maçonnerie ! vive la République universelle ! » se font entendre de tous les côtés.

Le citoyen Félix PYAT, membre de la Commune, prononce d'une voix forte et émue les paroles suivantes :

« Frères, citoyens de la grande patrie, de la patrie universelle, fidèles à nos principes communs : Liberté, Égalité, Fraternité, et plus logiques que la *Ligue des droits de Paris*, vous, francs-maçons, vous faites suivre vos paroles de vos actions.

« Aujourd'hui les mots sont peu, les actes sont tout. Aussi, après avoir affiché votre manifeste — le manifeste du cœur — sur les murailles de Paris, vous allez maintenant planter votre drapeau d'humanité sur les remparts de notre ville assiégée et bombardée.

« Vous allez protester ainsi contre les balles homicides et les boulets fratricides, au nom du droit et de la paix universelle. (Bravos unanimes et cris de : Vive la République ! vive la Commune !)

« Aux hommes de Versailles vous allez tendre une main désarmée, — désarmée, mais pour un moment, — et nous, les mandataires du peuple et les défenseurs de ses droits, nous les élus du vote, nous voulons nous joindre tous à vous, les élus de l'épreuve, dans cet acte fraternel. (Nouveaux applaudissements. — Vive la Commune ! — Vive la République !)

« La Commune avait décidé qu'elle choisirait cinq de ses membres pour avoir l'honneur de vous accompagner, et il a été proposé, justement, que cet honneur fût tiré au sort ; le sort a désigné cinq noms favorisés pour vous suivre, pour vous accompagner dans cet acte glorieux, victorieux. (Marques d'approbation.)

« Votre acte, citoyens, restera dans l'histoire de la France et de l'humanité.

« Vive la République universelle ! » (Applaudissements. — Vive la Commune ! — Vive la République !)

Le citoyen BESLAY, membre de la Commune. « Citoyens, je me suis associé, comme vous, aux paroles que vous venez d'entendre, à ces paroles fraternelles qui rassemblent ici tous les francs-maçons.

« Le sort ne m'a pas favorisé, hier, lorsqu'on a tiré les noms des membres de la Commune qui devaient aller recevoir les francs-maçons. Nous avons voulu qu'il y eût un tirage au sort des noms, parce que toute la Commune de Paris voulait s'associer, dès le commencement, à cette grande manifestation ; je n'ai pas eu le bonheur d'être désigné, mais j'ai demandé pourtant à aller au devant de vous, comme doyen de la Commune de Paris, et aussi de la franc-maçonnerie de France, dont j'ai l'honneur de faire partie depuis cinquante-six ans.

« Que vous dirais-je, citoyens, après les paroles si éloquentes de Félix Pyat? Vous allez faire un grand acte de fraternité en posant votre drapeau sur les remparts de notre ville et en vous mêlant dans nos rangs contre les ennemis de Versailles. (Oui! oui! — Bravo!)

« Citoyens, frères, permettez-moi de donner à l'un de vous l'accolade fraternelle. »

(Le citoyen Beslay embrasse l'un des francs-maçons placés près de lui. — Applaudissements. — Vive la Commune! — Vive la République!)

Un franc-maçon, *une bannière en main :* « Je réclame l'honneur de planter la première bannière sur les remparts de Paris, la bannière de la *Persévérance*, qui existe depuis 1790. » (Bravos.)

La musique du bataillon joue la *Marseillaise*.

Le citoyen Léo MÉILLET. « Vous venez d'entendre la seule musique que nous puissions écouter jusqu'à la paix définitive.

« Voici le drapeau rouge que la Commune de Paris offre aux députations maçonniques.

« Ce drapeau doit accompagner vos bannières pacifiques : c'est le drapeau de la paix universelle, le drapeau de nos droits fédératifs, devant lequel nous devons tous nous grouper, afin d'éviter qu'à l'avenir une main, quelque puissante qu'elle soit, ne nous jette les uns sur les autres, autrement que pour nous embrasser. (Applaudissements prolongés.)

« C'est le drapeau de la Commune de Paris que la Commune va confier aux francs-maçons. Il sera placé au devant de vos bannières et devant les balles homicides de Versailles.

« Quand vous les rapporterez, ces bannières de la franc-maçonnerie, qu'elles reviennent déchirées ou intactes, le drapeau de la Commune n'aura pas faibli. Il les aura accompagnées au milieu du feu ; — ce sera la preuve de leur union inséparable. » (Nouveaux applaudissements.)

Le citoyen TÉRIFOCQ prend le drapeau rouge des mains du citoyen Léo Meillet et adresse ces paroles à l'assemblée :

« Citoyens, frères,

« Je suis du nombre de ceux qui ont pris l'initiative d'aller planter l'étendard de la paix sur nos remparts, et j'ai le bonheur de voir à leur tête la bannière blanche de la loge de Vincennes, sur laquelle sont inscrits ces mots : « Aimons-nous les uns les autres ! » (Bravos.)

« Nous irons présenter cette bannière la première devant les rangs ennemis; nous leur tendrons la main, puisque Versailles n'a pas voulu nous entendre !

« Oui, citoyens, frères, nous allons nous adresser à ces soldats, et nous leur dirons : « Soldats de la même patrie, venez fraterniser avec nous; nous n'aurons pas de balles pour vous avant que vous nous ayez envoyé les vôtres. Venez nous embrasser, et que la paix soit faite ! » (Bravos prolongés. — Sensation.)

« Et si cette paix s'accomplit, nous rentrerons dans Paris, bien convaincus que nous aurons remporté la plus belle victoire, celle de l'humanité !

« Si, au contraire, nous ne sommes pas entendus, et si l'on tire sur nous, nous appellerons à notre aide toutes les vengeances; nous sommes certains que nous serons écoutés, et que la maçonnerie de toutes les provinces de France suivra notre exemple; nous sommes sûrs que sur chaque point du pays où nos frères verront des troupes se diriger sur Paris, ils iront au devant d'elles pour les engager à fraterniser.

« Si nous échouons dans notre tentative de paix, et si Versailles donne l'ordre de ne pas tirer sur nous pour ne tuer que nos frères sur les remparts, alors nous nous mêlerons à eux, nous qui n'avions pris jusqu'ici le service de la garde nationale que comme un service d'ordre, ceux aussi qui n'en faisaient pas partie, comme ceux qui étaient déjà dans les rangs de la garde nationale, et tous ensemble nous nous joindrons aux compagnies de guerre pour prendre part à la bataille et encourager de notre exemple les courageux et glorieux soldats défenseurs de notre ville. » (Adhésion générale. — Applaudissements prolongés. Vive la Commune ! vive la franc-maçonnerie !)

Le citoyen Térifocq agite le drapeau de la Commune qu'il tient entre les mains, et il s'écrie :

« Maintenant, citoyens, plus de paroles; à l'action ! »

Les députations de la franc-maçonnerie, accompagnées des membres de la Commune, sortent de l'Hôtel-de-Ville.

Pendant le défilé, l'orchestre joue la *Marseillaise*.

Note J (*p.* 220).

**Votes motivés de la proposition Miot
pour la nomination d'un comité de salut public.**

Votes *POUR*.

J'ai accepté le mandat impératif; je crois être logique avec mes paroles et mes engagements en votant *pour* le Comité de salut public. — Ferré.

Absent lors de la discussion sur la qualification de Comité de salut public, et sous le bénéfice des observations que j'avais à présenter sur le titre même de « Comité de salut public, » je vote *pour*. — Cournet.

Considérant que, vu les dangers de la patrie, jamais le nom de salut public n'est plus en situation;

Que le Comité de salut public ne saurait être une dictature dangereuse, puisqu'il est sous le contrôle de la Commune, je vote *pour*. — Parisel.

Attendu que le mot de salut public est absolument de la même époque que les mots de République française et de Commune de Paris, je vote *pour*. — Pyat.

Me conformant au mandat impératif qui m'a été conféré par mes électeurs, je vote *pour* le Comité de salut public, parce qu'il est urgent que la Commune reste dans le sens le plus large du mouvement révolutionnaire qui l'a nommée. — Charles Gérardin.

Je vote *pour* le Comité de salut public comme mesure révolutionnaire indispensable dans l'état actuel de la situation. LEDROY.

Considérant qu'aucune mesure trop énergique ne saurait être prise par la Commune dans les circonstances actuelles, et voulant rester fidèle au mandat impératif que j'ai reçu de mes électeurs, je vote *pour*. URBAIN.

Je vote *pour* un Comité de salut public, attendu que, si la Commune a su se faire aimer de tous les honnêtes gens, elle n'a pas encore pris les mesures indispensables pour faire trembler les lâches et les traîtres, et que, grâce à cette longanimité intempestive, l'ennemi à peut-être obtenu des ramifications dans les branches essentielles de notre gouvernement. BLANCHET, DUPONT.

Attaqués impitoyablement et sans motifs légitimes, j'estime que nous devons défendre avec la plus plus grande énergique la République menacée. *Pour*. Th. RÉGÈRE.

Je vote *pour*, attendu que la Commune détruira le Comité de salut public quand elle voudra. ALLIX.

Je vote *pour* le Comité de salut public, attendu que notre situation est plus terrible encore que celle où nos pères de 93 se sont trouvés, et que ceux qui l'attaquent ne voient pas clair. Émile OUDET.

Espérant que le Comité de salut public, sera en 1871 ce que l'on croit généralement, mais à tort, qu'il a été en 1793, je vote *pour*.
Raoul RIGAULT.

Je vote *pour* le Comité de salut public, pour qu'il fasse exécuter les décrets de la Commune et prendre les mesures d'urgence. AMOUROUX.

Je vote *pour*, parce que le terme « salut public » a été, est, et sera toujours de circonstance. GÉRESME.

Je vote *pour*, parce que l'indécision depuis un mois nous a compromis, et qu'une plus longue hésitation à prendre des mesures énergiques perdrait la Commune et la République.   RANVIER.

La situation exigeant énergie et unité d'action, malgré son titre, je vote *pour*.   Eugène POTTIER.

Comme j'ai reçu de mes électeurs le mandat impératif, je vote *pour*.
   CLÉMENT.

Vu la gravité des circonstances et la nécessité de prendre promptement les mesures les plus radicales, les plus énergiques, pour réprimer les trahisons qui pourraient perdre la République, je vote *pour*.
   J. MIOT.

Quoique je ne voie pas l'utilité de ce Comité, mais ne voulant pas prêter à des insinuations contraires à mes opinions révolutionnaires socialistes, et tout en réservant le droit d'insurrection contre ce Comité, je vote *pour*.   Léo FRANCKEL.

Considérant que mes électeurs m'ont confié le mandat impératif de poursuivre le triomphe de la révolution par les mesures les plus énergiques, et que le Comité de salut public, à mon sens, est seul capable d'atteindre ce but, je vote *pour*.   A. LONCLAS.

Je vote *pour* :
Parce que je suis d'avis de prendre des mesures radicales et sérieuses, mais que, détestant les mots ronflants qui restent souvent lettre morte, je m'étais opposé par mon vote au mot *salut public*.
   A. SICARD.

Je vote *pour* :
Parce que j'ai conscience de la situation et tiens à rester conséquent avec les engagements pris par moi devant les électeurs.
   Jacques DURAND.

Restant d'accord avec les électeurs qui m'ont nommé, et désirant comme eux qu'on n'hésite devant aucune mesure nécessaire, je vote *pour*. H. CHAMPY

Pour un comité exécutif de cet ordre, et seul pouvant vraiment porter le titre de *salut public*, qui n'a pas d'ailleurs d'importance et qui a le désavantage d'être une répétition, je voterai *oui* sans phrases.

En un mot, il faut organiser la Commune et son action; faire de l'action, de la révolution, et non de l'agitation, du pastiche.

E. VAILLANT.

Votes CONTRE.

En me référant aux motifs énoncés par Andrieu, et surtout par le motif que je ne crois pas à l'efficacité du Comité de salut public (ce n'est qu'un mot, et le peuple s'est trop longtemps payé de mots), je vote *contre*. A. VERMOREL.

Considérant que l'établissement du Comité de salut public est une atteinte aux droits que les membres de la Commune tiennent de leurs électeurs, je votre *contre*. CLÉMENCE.

Le citoyen Babick, *contre*. La Commune n'étant pas en danger, n'a pas besoin de Comité de salut public. Elle se sauvera par elle-même.

BABICK.

Je vote *contre l'ensemble* du projet, parce qu'il aboutit *en réalité* à la confusion des pouvoirs, et que je voulais la séparation des fonctions avec la responsabilité effective devant la Commune de cette *commission exécutive*. RASTOUL.

Contre : parce que je n'aime pas les défroques inutiles et ridicules qui, loin de nous donner de la force, nous enlèveront celle que nous avons. G. TRIDON.

Adhérant à la déclaration Franckel, je vote *contre*, comme membre de cette Commune et comme délégué aux finances. JOURDE

Ne croyant pas plus aux mots sauveurs qu'aux talismans et aux amulettes, je vote *contre* pour les raisons d'ordre et de droit développées par Andrieu, et aussi pour le motif de bon sens et de bonne politique indiqué par Babick.   Ch. LONGUET.

Je désire que tous titres ou mots appartenant à la Révolution de 89 et 93 ne soient appliqués qu'à cette époque. Aujourd'hui, ils n'ont plus la même signification et ne peuvent plus être employés avec la même justesse et dans les mêmes acceptions.

Les titres : *Salut public, Montagnards, Girondins, Jacobins*, etc., ne peuvent être employés dans ce mouvement socialiste républicain.

Ce que nous représentons, c'est le temps qui s'est passé de 93 à 71, avec le génie qui doit nous caractériser et qui doit relever de notre propre tempérament.

Cela me paraît d'autant plus évident que nous ressemblons à des plagiaires, et nous rétablissons à notre détriment une terreur qui n'est pas de notre temps. Employons les termes que nous suggère notre révolution.   G. COURBET.

Considérant que l'institution d'un Comité de salut public aura pour effet essentiel de créer un pouvoir dictatorial qui n'ajoutera aucune force à la Commune ;

Attendu que cette institution serait en opposition formelle avec les aspirations politiques de la masse électorale, dont la Commune est la représentation ;

Attendu, en conséquence, que la création de toute dictature par la Commune serait de la part de celle-ci une véritable usurpation de la souveraineté du peuple, nous votons *contre*.

    ANDRIEU, LANGEVIN, OSTYN, VERMOREL, V. CLÉMENT, THEISZ, SERRAILLER, AVRIAL, MALON, LEFRANÇAIS, COURNET, Eug. GÉRARDIN, CLÉMENCE, Art. ARNOULD, BESLAY, VALLÈS, JOURDE.

Si j'eusse assisté à la séance d'hier, j'aurai combattu la proposition d'un Comité de salut public, que je considère comme une dictature.

Obligé de prendre une résolution dans ce cas, je vote pour la dénomination exécutive.   V. CLÉMENT.

Par suite d'indisposition, je m'étais retiré à six heures et demie.

Si j'eusse été présent, j'eusse voté *contre* toute proposition, et je me rallie à la proposition qui me paraît la moins grave, et je vote pour l'exécutif.
Ch. BESLAY.

Contraint de me prononcer pour une formule, je vote pour le mot : « exécutif. »
Mais en faisant toutes mes réserves sur les articles du projet Miot.
JOURDE.

Quand on passa au vote des personnes devant faire partie du Comité de salut public, voté par 45 contre 23, les abstentions motivées ci-dessous ont été déposées :

Vu que nous ne pouvons nommer personne à une institution considérée par nous comme aussi inutile que fatale, et où nous voyons poindre un comité de capitulation,
Nous nous abstenons.

TRIDON, VERMOREL, AVRIAL, V. CLÉMENT, THEISZ, PINDY, Eugène GÉRARDIN.

Les soussignés,
Considérant qu'ils ont voté contre l'institution dite *Comité de salut public*, dans lequel ils n'ont vu que l'oubli des principes de réforme sérieuse et sociale d'où est sortie la révolution communale du 18 mars ;
Le retour dangereux ou inutile, violent ou inoffensif à un passé qui doit nous instruire, sans que nous ayons à le plagier ;
Déclarent qu'ils ne présenteront pas de candidats, et qu'ils regardent, en ce qui les concerne, l'abstention comme la seule attitude digne, logique et politique :

Ch. LONGUET, LEFRANÇAIS, Arthur ARNOULD, ANDRIEU, OSTYN, JOURDE, B. MALON, A. SERRAILLER, BESLAY, BABICK, CLÉMENCE, COURBET, E. GÉRARDIN, LANGEVIN, RASTOUL, J. VALLÈS, VARLIN.

Note K (*p.* 238).

Affaire du Moulin-Saquet.

Version du Moniteur *(Paris).*

La nuit dernière, vers une heure, un détachement de troupes sortant des tranchées de Villejuif s'est avancé sans bruit jusqu'aux avant-postes fédérés.

Les troupes avaient le mot d'ordre des factionnaires de la redoute.

De plus, elles étaient précédées d'un petit troupeau de bœufs, conduits par des soldats travestis en paysans.

Croyant à un ravitaillement inespéré, les sentinelles laissèrent passer le détachement qui put, sans ambages, pénétrer dans la redoute.

La garnison de cet ouvrage se composait de trois bataillons, le 20e, le 55e et le 177e.

Quand le stratagème fut découvert, il était trop tard : les troupes régulières étaient maîtresses de la redoute. Ses défenseurs n'avaient point eu le temps de prendre les armes.

La plupart des fédérés furent faits prisonniers sans coup férir.

D'autres, qui tentaient un semblant de résistance, furent tués, blessés ou pris.

Très-peu parvinrent à s'échapper.

Les soldats eurent le temps de s'emparer des drapeaux, de tous les canons de 7, de quatre mitrailleuses et de les emporter.

Les grosses pièces furent enclouées.

A deux heures du matin, Ivry et les Hautes-Bruyères, qui avaient reçu l'éveil, ouvrirent un feu d'enfer, et les troupes régulières abandonnèrent le Moulin-Saquet, emmenant leurs prisonniers et emportant leurs trophées.

Version du Vengeur *(Paris).*

Une trahison du commandant Gallien, du 55e bataillon, et du capitaine d'artillerie, au Moulin-Saquet, a fait tomber cette redoute en possession des royalistes.

Gallien a été arrêté. Son complice a disparu.

A l'heure où nous écrivons, nous nous sommes réemparés de la redoute.

Version de l'Estafette (Paris).

Hier, le commandant de la redoute du Moulin-Saquet est passé à l'ennemi, auquel il a livré le mot d'ordre.

Grâce à cette horrible trahison, les royalistes ont pénétré dans la redoute, où ils ont assassiné lâchement, à coups de couteau, une quinzaine de fédérés.

On a compté jusqu'à quatorze coups de couteau dans la poitrine d'un garde !

Mais leur succès n'a pas été de longue durée, car quelques instants plus tard, un détachement de cinquante fédérés environ reprenait possession de la redoute, en infligeant des pertes sérieuses aux Versaillais.

Version du Gaulois (Versailles).

C'est par une marche de nuit que le général Lacretelle s'est porté du Plessis-Piquet aux villages de L'Hay, Thiais et Chevilly. Les insurgés ont pu croire qu'ils n'avaient en face d'eux que la cavalerie du général du Barrail, qui tient la plaine depuis Choisy-le-Roi, sur trois lignes de profondeur, et la surprise a dû être complète lorsque nos colonnes — franchissant les anciennes tranchées prussiennes, si célèbres par les combats où mourut ce loyal général Guilhem, et où le 35e et le 42e ont laissé leurs plus braves soldats — s'élancèrent jusque dans la redoute du Moulin-Saquet.

Le Moulin-Saquet et les Hautes-Bruyères sont deux redoutes d'inégale force, qui sont pour ainsi dire des avancées de nos forts. Le Moulin-Saquet est un grand ouvrage très-ouvert à la gorge, coupé en deux par la route de Vitry, entouré de fossés assez peu profonds, munis d'abris qui, à la rigueur, peuvent résister à l'obus de campagne, mais ne défieraient pas les projectiles de siége. Cette redoute est située en avant du fort d'Ivry, entre ce fort et celui de Bicêtre.

Le général Lacretelle a lancé ses troupes silencieusement ; quelques hommes ont escaladé les murs, tandis que d'autres entraient par la gorge. On est tombé sur l'ennemi, qui a essayé de faire résistance, et la position étant complètement cernée, il a fallu se rendre.

Dix pièces de calibre très-différents armaient la redoute ; huit ont été traînées jusqu'à nos positions ; deux qu'on ne pouvait démarrer ont été culbutées par dessus les courtines.

Trois cents insurgés, dont quatre femmes et deux médecins, ont été faits prisonniers.

Note **L** (*p.* 247).

Procès-verbal de la séance de la Commune du 5 mai 1871.

Présidence du citoyen Johannard. — *Assesseur :* le citoyen Jacques Durand.

Le citoyen Raoul Rigault. — Vous vous rappelez qu'il a été convenu que quand il aurait été procédé à l'arrestation d'un collègue, on ferait un rapport à la Commune ; je le fais aujourd'hui, non pas dans les vingt-quatre heures, mais dans les deux heures.

Aujourd'hui nous avons appelé devant vous le citoyen Blanchet. Depuis longtemps nous étions prévenus que ce nom n'était pas le sien ; que sous un autre nom il avait exercé des fonctions et subi une condamnation qui ne lui permettaient pas de rester parmi nous. Quoiqu'il ait toujours voté avec la majorité et le Comité de sûreté générale, à cause de cela surtout, je n'ai pas gardé de ménagements. (Approbation.) C'est le citoyen Ferré qui a fait l'enquête. Le citoyen Blanchet s'est présenté devant nous ; je ne crois pouvoir faire mieux que de vous lire le procès-verbal que nous avons dressé de cette entrevue :

« L'an mil huit cent soixante et onze, le cinq mai,

« Devant nous, délégué à la sûreté générale, et membre dudit Comité, est comparu le membre de la Commune connu sous le nom de Blanchet,

« Lequel, interpellé par le citoyen Ferré, a déclaré qu'il ne s'appelait pas Blanchet, mais bien Pourille (Stanislas).

« Sur seconde interpellation, Pourille déclare qu'il a bien été secrétaire de commissaire de police à Lyon ; qu'il est entré, à Brest, dans un couvent de capucins en qualité de novice vers 1860 ; qu'il y est resté huit ou neuf mois.

« Je partis, ajoute-t-il, en Savoie, où je rentrai dans un second couvent de capucins, à Laroche. Ceci se passait en 1862.

« Revenu à Lyon, je donnai des leçons en ville. On me proposa d'être traducteur-interprète au palais de justice ; j'acceptai. On me dit après qu'une place de secrétaire dans un commissariat était vacante ; j'acceptai également : je suis entré dans ce commissariat vers 1865, et j'y suis resté environ deux ans.

« Au bout de ce temps, quand je demandai de l'avancement, quand je demandai à être commissaire spécial aux chemins de fer, ma demande étant restée sans réponse, j'offris ma démission, qui fut acceptée. C'est après ces événements que je vins à Paris.

« J'ai été condamné à six jours de prison pour banqueroute à Lyon. J'ai changé de nom parce qu'il y avait une loi disant qu'on ne pouvait signer son nom dans un journal lorsqu'on a été mis en faillite. »

« Nous, délégués à la sûreté générale, et membre dudit Comité, envoyons à Mazas le sieur Pourille.

« LAURENT, FERRÉ, A. VERMOREL, Raoul RIGAULT, A. DUPONT, TRINQUET. »

Le citoyen RIGAULT. — Voici les faits. Je n'insisterai pas beaucoup sur les détails, à moins que l'assemblée ne le demande. (Oui ! oui !) Alors, puisque vous le voulez, j'insiste. Il y a quelque temps, deux citoyens, qui étaient près de la porte d'entrée, voyant sortir Blanchet, me dirent : « Connaissez-vous bien ce citoyen ? Nous sommes de Lyon, et nous croyons qu'il a été secrétaire du commissaire de police de Lyon. » Nous nous livrâmes à une investigation, et nous avons reconnu qu'il y avait concordance parfaite comme âge, comme signalement, etc., entre le nommé Blanchet et le nommé Pourille. L'identité établie par le témoignage de ces deux citoyens que je ne connaissais pas, mais dont nous avons les noms, nous avons continué l'enquête. D'autres rapports sont venus nous démontrer que ce Blanchet avait été chez les capucins, qu'il avait embrassé la vie monastique avec tout ce qu'elle comporte.

Hier, nous nous sommes fait délivrer un extrait du casier judiciaire, qui relatait que le nommé Blanchet avait été condamné à six jours de prison pour banqueroute frauduleuse, en 1868, par le tribunal de Lyon. Nous l'avons appelé devant nous ; nous étions tous présents, et nous avons été d'accord qu'il fallait d'abord lui demander sa démission, que je dépose sur le bureau du président. Puis persuadé que sous ce nom de Blanchet il pouvait avoir commis des faux, j'ai cru qu'il fallait l'envoyer à Mazas; c'est donc sous cette inculpation que je l'ai fait arrêter.

Il a reconnu tous ces faits; je ne lui ai pas demandé de signer, mais nous étions présents tous les six, et c'est devant nous qu'il a avoué ce que je viens de vous lire. Par conséquent, je vous demanderai de vouloir bien confirmer son arrestation et d'accepter sa démission.

Le président lit la démission du citoyen Blanchet:

« Je soussigné, député à la Commune sous le nom de Blanchet, déclare donner ma démission de membre de la Commune.

« POURILLE, dit BLANCHET. »

Note M (p. 264).

La démission de Rossel.

Paris, le 9 mai 1871.

Citoyens membres de la Commune,

Chargé par vous à titre provisoire de la délégation de la guerre, je me sens incapable de porter plus longtemps la responsabilité d'un commandement où tout le monde délibère et où personne n'obéit.

Lorsqu'il a fallu organiser l'artillerie, le comité central d'artillerie a délibéré et n'a rien prescrit. Après deux mois de révolution, tout le service de vos canons repose sur l'énergie de quelques volontaires dont le nombre est insuffisant.

A mon arrivée au ministère, lorsque j'ai voulu favoriser la concentration des armes, la réquisition des chevaux, la poursuite des réfractaires, j'ai demandé à la Commune de développer les municipalités d'arrondissement.

La Commune a délibéré et n'a rien résolu.

Plus tard, le comité central de la fédération est venu offrir presque impérieusement son concours à l'administration de la guerre. Consulté par le Comité de salut public, j'ai accepté ce concours de la manière la plus nette, et je me suis dessaisi, en faveur des membres de ce comité, de tous les renseignements que j'avais sur l'organisation. Depuis ce temps-là, le Comité central délibère et n'a pas encore su agir. Pendant ce délai, l'ennemi enveloppait le fort d'Issy d'attaques aventureuses et imprudentes dont je le punirais si j'avais la moindre force militaire disponible.

La garnison, mal commandée, prenait peur, et les officiers délibéraient, chassaient du fort le capitaine Dumont, homme énergique qui arrivait pour les commander, et tout en délibérant évacuaient leur fort, après avoir sottement parlé de le faire sauter, chose plus impossible pour eux que de le défendre.

Ce n'est pas assez. Hier, pendant que chacun devait être au travail ou au feu, les chefs de légion délibéraient pour substituer un nouveau système d'organisation à celui que j'avais adopté, afin de suppléer à l'imprévoyance de leur autorité, toujours mobile et mal obéie. Il résulta de leur conciliabule un projet au moment où il fallait des hommes, et une déclaration de principes au moment où il fallait des actes.

Mon indignation les ramena à d'autres pensées, et ils ne me promirent pour aujourd'hui, comme le dernier terme de leurs efforts, qu'une force organisée de 12,000 hommes avec lesquels je m'engage à marcher à l'ennemi. Ces hommes devaient être réunis à onze heures et demie; il est une heure, et ils ne sont pas prêts; au lieu d'être 12,000, ils sont environ 7,000. Ce n'est pas du tout la même chose.

Ainsi, la nullité du comité d'artillerie empêchait l'organisation de l'artillerie; les incertitudes du Comité central de la fédération arrêtent l'administration; les préoccupations mesquines des chefs de légion paralysent la mobilisation des troupes.

Je ne suis pas homme à reculer devant la répression, et hier, pendant que les chefs de légion discutaient, le peloton d'exécution les attendait dans la cour. Mais je ne veux pas prendre seul l'initiative d'une mesure énergique, endosser seul l'odieux des exécutions qu'il faudrait faire pour tirer de ce chaos l'organisation, l'obéissance et la victoire. Encore, si j'étais protégé par la publicité de mes actes et de mon impuissance, je pourrais conserver mon mandat. Mais la Commune n'a pas eu le courage d'affronter la publicité. Deux fois déjà je vous ai donné des éclaircissements nécessaires, et deux fois, malgré moi, vous avez voulu avoir le comité secret.

Mon prédécesseur a eu le tort de se débattre au milieu de cette situation absurde.

Éclairé par son exemple, sachant que la force d'un révolutionnaire ne consiste que dans la netteté de la situation, j'ai deux lignes à choisir : briser l'obstacle qui entrave mon action ou me retirer.

Je ne briserai par l'obstacle, car l'obstacle, c'est vous et votre faiblesse : je ne veux pas attenter à la souveraineté publique.

Je me retire, et j'ai l'honneur de vous demander une cellule à Mazas. *Signé :* ROSSEL.

NOTE **N** (*p.* 281).

Lettre de Ch. Beslay motivant sa démission.

Depuis cinquante ans que je m'occupe de politique, j'ai toujours aimé, en toutes circonstances, les opinions franches et les situations nettes, et je vous demande de vouloir m'accorder l'hospitalité de vos colonnes, pour expliquer et justifier la démission que je viens d'envoyer à la Commune, comme membre de la municipalité nouvelle et comme délégué de la Banque de France.

Voici les faits :

Depuis ma nomination comme délégué à la Banque, je me suis appliqué à poursuivre deux résultats, pour moi également importants, et que je résume ainsi :

Défendre absolument l'institution de la Commune et maintenir intact le crédit de la Banque de France, aussi nécessaire à la Commune qu'à la République tout entière.

Or, l'on est venu m'apprendre aujourd'hui que la Banque de France était cernée par des gardes nationaux en armes. Ce n'est qu'avec peine que j'ai pu me rendre à mon poste pour congédier cette force armée, et j'ai dû reprendre le lit à mon retour.

Mais j'ai regardé comme un devoir d'envoyer immédiatement à l'Hôtel-de-Ville ma démission comme membre de la Commune et comme délégué à la Banque de France, parce que je considère cette occupation momentanée de la Banque comme une désapprobation de ma conduite et de mes actes, et comme une mesure essentiellement préjudiciable à la Commune et à la République.

Permettez-moi d'ajouter deux mots, en terminant, sur le décret qui ordonne la saisie et la démolition immédiate de la maison de M. Thiers.

N'ayant pu, pour cause de maladie, me rendre à l'Hôtel-de-Ville, je n'ai pas voté ce décret; mais après avoir attaqué personnellement M. Thiers, et tout prêt à l'attaquer encore, je dois dire que je n'aurais pas approuvé le décret rédigé dans ces termes, et voici sur ce point mon opinion :

J'estime qu'il est temps d'introduire dans le monde politique le principe de la *responsabilité*, qui est la base de la morale, et que nous trouvons comme sanction dans notre existence privée. Le mandat politique ne doit plus être le but des visées vaniteuses et intéressées des ambitieux, mais l'accomplissement d'un devoir rigoureux, sur lequel doit peser une responsabilité sérieuse. Je ne comprends pas que la guerre dont le pays est victime ne retombe pas sur ceux qui l'ont déchaînée sur nous.

Donc, à ce point de vue, je puis approuver la saisie, le séquestre et la confiscation, *après jugement*, des biens des hommes criminels qui nous ont précipités au fond de l'abîme où nous sommes, et les deux décrets de la Commune, en date des 3 et 13 avril, relatifs à la saisie des papiers et des biens des hommes du gouvernement du 4 septembre, et de MM. Thiers, Favre, Picard, Dufaure, Simon et Pothuau, ont pu recevoir mon approbation.

Mais entre la saisie et l'expropriation *après jugement* et la démolition immédiate d'un immeuble, il y a pour moi un abîme. Ne démolissons pas les maisons. C'est un capital que nous amortissons, et nous en avons besoin pour nous libérer des lourdes charges qui pèsent sur nous.

Tel est le motif qui m'aurait fait voter contre la démolition de l'hôtel de M. Thiers, malgré la pluie d'obus qu'il fait tomber sur nous.

Salut et fraternité. Ch. BESLAY.

Note O (p. 300).

Déclaration de la minorité de la Commune.

Par un vote spécial et précis, la Commune de Paris a abdiqué son pouvoir entre les mains d'une dictature à laquelle elle a donné le nom de Comité de salut public.

La majorité de la Commune s'est déclarée irresponsable par son vote, et a abandonné à ce Comité toutes les responsabilités de notre situation.

La minorité à laquelle nous appartenons affirme, au contraire, cette idée, que la Commune doit au mouvement révolutionnaire politique et social d'accepter toutes les responsabilités et de n'en décliner aucune, quelque dignes que soient les mains à qui on voudrait les abandonner.

Quant à nous, nous voulons, comme la majorité, l'accomplissement de la rénovation politique et sociale; mais, contrairement à sa pensée, nous revendiquons, au nom des suffrages que nous représentons, le droit de répondre seuls de nos actes devant nos électeurs, sans nous abriter derrière une suprême dictature que notre mandat ne nous permet pas de reconnaître.

Nous ne nous présenterons donc plus à l'assemblée que le jour où elle se constituerait en cour de justice pour juger un de ses membres.

Dévoués à notre grande cause communale, pour laquelle tant de citoyens meurent tous les jours, nous nous retirons dans nos arrondissements, trop négligés peut-être.

Convaincus, d'ailleurs, que la question de la guerre prime en ce moment toutes les autres, le temps que nos fonctions municipales nous laisseront, nous irons le passer au milieu de nos frères de la garde nationale, et nous prendrons notre part de cette lutte décisive, soutenue au nom des droits du peuple.

Là encore, nous servirons utilement nos convictions, et nous éviterons de créer dans la Commune des déchirements que nous réprouvons tous, car nous sommes persuadés que, majorité ou minorité, malgré nos divergences politiques, nous poursuivons tous le même but :

La liberté politique ;
L'émancipation des travailleurs.
Vive la République sociale !
Vive la Commune !

Signé : Ch. BESLAY, JOURDE, THEISZ, LEFRANÇAIS, Eugène GÉRARDIN, VERMOREL, CLÉMENCE, ANDRIEU, SERRAILLIER, Ch. LONGUET, Arthur ARNOULT, Victor CLÉMENT, AVRIAL, OSTYN, FRANCKEL, PINDY, ARNOLD, Jules VALLÈS, TRIDON, VARLIN Gustave COURBET.

Note P (*p.* 334).

Tribunaux de la Commune.

JURY D'ACCUSATION.

Interrogatoire du nommé Taussin, *à l'audience du 20 mai 1871.*

Taussin déclare qu'il a d'abord servi dans l'armée, puis il est entré dans le corps des sergents de ville au mois d'août 1867.

Le substitut du procureur de la Commune. — Dès cette époque, vous deviez cependant être bien fixé sur le rôle qu'on réservait aux sergents de ville; pourquoi donc êtes-vous entré dans ce corps?

Taussin. — Pour vivre; après le 4 septembre, j'ai fait le service des remparts, et j'étais très-bien vu de mes camarades. J'ai fait alors mon service en bon citoyen.

Le substitut du procureur de la Commune. — Vous oubliez de dire qu'après avoir été sergent de ville, vous êtes entré parmi les gardiens de la paix. Vous connaissiez le rôle des sergents de ville dans le passé et celui auquel les gardiens de la paix étaient réservés dans l'avenir. Vous saviez où vous alliez.

Le président. — Tous suivent la même impulsion : un misérable intérêt d'argent.

Taussin. — Je me suis toujours conduit en bon citoyen.

Le substitut du procureur de la Commune. — Même quand vous assommiez le peuple de Paris! Le 18 mars, vous n'ignoriez pas qu'il s'agissait d'aller reprendre les canons restés dans la possession du peuple; qu'il faudrait tirer sur le peuple, et entre une punition pour refus d'obéissance en pareille circonstance et la prévision d'avoir à tirer sur le peuple, vous n'avez pas hésité?

Taussin. — Si j'avais été sans armes, j'aurais pu me retirer; mais j'avais mon fusil, et il ne m'était pas possible d'abandonner mon rang.

Le substitut du procureur de la Commune. — Quand avez-vous été arrêté?

Taussin. — Le 18 mars, à Montmartre, par des gardes nationaux, sans qu'aucune lutte ait été engagée.

Un membre du jury. — Vous dites qu'aucun fusil n'était chargé, et cependant il y a eu des victimes parmi nous.

Le président. — Vous saviez quelle division d'opinion il y avait entre le peuple de Paris et le gouvernement; vous connaissiez les sentiments du peuple, ne fût-ce que par les journées du 31 octobre et du 22 janvier. D'autres ont donné leur démission; pourquoi n'avez-vous pas fait de même?

Note Q (*p.* 350).

Programme des spectacles de Paris pour le lundi 22 mai, 51e jour de combat.

(Spectacle remis pour cause de guerre civile.)

Théatre de l'Opéra. — Sept heures et demie. — Lundi 22, représentation extraordinaire au bénéfice des victimes de la guerre (veuves et orphelins) et du personnel de l'Opéra, avec le concours des artistes de l'Opéra, de l'Opéra-Comique, du théâtre des Italiens et du Théâtre-Lyrique. Orchestre complet conduit par M. Georges Hainl, chef d'orchestre de l'Opéra.

Ouverture du *Freyschutz*; *Hymne aux Immortels*, de R. Pugno; le *Trouvère* (4e acte), MM. Villaret, Melchissédec, Mme Lacaze; air du *Bal masqué*, par Caillot (Théâtre-Lyrique).

Patria, de Victor Hugo, chanté par Mme Ugalde; air des *Bijoux*, de *Faust*, chanté par Mlle Arnault; chant patriotique? *Quatre-vingt-neuf*, chanté par Marère; final du 4e acte de *Nahel*, de Litolf, chœur de solo, chanté par Mlle Morio, de la Scala de Milan.

La Favorite (4e acte), MM. Michot (Fernand), Melchissédec (Balthazar); la Favorite (Mme Ugalde), exceptionnellement; *Alliance des peuples*, chœur de R. Pugno; trio de *Guillaume Tell*, chanté par trois lauréats du Conservatoire (1870); *Vive la liberté!* chœur de Gossec.

Théatre du Gymnase. — Aujourd'hui lundi, à sept heures et demie, *Comme elles sont toutes*, la *Veuve au Camélia*, les *Femmes terribles*, le *Marchand de Programmes*, les *Grandes Demoiselles*.

Théatre de la Gaîté. — Dernières représentations de la *Grâce de Dieu*, qui va bientôt faire place à un spectacle entièrement nouveau. — On commence à sept heures et demie par le *Prince Toto*, vaudeville en un acte.

Théatre du Chateau. — A 7 heures et demie, pour les représentations données par M. Regnier et Mlle Dica-Petit, l'*Ange de Minuit*, drame fantastique en 6 actes.

Théatre des Délassements-Comiques. — Tous les soirs, à huit heures un quart, les *Contes de Fées*, grande féerie en douze tableaux, par Mmes Eudoxie Laurent, Rouvion, Clara Lemonnier, MM. Heuzey, Dumoulin et vingt-cinq jolies femmes. Trucs, décors, costumes entièrement nouveaux.

Note R (*p.* 375).

Rapport de la Ligue d'union républicaine sur les événements de Paris.

Dimanche 22 mai, la Ligue d'union républicaine des droits de Paris recevait les délégués du congrès de Lyon et se séparait d'eux, à minuit, en maintenant son programme, la défense pacifique et légale de l'autonomie communale de Paris.

Pendant ce temps, l'armée française pénétrait dans Paris.

Le lendemain matin, aussitôt ce fait connu, des membres de la Ligue et deux délégués de l'Union des cent neuf chambres syndicales et corporations ouvrières se réunirent au siége social, rue Béranger, 3.

Ils avaient pour but d'essayer encore, puisque leurs efforts de pacification avaient échoué, de se placer entre les deux camps.

Les délégués du congrès de Lyon ayant voulu se rendre compte par eux-mêmes des intentions de la Commune, vinrent lui faire part de l'entrevue qu'ils avaient eue avec le Comité de salut public.

Le Comité de salut public leur avait remis une déclaration. Cette déclaration, malheureusement, ressemblait aux déclarations antérieures de la Commune : elle manquait de toute précision.

Aussi, les délégués du congrès de Lyon se décidèrent-ils à retourner immédiatement en province.

Des membres de la Ligue les accompagnèrent jusqu'en dehors de l'enceinte, et la Ligue résolut de se tenir à son poste pour remplir le but qu'elle s'était assigné le jour de sa fondation.

Si elle n'a pu arrêter la lutte engagée dans les rues de Paris, son devoir est d'expliquer les causes qui l'en ont empêchée.

Le 24, alors que la Commune devait, en face de l'évidence de la défaite, comprendre l'inutilité de la prolongation de la lutte, la Ligue essaya de se mettre en rapport avec elle. Elle ne put y parvenir. Pas un membre de la Commune n'était resté à l'Hôtel-de-Ville. Le Comité central s'était emparé du pouvoir. Il déclara qu'il apporterait des conditions d'armistice à la Ligue d'union républicaine.

Trois de ses membres vinrent lui apporter la déclaration parue au *Journal officiel de la Commune* du 25. Dans cette déclaration, le Comité central, n'acceptant pas sa défaite, maintenait toutes ses prétentions et intervertissait les rôles.

La Ligue d'union républicaine ne pouvait se charger de transmettre au gouvernement une pareille déclaration. Elle résolut d'attendre, espérant que le lendemain le Comité central, se rendant à l'évidence, consentirait à mettre fin à la lutte.

Le mercredi matin, elle apprenait ces dévastations qui épouvantent l'imagination.

Des membres du Comité central vinrent en leur nom individuel trouver la Ligue d'union républicaine, et, convaincus de l'aberration de la lutte, ils firent appel à son influence morale pour la terminer, et se mirent à sa disposition pour prévenir de nouveaux désastres.

Quelque faible que fût le pouvoir de quelques hommes sans armes réunis sur le terrain même de ceux dont ils combattaient les actes, la Ligue put sauver momentanément de l'incendie le Grenier d'abondance, et définitivement Notre-Dame, les Archives, l'Imprimerie nationale, le Conservatoire des arts et métiers, la mairie du 3e arrondissement et le Temple.

Il ne s'en est fallu que de quelques minutes qu'elle n'arrivât à arrêter la main incendiaire qui a détruit l'Hôtel-de-Ville.

Malheureusement, la fureur avait seule pouvoir, et ces membres du Comité central furent obligés eux-mêmes de nous avouer leur impuissance.

La Ligue demeura à son poste, non sans péril, répondant à la pressante invitation de l'Alliance républicaine des départements, qu'ayant en exécration les forfaits dont le Comité central et la Commune s'étaient rendus coupables, voyant que ceux qui pourraient les arrêter étaient sans influence, elle ne pouvait s'associer à aucune action qui eût quelques rapports avec les auteurs de la ruine de Paris.

La Ligue attendit, espérant que peut-être quelque lueur de raison dissiperait cette orgie de destruction.

Elle attendit en vain, impuissante à arrêter les malheurs auxquels nous assistons.

Voilà les faits. Ils sont attestés par les procès-verbaux de la Ligue, tenus heure par heure pendant ces tristes jours.

Dès que les circonstances le permettront, la Ligue d'union républicaine les publiera; ils donneront l'explication de beaucoup de faits et feront incomber à chacun de leurs auteurs sa part de responsabilité.

(Suivent les signatures.)

25 mai 1871.

TABLE DES MATIÈRES

CHAPITRE PREMIER.

La journée des éperons. — Les proclamations du gouvernement. — Les canons de Montmartre. — Mort des généraux Lecomte et Clément Thomas. — Arrestation de Chanzy. — Le Comité central, ses proclamations. — L'insurrection maîtresse de Paris. — La terreur commence. — L'amiral Saisset. — On traque le *Figaro*; départ du *Gaulois*. — Le général Crémer veut jouer les Bonaparte. — La *Fraternisation*. — Appel pour les élections communales. — L'*Officiel* du Comité central. — La résistance s'organise. — La proclamation des députés, maires et adjoints de Paris. — Protestation de la presse. — Les premières décisions du Comité central. — La télégraphie supprimée. — Les rapports du général Ganier. — On veut manifester. — Journée du 22 mars. — La garde nationale tire sur la foule. — Les victimes............ 1

CHAPITRE II.

L'effet de la fusillade de la rue de la Paix. — Nous étions fous! — La *grande déserte*. — La *Presse* cesse sa publication. — La menace. — Versailles et Paris. — Histoire du *Rappel*. — La réaction relève la tête. — La place de la Bourse place d'armes. — La mairie du 2ᵉ arrondissement. — M. Tirard et l'amiral Saisset. — M. Desmarest à la mairie de la rue Drouot. — Concession aux Parisiens. — La Banque est crénelée. — Encore la résistance. — La jeunesse des Écoles. — Plus de résistance, armistice et fraternité. — Le Comité central nomme trois généraux. — Attentat sur deux politechniciens. — Les facéties du *Petit Officiel* parisien. — Les généraux Chanzy et Langouriou sont mis en liberté. — Les élections communales. — Le dimanche 26 mars. — Physionomie de Paris par quartier. — Le reçu de M. Bazire. — Arrestations. — Fusillade place de la Concorde. — Dépouillement du scrutin. — L'armée de la Commune. — L'appel au régicide. — L'*Officiel* du 27 mars. — Elus par arrondissement. Noms, prénoms, professions, âges, opinions. — Calculs différentiels............. 32

CHAPITRE III.

Cérémonie de l'installation de la Commune. — La place de l'Hôtel-de-Ville vue de nuit. — Dernier acte du drame des quatre sergents de la Rochelle. — *Figaro* vit encore. — Les affiches de M. Ernest Picard. — Première séance de la Commune. — Biographie du général Eudes, dit *Deschamps*. — N° 1 du *Journal officiel de la Commune*. — Rampon, Theisz et les postes. — Excitation à la guerre civile. — Le *Père Duchêne*. — Liberté de la presse. — Un déménagement dans l'embarras. — A-t-on tout cassé chez moi? — Le discours de la Commune. — Poisson d'avril. — Coup d'œil sur la situation. — Qui a commencé?........ 71

CHAPITRE IV.

La guerre civile éclate le 2 avril. — Flourens. — Les Chouans, les Vendéens et les Bretons. — Le citoyen Lisbonne. — Bergeret *lui-même* est à Neuilly. — Décrets. — Le Comité central qui devait disparaître ne disparaît pas. — Concentration de troupes. — Le plan des fédérés. — Cluseret délégué à la guerre. — Marche sur Versailles. — Journée du 3. — Dépêches officielles. — Mort de Flourens. — MM. Thiers, Favre, Picard, Dufaure, Simon, Pothuau et la Commune. — L'Eglise est séparée de l'Etat. — Le *communiqué au Paris-Journal*. — Vive le jambon! — Arrestations de l'archevêque de Paris et d'autres ecclésiastiques. — Garibaldi en a assez des Français. — Suppressions de journaux. — Parenthèse à propos des événements guerriers. — De dix-sept à trente-cinq ans les célibataires doivent aller au feu. — La Commission exécutive. — Enterrement d'Emile Prodhomme. — La loi sur les otages. — Les relations extérieures de l'Equateur. — La guillotine est brûlée. — Les victimes des 2, 3 et 4 avril. — A la province. — Tuez-vous les uns les autres. — Le vendredi saint à Notre-Dame...... 87

CHAPITRE V.

La violence. — M. Rousset pêche à la ligne. — Plus de généraux. — Tirer sur le peuple. — Les fêtes de Pâques. — Tout va bien. — Dombrowski. — La nuit du 11 au 12 avril. — On émigre encore.

— A quel prix. — Lettre d'un Parisien. — Courbet et la colonne. — Thiers confisqué. — Jules Favre fouillé. — Arrestations, perquisitions, cancans. — Monotonie dans la terreur. — Le grand homme n'a rien dans son caveau. — Les musées et le suisse du pavillon Denon. — La ligne d'Union républicaine et M. Bonvalet, *restaurateur* politique.. 123

CHAPITRE VI.

Élections complémentaires à la Commune. — Tableau des abstentions. — Papiers du 4 septembre. — La légation belge envahie. — Paysans fusillés sans jugement par Dombrowski. — *Parenthèse*. — Prise du château de Bécon. — L'amiral... presque Suisse. — La *cour martiale*. — Loi sur les échéances. — Plus d'huissiers; encore des huissiers. — Gentillesses aux journaux. — L'argenterie des Invalides. — Les bonnes lectures. — Déclaration au peuple français. — Les ballons. — Boulangers et mitrons. — Pyat voudrait revoir Bruxelles. — Pilotell récompensé suivant ses mérites. — Les mystères de l'église Saint-Laurent : squelettes et souterrains. — Raoul Rigault est remplacé par Frédéric Cournet. — Suspension d'armes. — Promenade à Neuilly. — La franc-maçonnerie et la Commune : démarche des F∴ M∴ M∴. — Le général Bréa devant la Commune. — 2,000,000, s. v. p. — Pauvres pêcheurs ! — Manifestation des fr∴ maç∴. — Le fort d'Issy. — Cluseret arrêté. — Grand meeting de la province à Paris. — Fédération artistique. — La Commune dans l'embarras. — Situation financière et militaire de la France au 30 avril.. 161

Première phase du Comité de salut public : Rossel.

CHAPITRE VII.

Cluseret est mort : vive Rossel! — Rossel et Leperche. — Murger bombardé. — La *salle* du club communal Nicolas-des-Champs. — Le Comité de salut public fonctionne. — Félix Pyat mis en avant. — Paris port de guerre. — M. Longuet ne relit pas l'*Officiel*. — Hécatombe de journaux. — Fanfaronnades de Paschal Grousset. — Le couvent de Picpus (horribles détails). — Le livre d'or de la Commune. — Le Moulin-Saquet. — Rossel, Rossel, toujours Rossel! — Le colonel Boursier. — La citoyenne Prourouska. — Les chevaux traités comme les réfractaires. — Fournée de généraux. — La chapelle expiatoire de Louis XVI. — Jacobins et réactionnaires. — Dégagements gratuits au Mont-de-Piété. — Meurtre de Walligrane. — On ne débarbouille pas les nègres. — L'Alcazar *politique*. — Les clubs de femmes. — Les caveaux de l'église Saint-Laurent. — Prise du fort d'Issy. — Mystérieuse affaire. —

M. Thiers parle dans le vide. — Rossel demande Mazas et prend le chemin de fer. — Allix encellulé. — La musique de la Commune et l'Opéra de Paris... 214

Seconde phase du Comité de salut public : Delescluze.

CHAPITRE VIII.

Nouveau Comité de salut public. — Avènement de Delescluze. — Un grand complot! — Suppression de journaux. — L'ivresse. — M. Ch. Beslay. — Mort d'Auber. — Motion Franckel. — Justice de M. Protot. — Vésinier à l'*Officiel*. — Un exploit de Dombrowski. — Proclamation du D*r* Rousselle. — Arrestations. — Second grand complot contre !... — Contradictions militaires. — Le club de la Révolution. — La flotte tombée dans l'eau. — Les citoyennes volontaires. — Les singes de 93. — Les cartes de civisme. — Encore des journaux de tués. — Les souricières : agences postales. — Paul Foucher. — Scission dans la Commune. — Cri de détresse à la province. — La propriété de M. Thiers. — Démolition de la colonne Vendôme. — Les commissaires civils. — La réquisition du pétrole. — La cartoucherie Rapp. — Propositions à la Commune. — Les squelettes de Notre-Dame-des-Victoires. — Toujours des journaux supprimés. — La lutte du 19 mai. — Démolition de la chapelle expiatoire. — Préméditation incendiaire. — Rochefort en fuite. — Henri IV descendu. — Les brassards tricolores (complot). — Le jury d'accusation. — *Finis coronat opus!* — Dernier mensonge de la Commune. — Entrée de l'armée dans Paris. 272

L'agonie.

CHAPITRE IX ET DERNIER.

Le 22 mars et le 22 mai. — Le clairon d'alarme. — *Ils sont entrés!* — Appel de Delescluze aux combattants aux bras nus. — Les affiches du 22. — Barricades. — Les affiches du 23. — Les journaux du 23. — Prise de Montmartre. — L'incendie. — Les dernières affiches du 24. — Les pompiers. — L'exécution de Millière. — Les anciennes municipalités. — Le parc aux cerfs de Raoul Rigault. — L'écurie du général Eudes. — La batterie du Père-Lachaise. — Le sort des otages : Gustave Chaudey, Mgr Darboy, le curé Deguerry et le président Bonjean. — La Ligue d'union républicaine. — Les prisonniers. — Le fort de Vincennes. — Conclusion et proclamation de Mac-Mahon aux habitants de Paris.................... 341

APPENDICE.

Les incendies. — Le mouvement de la presse pendant la Commune; journaux supprimés, parus sous différents noms, transformés ou s'étant eux-mêmes suspendus; avec le catalogue *complet* de toutes les publications parues à Paris du 18 mars au 28 mai, suivi de la liste des journaux existant encore le 21 mai et formant l'ensemble de la presse parisienne au moment de la chute de la Commune. — L'armée de Paris. — L'armée de Versailles............ 379

DOCUMENTS ESSENTIELS.

Note **A**. Arrêt réglant la procédure et les peines (*Cour martiale*). — Note **B**. La police sous la Commune. — Note **C**. Liste des prêtres et des religieux arrêtés à Paris du 1er au 20 avril 1871. — Note **D**. Déclaration au peuple français. — Note **E**. Destitution de M. Pilotell. — Note **F**. La suspension d'armes. Affiches. — Note **G**. Neuilly pendant l'armistice. — Note **H**. La législation communale. — Note **I**. La franc-maçonnerie à l'Hôtel-de-Ville. — Note **J**. Votes motivés sur le Comité de salut public. — Note **K**. Affaire du Moulin-Saquet. — Note **L**. Procès-verbal de la séance de la Commune du 5 mai 1871. — Note **M**. La démission de Rossel. — Note **N**. Lettre de M. Ch. Beslay, motivant sa démission. — Note **O**. Déclaration de la minorité de la Commune. — Note **P**. Séance du jury d'accusation pour les otages. Un interrogatoire. — Note **Q**. Programme des spectacles de Paris pour le lundi 22 mai. — Note **R**. Rapport de la Ligue d'union républicaine....... 395

Rebout Joseph

www.ingramcontent.com/pod-product-compliance
Lightning Source LLC
Chambersburg PA
CBHW070211240426
43671CB00007B/614